党的创新理论体系化学理化研究文库

GZC 2023 高校主题出版 GAOXIAO ZHUTI CHUBAN

走向世界的21世纪马克思主义

陈曙光 著

中国人民大学出版社
·北京·

总　序

思想是行动的先导，理论是实践的指南。人类文明进程表明，一个民族要走在时代前列，就一刻不能没有理论思维，一刻不能没有思想指引。2023 年 6 月，习近平总书记在中共中央政治局就开辟马克思主义中国化时代化新境界进行第六次集体学习时强调：“推进理论的体系化、学理化，是理论创新的内在要求和重要途径。马克思主义之所以影响深远，在于其以深刻的学理揭示人类社会发展的真理性、以完备的体系论证其理论的科学性。”中国共产党是以马克思主义科学理论为指导的无产阶级政党，拥有马克思主义科学理论指导是我们党坚定信仰信念、把握历史主动的根本所在，也是我们党从弱小走向强大、从苦难走向辉煌、从胜利走向胜利的奥妙之所在。在强国建设、民族复兴的新时代，哲学社会科学繁荣发展的一项重要任务是不断推进党的创新理论体系化学理化研究。

一、推进理论的体系化学理化是马克思主义与时俱进的必然要求和重要途径

任何一种理论的形成和发展都不是一蹴而就的，而是经历了多个阶段。一般来说，理论的形成发展要经历理论问题的发现、理论假设的提出、理论框架的建构、理论观点的阐释、理论的应用与反馈、理论的修正与拓展等多个阶段。人类思想史上流变至今并仍然具有学术价值、理论价值和实践价值的思想大都经历了这样的发展阶段。在西方，苏格拉底、柏拉图、亚里士多德等人的政治哲学思想，康德、黑格尔、费尔巴哈等人的哲学思想，圣西门、傅立叶、欧文等人的空想社会主义思想，亚当·斯密、大卫·李嘉图等人的古典政治经济学思想，都经历了这样的发展阶段。在中国漫漫历史长河中产生的儒、墨、道、法等各家学说，也经历了这样的发展阶段。以上的任何一种理论、学说，都有一个体系化学理化的研究阐释过程。

作为在人类思想史上产生了极为广泛而深刻影响的马克思主义，也经历了从发现问题、提出理论假说、构建理论框架，到进行体系化学理化阐释，经过实践检验不断修正和完善，随着时代发展不断与时俱进的过程。马克思主义唯物史观、剩余价值学说都经历了从形成、发展到逐步完善的过程。科学社会主义诞生的标志之作《共产党宣言》第一次全面阐述了科学社会主义基本原理，即使是这部“全部社会主义文献中传播最广和最具有国际性的著作”，在其出版后的几十年时间内，马克思、恩格斯还是为其撰写了多篇序言，并对其中的一些原理进行进一步的阐发，马克思、恩格斯之后的马克思主义者也对这部文献的基本原理进行了深入的体系化学理化研究。习近平总书记指出：“马克思主义之所以影响深远，在于其以深刻的学理揭示人类社会发展的真理性、以完备的体系论证其理论的科学性。马克思曾说他的著作是一个艺术的整体，列宁也说过马克思主义哲学是一块整钢。恩格斯撰写《社会主义从空想到科学的发展》等论著，系统阐发马克思主义基本原理，科学论证了马克思主义三个组成部分之间的内在统一性，以深刻的学理捍卫并发展了马克思主义的科学性，以完备的体系避免和修正了对马克思主义的片段化、庸俗化。”

中国是以马克思主义作为根本指导思想的社会主义国家，马克思主义是指导我们改造客观世界和主观世界的锐利思想武器。“中国共产党为什么能，中国特色社会主义为什么好，归根到底是马克思主义行，是中国化时代化的马克思主义行。”中国化时代化的马克思主义之所以行，就在于我们党不断推进马克思主义基本原理同中国具体实际相结合、同中华优秀传统文化相结合，不断深化对马克思主义体系化学理化的研究，在守正创新中不断开辟马克思主义在中国发展的新境界，并用中国化时代化的马克思主义指导实践。作为中国化时代化马克思主义的毛泽东思想、邓小平理论、“三个代表”重要思想、科学发展观、习近平新时代中国特色社会主义思想，是我们党带领人民在实践创新基础上，系统并持续推进马克思主义理论创新的成果。这些理论成果萌发、形成、发展并被写进《中国共产党章程》和《中华人民共和国宪法》，从而成为全党全国人民团结奋斗的共同思想基础，离不开以毛泽东、邓小平、江泽民、胡锦涛、习近平同志为主要代表的中国共产党人的理论创新和理论阐发，也离不开广大哲学社会科学工作者对于党的创新理论的体系化学理化研究。

人类思想史和马克思主义发展史清楚地表明，推进理论的体系化学理化，是理论创新的必然要求和重要途径。

二、加强党的创新理论体系化学理化研究是当前推进马克思主义中国化时代化的重要任务

在中国特色社会主义新时代，加强党的创新理论体系化学理化研究，具有重大的理论、实践和时代意义。

从理论自身发展的内在需要来看，加强党的创新理论体系化学理化研究有助于更深入、全面地理解党的创新理论的科学内涵、主要内容、核心要义、精神实质和内在逻辑。将党的创新理论进行体系化梳理，能够清晰呈现各个观点、论断之间的逻辑关联，避免片面、孤立地理解。通过对党的创新理论的学理化研究，能够揭示出理论背后的学理基础、原理性成果，使人们从学理层面把握理论的科学性和真理性。通过对党的创新理论的体系化学理化研究，能够发现理论发展的生长点和空白点，为进一步理论创新提供基础和方向，推动党的理论不断与时俱进，保持旺盛的生命力。加强党的创新理论体系化学理化研究，以完备的体系论证其理论的科学性，以深刻的学理揭示人类社会发展的真理性，还能够让党的创新理论更具说服力和感染力，增强人们对党的创新理论的政治认同、思想认同、理论认同、情感认同。

从理论指导实践的要求来看，加强党的创新理论体系化学理化研究，有助于提高实践的科学性和有效性。时代是思想之母，实践是理论之源。党的创新理论既来源于实践，又指导实践，同时接受实践的检验。科学的理论能够更系统、更精准地为实践提供指导，帮助人们更好地把握实践的方向、目标和方法，提高实践活动的科学性、针对性和实效性。例如，加强对党的理论创新成果——习近平新时代中国特色社会主义思想的体系化学理化研究，能够为推进中国式现代化、实现中华民族伟大复兴等实践提供全面系统的理论指引。加强党的创新理论体系化学理化研究，还能够更好地聚焦全面推进强国建设、民族复兴伟业中遇到的新情况新问题以及进一步全面深化改革存在的深层次问题等，为解决这些问题提供理论支撑和思路方法，在对实际问题的解答中体现马克思主义的理论思考，实现理论和实践的有机联系，用创新理论指导实践，用实践创新推动理论创新，从而发展当代中国马克思主义、21世纪马克思主义。

从思想引领与理论传播的要求来看，加强党的创新理论体系化学理化研究，能够凝聚思想共识，提升传播效果。理论创新每前进一步，理论武装就要跟进一步。始终坚持用党的创新理论武装全党、教育人民、指导实践，是实现马克思主义大众化的内在要求，也是我们党百余年奋斗积累的宝贵经验。通过体系化学理化研究，将党的创新理论以更加准确、更加权威、更加清晰易懂的方式呈现给广大党员和群众，有助于人们学习、理解、掌握和接受，从而更好地凝聚全党全国各族人民的思想共识，形成共同的理想信念和价值追求，建好共同的精神家园，汇聚起团结奋斗的强大力量。通过体系化学理化研究，有助于把党的创新理论的政治话语转化为学术话语、大众话语，用通俗易懂、生动形象的方式进行传播，使理论“飞入寻常百姓家”，增强理论宣传普及的吸引力、感染力和影响力，让党的创新理论更加深入人心，从而转化为强大的精神力量。

从增强党的创新理论的国际影响力来看，加强党的创新理论体系化学理化研究，有利于提升国际话语权，提升国家软实力。加强党的创新理论体系化学理化研究，充分挖掘党的创新理论中蕴含的科学世界观和方法论，从党的创新理论中概括提炼出反映人类社会发展共性、普遍性的一般原理，有利于建构中国化时代化马克思主义的自主知识体系，在国际舞台上更好地讲好中国故事、传播好中国声音、阐述好中国理论，提高中国学术思想的国际地位，提升中国在国际思想文化领域的话语权和影响力，展现中国共产党为人类文明发展贡献的中国智慧和中国方案。

总之，强国建设、民族复兴的新征程，需要科学理论的指导，加强党的创新理论体系化学理化研究，为党和国家事业发展提供坚实的理论支撑，是当代中国马克思主义发展的必然要求，是广大哲学社会科学工作者要承担的重大责任和光荣使命。

三、加强党的创新理论体系化学理化研究，全面推进强国建设、民族复兴伟业

中国共产党的历史是一部不懈奋斗史，也是一部理论创新史。党在不断推进马克思主义中国化时代化的百余年进程中，持续推进实践创新基础上的理论创新，取得了十分丰硕的理论成果。这些理论成果的内容博大精深，需要进行多学科综合研究。因此，加强党的创新理论体系化学理化研究，需要从多个方面入手：

——坚持以马克思主义为指导。马克思主义是我们党的指导思想，是推进理论创新的“魂脉”。党的创新理论是中国共产党人把马克思主义基本原理同中国具体实际相结合、同中华优秀传统文化相结合的成果，只有坚持以马克思主义世界观和方法论为指导，才能确保体系化学理化研究不偏离正确方向。加强对广大哲学社会科学工作者的思想政治教育，确保他们在研究过程中始终坚持正确的政治方向和学术导向，能够准确把握党的创新理论的精神实质和丰富内涵。

——坚持人民至上。人民是历史的创造者，是推动社会发展的根本力量。中国共产党的理论创新始终围绕着人民的利益和需求展开，把为人民谋幸福、为民族谋复兴作为理论创新的出发点和落脚点。只有站在人民立场对党的创新理论进行体系化学理化研究，才能体现党的创新理论的人民性。

——坚持问题导向。党的创新理论是以解决实际问题为出发点和落脚点的，是在敏锐地发现问题、深入地研究问题、切实地解决问题，在破解难题中形成发展的。只有坚持问题导向，直面理论创新面临的各种复杂问题和理论研究阐释中遇到的难点疑点问题，才能把党的创新理论讲深讲透讲彻底。

——坚持系统观念。要以党的创新理论为核心，围绕其产生的历史背景、理论渊源、发展脉络、内在逻辑等方面，构建全面系统的研究框架，避免碎片化研究。特别需要研究中国化时代化马克思主义各个理论成果之间的继承与发展关系，展现党的理论创新的连续性和系统性。

——强化学理研究。要坚持运用马克思主义的立场、观点和方法，深入挖掘党的创新理论中的学科基础、学理逻辑和学术内涵，对党的创新理论进行深入探讨和解读，讲清楚其中蕴含的学理、哲理、道理。要以严谨的学术规范和方法，注重运用学术化、专业化的语言，将党的创新理论转化为具有学术影响力的话语表达，推动党的创新理论进入学术研究的主流话语体系。

——做到“两个结合”。党的创新理论是马克思主义基本原理同中国具体实际相结合、同中华优秀传统文化相结合的结晶，是植根于中国土壤、切合中国实际的科学理论，只有紧密结合中国的历史、文化、社会和经济等实际情况，才能把握党的创新理论的思想精髓。

——总结实践经验。党的创新理论是党和人民实践经验的结晶，只有立足中华民族伟大历史实践和当代实践，通过实地调研、案例分析等实证研究方法，深入了解党的创新理论在经济社会发展各领域的具体实践和应用效果，用中国道理总结好中国经验，把中国经验提升为中国理论，才能准确把握党的创新理论的科学性。

——整合研究资源。要通过体制机制创新，加强高校、科研机构、党校等各类研究力量的协同合作，打破部门和学科壁垒，组建跨学科、跨领域的研究团队，形成研究合力，共同开展重大课题研究，促进不同学科视角和研究方法的融合，从多个维度对党的创新理论进行系统研究。

——加强人才建设。在高校和科研机构设立相关专业和研究方向，加强对马克思主义理论、党史党建等学科的建设，培养一批具有扎实理论基础和创新能力的专业研究人才。通过开设专题课程、举办学术讲座、开展科研项目等方式，为青年学者提供学习和研究的平台，鼓励他们投身于党的创新理论研究事业。通过组织培训、学术交流、实践锻炼等方式，不断提高现有研究队伍的政治素质、理论水平和研究能力。

——坚持胸怀天下。在人类学术思想的流变过程中，西方学术思想的发展已经创造、积累了一系列对理论和思想进行体系化学理化研究的科学方法，我们可以将这些方法吸收借鉴过来并加以运用和改造，形成我们自身的对党的创新理论进行体系化学理化研究的科学方法，提高体系化学理化研究的质量。

——拓展传播渠道。要适应数字文明时代带来的新机遇，充分利用传统媒体和新兴媒体，提高理论的传播力和覆盖面，广泛传播党的创新理论研究成果，扩大理论影响力。要积极开展与国际学术界的交流与合作，向世界传播中国共产党的创新理论和中国特色社会主义的成功经验。通过举办国际学术会议、开展国际合作研究项目等方式，加强与国外学者的交流互动，创造条件吸引国外学者参与党的创新理论的体系化学理化研究，增进国际社会对中国共产党创新理论的了解和认同，提升中国在国际学术领域的话语权和影响力。

实践发展永无止境，理论创新未有穷期。作为中国共产党亲手创办的第一所新型正规大学，中国人民大学始终高擎马克思主义真理火炬，在党的创新理论研究阐释与体系化学理化建设方面勇立潮头。八十八载弦歌不辍，中国人民大学坚持用党的创新理论培根铸魂，筑起了马克思主义理论研究的学术重镇，打造了党的创新理论研究阐释的学术高地，产出了一批具有理论穿透力和实践解释力的标志性成果，培育了数代矢志马克思主义理论研究的卓越人才。在习近平总书记考察中国人民大学发表重要讲话三周年之际，中国人民大学出版社推出的“党的创新理论体系化学理化研究文库”，正是这一学术传统的最新见证。需要特别说明的是，为忠实记录马克思主义中国化时代化的发展轨迹，其中部分著作在再版时未作内容修订。这种“存其原貌”的编纂理念，使读者既能触摸思想演进的时代脉搏，又能透过历史语境理解理论突破的必然逻辑。这种编排方式既彰显马克思主义理论体系开放包容的品格，也构建起从经典原著到当代成果的研究谱系，让理论创新的“过去时”与“进行时”在学术长河中交相辉映，使思想探索的“源”与“流”在历史纵深中清晰可辨。

我们将立足新时代新征程，在习近平新时代中国特色社会主义思想的指引下，继续高举马克思主义的旗帜，传承红色基因，弘扬优良传统，奋力打造党的创新理论铸魂育人、研究阐释、传播普及高地，让当代中国马克思主义、21世纪马克思主义放射出更加灿烂的真理光芒，为以中国式现代化全面推进强国建设、民族复兴伟业作出新的更大贡献。

目　录

第一章　中国样本与 21 世纪马克思主义

以“世纪”为尺度定位当代中国马克思主义的理论坐标，在我们党的历史上是第一次。“21 世纪马克思主义”（the 21st-Century Marxism）概念，学界没有明确规范的定义，但中国共产党的文献对这一概念的使用是极为规范和严肃的，绝不是泛指 21 世纪所有的马克思主义形态。“21 世纪马克思主义”概念是对当代中国马克思主义之理论地位、历史地位特别是世界地位的政治判定，其意义没有任何理由被低估。“21 世纪马克思主义”的出场，与中华民族上升为世界历史民族的时机相一致，是中国马克思主义发展史上的重大历史事件。它标志着我们党的创新理论已经自信地走向世界学术舞台，标志着我们党已经担负起了引领世界马克思主义创新发展的理论使命，标志着中国已经实质性参与到建设美好世界的重大现场并作出与其自身地位相匹配的理论贡献。

一、21 世纪马克思主义：泛指还是确指

“21 世纪马克思主义”是习近平提出的重要概念。准确把握这一概念的科学内涵与边界，有必要进一步厘清“21 世纪马克思主义”与“21 世

纪的马克思主义”（Marxism in the 21st Century）、“21世纪马克思主义”与“当代中国马克思主义”之间的关系。

（一）“21世纪马克思主义”与“21世纪的马克思主义”

“21世纪马克思主义”与“21世纪的马克思主义”是两个不同的概念①，其含义大体类似于“西方马克思主义”与“西方的马克思主义”之间的区分②。习近平严格区分了“21世纪马克思主义”与“21世纪的马克思主义”这两个概念。当主体定位于中国或中国共产党时，习近平无一例外用“21世纪马克思主义”这一概念，且往往与“当代中国马克思主义”概念相提并论；当主体定位于其他国家或其他马克思主义政党时，习近平用“21世纪的马克思主义”这一概念，以与前者区别开来。

“21世纪马克思主义”是一个有其确定性内涵的规范性概念。同一世纪不同马克思主义流派（形态），其解释世界的理论意义、改造世界的实践效能存在天壤之别。不是任何国家、任何民族的马克思主义流派，都能够作为马克思主义的世纪形态载入人类思想史册，都能够冠以“21世纪马克思主义”的称号。以“世纪”为尺度命名的马克思主义，绝不是一个仅仅关乎“时间”的俗套概念，准确地说这是一个以理论创新的学术贡献以及改变世界的实践功效为首要考量标准的崭新概念。我们党对“21世纪马克思主义”概念的使用是极为严肃的，绝不是仅仅关乎“时间”的泛指概念，而是特指世界马克思主义理论谱系中的主干形态，代表了马克思主义在21世纪目前阶段发展的最高成就。今天，我们党的重要文献中所说的21世纪马克思主义，绝非泛指21世纪世界各地的马克思主义流派。比如，《习近平新时代中国特色社会主义思想学习纲要》指出，“习近平新时代中国特色社会主义思想，是新时代中国共产党的思想旗帜，是国家政治生活

---

① 陈曙光：《“21世纪马克思主义”的几个元理论问题》，《江海学刊》2022年第2期。

② 众所周知，“西方马克思主义”是一个专指概念，特指发轫于卢卡奇、柯尔施等人的不同于列宁主义的那股西方理论思潮，是在20世纪历史文化背景下，共产党内外一批知识分子植根于时代变化并以西方哲学视野重新解读马克思主义和分析社会现实的产物，1968年红色五月风暴的失败标志着西方马克思主义的终结，从此转向后学特征的马克思主义。“西方的马克思主义”则更多是泛指概念，与“国外马克思主义”的内涵、外延重合度较高。

和社会生活的根本指针，是当代中国马克思主义、二十一世纪马克思主义"[①]。《习近平新时代中国特色社会主义思想学习问答》指出，"习近平新时代中国特色社会主义思想，……是引领中国、影响世界的当代中国马克思主义、二十一世纪马克思主义"[②]。党的十九届六中全会通过的《中共中央关于党的百年奋斗重大成就和历史经验的决议》（以下简称"第三个《历史决议》"）指出，"习近平新时代中国特色社会主义思想是当代中国马克思主义、二十一世纪马克思主义，是中华文化和中国精神的时代精华"[③]。党的二十大通过的党章也指出，习近平新时代中国特色社会主义思想是对马克思列宁主义、毛泽东思想、邓小平理论、"三个代表"重要思想、科学发展观的继承和发展，是当代中国马克思主义、21世纪马克思主义。在这些重要文献中，21世纪马克思主义都是指习近平新时代中国特色社会主义思想。

相对于"21世纪马克思主义"概念的确定性内涵、规范性特征、特指性范围而言，"21世纪的马克思主义"则是一个无确定内涵、无确定所指的泛指概念，是一个时间概念。2022年7月28日，习近平向中国共产党与世界马克思主义政党论坛致贺信时第一次使用"21世纪的马克思主义"这一概念，他指出，"在各国马克思主义政党艰辛探索和共同努力下，二十一世纪的马克思主义不断开辟新境界、展现新气象，日益焕发出新的活力"[④]。之所以用"21世纪的马克思主义"概念，原因在于这里涉及的理论主体是"各国马克思主义政党"，而非中国共产党。马克思主义是关于全世界无产阶级和全人类彻底解放的学说，不仅中国需要马克思主义，世界也需要马克思主义。马克思主义自问世以来，不仅活在社会主义国家，也活在全世界。马克思主义在西方不是作为指导思想而存在的，但并不意

① 《习近平新时代中国特色社会主义思想学习纲要》，学习出版社、人民出版社2019年版，第1页。

② 《习近平新时代中国特色社会主义思想学习问答》，学习出版社、人民出版社2021年版，第3页。

③ 《中国共产党第十九届中央委员会第六次全体会议文件汇编》，人民出版社2021年版，第48页。

④ 《习近平向中国共产党与世界马克思主义政党论坛致贺信》，《人民日报》2022年7月29日。

味着马克思主义不存在。德里达指出，一个没有马克思的未来是不可想象的。在资本主义国家，马克思主义作为一种左翼思潮和社会批判理论，作为一种社会病理诊断，始终以其建设性力量参与了世界历史的理性塑造，没有马克思主义对资本主义的一针见血的批判，资本主义决不会收起它狰狞的面目；没有马克思主义提供的建设性方案，资本主义的末日会来得更早。进入 21 世纪，马克思主义在全世界开枝散叶，世界各地的马克思主义者将马克思主义的基本精神或基本原理与本民族的具体实际和文化传统相结合，形成了各具风格、各具特色的马克思主义理论流派，它们都属于“21 世纪的马克思主义”。

（二）“当代中国马克思主义”与“21 世纪马克思主义”

“当代”作为一个断代史概念，不同的国别、不同的学科有不同的时间划界。这里所说的“当代”，是指党的十一届三中全会以来的历史时期。“当代中国马克思主义”概念第一次出现是 20 世纪 90 年代，当时是用来描述邓小平理论的历史地位。改革开放新时期，邓小平理论“用新的思想、观点，继承、丰富和发展了毛泽东思想，是马克思主义同中国实际相结合的最新成果，是当代中国的马克思主义”①。新时期新阶段，“三个代表”重要思想“用一系列紧密联系、相互贯通的新思想、新观点、新论断”，“开辟了马克思主义发展的新境界”②。进入新世纪新阶段，科学发展观“是马克思主义同当代中国实际和时代特征相结合的产物，……把我们对中国特色社会主义规律的认识提高到新的水平，开辟了当代中国马克思主义发展新境界”③。可见，“当代中国马克思主义”这一概念涵盖改革开放以来马克思主义中国化系列理论成果。

进入新时代，“当代中国马克思主义”与“21 世纪马克思主义”完全是在同一时空维度上使用的概念，都是用来指称习近平新时代中国特色社会主义思想。党的十九届六中全会通过的第三个《历史决议》明确指出，

① 《十四大以来重要文献选编》上，人民出版社 1996 年版，第 445 页。
② 《十六大以来重要文献选编》上，中央文献出版社 2005 年版，第 361～362 页。
③ 《十八大以来重要文献选编》上，中央文献出版社 2014 年版，第 6 页。

“习近平新时代中国特色社会主义思想是当代中国马克思主义、二十一世纪马克思主义”①。当然，尽管当代中国马克思主义与21世纪马克思主义均指向习近平新时代中国特色社会主义思想，但还是各有所侧重。“当代中国马克思主义”侧重于描述习近平新时代中国特色社会主义思想在中国马克思主义发展史上的历史地位和重大意义，阐明了这一思想直面中国问题，是引领中华民族伟大复兴的基本遵循；“21世纪马克思主义”侧重于描述这一思想在世界马克思主义发展史上的历史地位和重要意义，阐明了这一思想直面人类重大问题，为建设更加美好的世界贡献了中国智慧和中国方案。

二、21世纪马克思主义的世界历史语境

向世界历史民族转变，是每一个民族国家的追求。在世界历史的舞台上，民族国家的历史方位往往是变动不居的。进入新时代以来，中国理论之所以可以定位为21世纪马克思主义，与中国的国际方位是分不开的，与中国所担负的世界历史使命也是分不开的。

近代中国奉行闭关锁国的国策，世界交往还是零星的。这期间，中国一直在相对孤立的地缘政治环境中发展，中国与世界本质上是相互外在、相互隔绝的，尚未构成彼此的“对象性存在”，中国扮演着“国际机制的非参与国”② 的角色，中国历史表现为民族历史，或者说还只是世界历史的一个组成部分。

1840年，鸦片战争轰开了中国的国门，也将中国推向了资本主义世界体系的边缘。从这时开始，中国才开启了真正意义上的世界交往，中国与世界才构成了彼此的“对象”，具有了对象性的关系。也是从这时开始，中国历史才成为世界历史的有机构成。

① 《中国共产党第十九届中央委员会第六次全体会议文件汇编》，人民出版社2021年版，第48页。

② 门洪华：《国际机制与中国的战略选择》，《中国社会科学》2001年第2期。

中国将世界对象化的过程，也是世界将中国对象化的过程。在这个互动的过程中，中国和世界作为互相牵引和相互塑造的两个对象，作为矛盾着的两个方面，其主导进程的能力是有变化的。根据主导力量的变化，根据中国与世界关系的变迁，根据中国角色和方位的转换，我们可以将其划分三个具体的阶段：

（一）1840—1949年，是中国被动走向世界的过程

鸦片战争将中国强行置入了资本主义世界体系，中国成为国际体系的被动参与者。在这个过程中，主导的方面是西方世界，中国从属于西方、服从于西方，西方按照自己的形象、依靠自己的观念来塑造中国，使中国成为自己的某一个“他者”。

在这一阶段，基于西方成功崛起的优势地位和自己日渐落寞的窘迫局面，基于西方建立的世界霸权，也基于西方占据的道义制高点，中国在思想理论上失去了主心骨，在文化主权上失去了定力，在发展道路上失去了选择的空间，不知道何去何从，只能扮演跟随、模仿的角色。这一时期，中国走向世界实质上是“单向度”的西方化、被动的西方化，只能依附和从属西方，缺乏自主选择的空间和机会。西方列强通过炮舰开路，迫使中国设立租界，开放通商口岸，割让领土，让渡主权，圈定势力范围。西方列强侵入东方文明国家，完全是单方面的行动，却是具有世界历史意义的行动——西方列强以野蛮的方式开路，展现的却是现代文明的前景。因为大炮一方面破坏了宁静、和平的古老国家，破坏了皇帝的权威，但另一方面却“迫使天朝帝国与地上的世界接触”①，迫使东方古国并入资本主义世界体系，成为全球化链条上的一环。正如马克思所说，“它使未开化和半开化的国家从属于文明的国家，使农民的民族从属于资产阶级的民族，使东方从属于西方。”②

中国被迫纳入西方主导的中心-边缘体系，偏安于世界舞台的边缘地带，这是不得已的选择。封建中国解体以后，未来中国如何建构，我们没

① 《马克思恩格斯选集》第1卷，人民出版社2012年版，第780页。
② 《马克思恩格斯选集》第1卷，人民出版社2012年版，第405页。

有主张，只能按照西方方案来改造中国。在此情境下，古典中国的图像渐次模糊，现代中国又不知在何处安放。剩下的问题仅仅在于，中国究竟应该在多大程度上西方化，大致有两种主张：一是“中体西用”，“师夷长技以制夷”，意在保留“中国魂”的前提下以西学之术塑造外在的中国，使中国看起来像西方。这套主张以“北洋水师全军覆灭”宣告失败，没有“道”的变革，“器”是无关紧要的。二是“全盘西化”，即深度西方化，抛弃古典中国的一切方面，全盘克隆西方的经济发展方案、政治设计方案和文化价值观念，以“西学为体”改造中国，使中国不仅外在看起来像西方，而且内在的灵魂深处也完全西方化。这套主张以张勋复辟、袁世凯称帝宣告破产，没有一场改造国民性的文化变革和启蒙，不可能推动中国社会的真正进步。

这一时期，由于缺乏独立性和自主性，“依附西方”就是不可避免的结局，民国时期更是达到了登峰造极的地步。旧式军阀、蒋介石政权、汪伪政权以及伪满复辟，背后都站立着某个西方大国，攀附西方大国以壮大自己的声势，确立自己的合法性，代价是牺牲人民的利益和国家的未来。

（二）1949—2008年，是中国自主融入世界的过程

在这一阶段，中国依然从属于世界，但与上一个阶段不同的是，这一时期的中国是一个独立自主的民族国家，在思想理论上挺起了马克思主义的“主心骨”，在发展道路上有强大的定力，在文化选择上有自己的坚守，而不至于在世界化的过程中忘记了“我是谁”，在与“他者”的互动中丢失了自己，在吸收外来的途中忘记了本来。

这60年又分为前后两个30年。

前30年（1949—1978年）是局部融入。新中国成立到改革开放前，由于西方世界对新中国奉行经济封锁和政治孤立的政策，中国与西方世界彼此对立，处于相互外在的关系。中国置身于西方体系之外，但并没有置身于世界之外，中国自主融入以苏联为首的社会主义阵营。新中国成立前夕，毛泽东提出“另起炉灶”、“打扫干净屋子再请客”和“一边倒”的三大外交方针，彻底结束了旧中国依附西方的历史，结束了中国人民“为奴

隶，为牛马，为犬羊，听人驱使，听人宰割”的历史。

后 30 年（1978—2008 年）是全方位融入。改革开放以来，中国主动跨越楚河汉界，对内实行改革、对外全面开放，通过打开国门，建立经济特区，开放沿海、沿边、沿江城市，设立沿海经济开放区，全面开放内陆，全方位的开放格局逐步形成，主动与包括西方在内的整个世界对接，承接西方的产业转移，吸收西方的资金、技术、人才和先进管理经验，深度融入西方国家主导的世界体系，全面参与西方大国主导的全球化进程。特别是 2001 年加入 WTO 以来，中国融入世界的步伐空前提速，中国迎来了发展的黄金期，实力空前壮大，从万亿级经济体跃升为十万亿量级（美元计）的经济体，中国与西方之间倾斜的实力天平呈现出平衡的迹象，呈现出有利于我的预期。

不管是前 30 年向社会主义阵营开放，还是后 30 年向全世界开放，“自主”始终是第一原则。“自主”的前提是独立，要义是自己做主，不依附于任何国家和集团，根据自己的判断决定自己的事情、参与国际事务，根据自己的实际而不是西方的现代性方案来塑造自己的形象，能够自主决定融入世界的深度和范围。习近平指出：“任何外国不要指望我们会拿自己的核心利益做交易，不要指望我们会吞下损害我国主权、安全、发展利益的苦果。”① 中国是一个大国，什么时候开放，开放到什么程度，开放的范围多大，哪些领域能开放，哪些领域不能开放，哪些权利可以妥协，哪些权利必须固守，哪些方面可以与世界接轨，哪些方面不能与世界接轨，我们都有确定的原则和标准，有清晰的底线和边界，有强大的战略定力，没有犯颠覆性的错误。

（三）2008 年是中国走近世界舞台中央的开端

从此，中国国际方位发生了历史性翻转，中国与世界不再是单向度的从属关系，而是相互影响、相互塑造的双向互动关系。中国从世界体系边缘走近世界舞台中央，从跟随全球化转向引领全球化，从融入全球化转向塑造全球化，从输入型现代化转向辐射型现代化，这是前所未有之大

---

① 《习近平谈治国理政》，外文出版社 2014 年版，第 249 页。

变局。

中国与世界关系的翻转始于2008年国际金融危机，中国在缺乏足够心理预期、理论准备和行动策略的情况下被推到了拯救世界经济于危难的“负责任大国”的前台位置。习近平指出：“20年前甚至15年前，经济全球化的主要推手是美国等西方国家，今天反而是我们被认为是世界上推动贸易和投资自由化便利化的最大旗手，积极主动同西方国家形形色色的保护主义作斗争。”① 美国学者罗斯·特里尔也认为，“历史发生了转折。两个世纪来，影响力总是指向一个方向：西方对中国施加影响。但是，一个新的时代开始了：中国也开始影响西方”②。

2008年国际金融危机席卷整个西方世界，既有国际经济秩序和治理体系面临挑战，全球多边机制运转不畅，各类区域性的贸易投资协定碎片化，强调“本国优先、管好自己”的平民主义（民粹主义）、孤立主义抬头，西方大国纷纷收缩全球化步伐，美欧的移民政策、边境政策、投资政策、产业政策、财税政策、金融监管政策等朝着去全球化方向发展。国际货币基金组织的数据显示，2015年，全球实施的限制性贸易措施多达736个，同比增加50%，是自由贸易促进措施的3倍。国际货物贸易额也出现了大幅震荡，根据世界银行数据，世界进出口贸易占GDP比重从2008年的51.86%下降至2015年的44.99%。在过去一个多世纪的全球化浪潮中，美国等西方国家是当之无愧的领导者、推动者，也是最大的受益者。然而，时过境迁，到了2016年，强调“买美国货、雇美国人”、宣示“美国优先”的特朗普却赢得大选，英国脱欧几成现实，欧洲反全球化的极右翼势力趁机壮大，西方逆全球化深入扩展，全球化运动第一次走到了十字路口，全球治理面临着“领导力赤字”③，何去何从考验中国的智慧。关键时刻，中国的抉择关乎世界，中国的领导力决定未来。西方世界的逆全球化运动将中国推上了全球化旗手的位置。

全球化无法选择、无从抗拒，也无法逆转。全球化是生产力发展的客

---

① 《习近平谈治国理政》第2卷，外文出版社2017年版，第212页。

② 《罗斯·特里尔：我与中国》，《文汇读书周报》2010年9月3日。

③ 胡鞍钢、王蔚：《从“逆全球化”到“新全球化”：中国角色与世界作用》，《学术界》2017年第3期。

观要求和科技进步的必然结果，是民族历史向世界历史转化的基本样态，是历史发展的必然趋势，是人类通往未来理想社会的必经之路。习近平2017年1月出席达沃斯论坛时向全世界公开宣示："中国的大门对世界始终是打开的，不会关上"；中国"坚定不移发展开放型世界经济"，"旗帜鲜明反对保护主义"；中国"欢迎各国人民搭乘中国发展的'快车'、'便车'"①。从这时开始，中国从跟随全球化转向了引领全球化，世界秩序重建第一次赋予了中国很大的话语权，这是前所未有之大变局。

中国引领的全球化是一场以造就国际合作、世界共赢、全球正义为目标的社会运动，是与工业化时期的资本主义世界化有着完全不同的性质和目标的新型全球化。它的发展方向"是消解而不是延续资本主义世界化所造成的中心-边缘结构"②，是打破而不是固化依附型的世界体系，是终结而不是维护既有的世界经济、政治、文化、军事霸权，是要在去中心化的追求中建构起一个更加平等的世界。新型全球化是全球化运动中一个较高级的阶段，是对资本主义全球化的超越，"资本主义全球化是全球化的一种历史形式，而不是唯一可能的可行形式"③。今天，我们正处于人类变革的高级阶段——"国际化进程发展成了当代的全球化"④。沿着这一方向，人类首先将迎来全球合作社会，最终将通往全人类的解放。

中国引领全球化主要从四个层面同时展开。第一个层面是经济引领。今天，中国的中低端制造和高端产品同时走向世界，资本和技术同时走向世界。中国连续多年成为世界经济增长的第一引擎。世界银行曾预测，2016年中国对世界经济的贡献率达到33.2%，高居首位。中国通过自身的中高速发展，通过"一带一路"建设和亚投行，通过全球经济治理方案，为世界经济发展注入中国动力。第二个层面是科技引领。中国科技实力尽管与西方有较大差距，但经过多年的积淀，迎来井喷式的发展，出现了跟

① 《习近平谈治国理政》第2卷，外文出版社2017年版，第486、481、484页。

② 张康之：《"全球化"运动行进中的概念解读》，《教学与研究》2015年第10期。

③ ［英］莱斯利·斯克莱尔：《资本主义全球化及其替代方案》，梁光严等译，社会科学文献出版社2012年版，第5页。

④ ［巴西］特奥托尼奥·多斯桑托斯：《新自由主义的兴衰》，郝明玮译，社会科学文献出版社2012年版，第212页。

跑、并跑、领跑共存的崭新局面。今天，中国已经站在了高铁、核电、超算、量子通信等高技术的最前沿，在部分领域具备引领世界科技发展的能力。第三个层面是制度引领。中国通过“一带一路”合作平台，通过亚投行、金砖银行、丝路基金等多边金融架构，通过参与多边国际组织，推动全球治理体系改革。第四个层面是文化和价值观辐射世界。中国不仅要向世界提供产品，也要向世界提供思想，推动中国经验、中国话语、中国价值走向世界。今天，中国倡导的人类命运共同体理念已经写进联合国文件，中国提出的共商共建共享的全球治理观已经获得广泛认可。中国引领全球化的过程，也是中华文明走出去的过程。中国 5 000 多年的智慧是我们重塑全球价值观念的重要思想资源。这四个层面共时性存在、历时性扩展。也就是说，在每一个阶段，这四个层面都将同时在场，但在目前阶段主要以经济引领为主，辅之以其他三个层面。预计到 21 世纪中叶，随着中国经济体量的发展壮大，制度优越性的充分释放，中国的引领作用将呈现出四驾马车并驾齐驱的局面。到那时，不仅是中国的硬实力影响世界，更重要的是中国的思想、制度和文化辐射全世界，中国的原创价值贡献全世界，实现思想的崛起和文明的复兴。

2008 年国际金融危机特别是 2016 年以来，中国与世界的关系发生了历史性的巨变。中国从被动走向世界转向主动引领世界，从跟随全球化转向引领全球化，从融入世界体系转向重塑全球秩序，这是前所未有之大变局。时代的变迁，在改变人们的生存方式和全球结构的同时，也在改变着世界马克思主义的宏观语境。历史的洪流将中国推到了引领世界马克思主义创新发展的前台位置。21 世纪，时代的变迁决定了中国马克思主义应该有新的作为，中国马克思主义的理论目光应当投向远方，与中国的国际方位、大国责任相一致，应当在立足中国的基础上关怀世界，体现中国担当，这是 21 世纪马克思主义出场的宏观历史语境。发展 21 世纪马克思主义，中国是义不容辞的领导者。21 世纪，世界上最伟大的故事发生在中国。我们有理由相信，21 世纪世界马克思主义的中心也将随之东移，中国将成为 21 世纪马克思主义的中心重镇，中国故事将成为 21 世纪马克思主义分析的基础样本。绕开中国样本，21 世纪马克思主义就只能游走于世界学术舞台的边缘地带。

三、21 世纪马克思主义的冠名条件

马克思主义自诞生以来，跨越了三个世纪。三个世纪以来，无数马克思主义流派轮番登场，但不是每个流派都具有引领人类精神、改造世界历史的伟大价值，都可以“世纪”为尺度来冠名。每个世纪，不同马克思主义流派的产生地域不同，分析的基础样本不同，解决的时代课题不同，承载的世界意义不同，因而马克思主义的呈现样态也是不同的。三个世纪以来，一个马克思主义流派要贴上“世纪”的标签，冠名“世纪马克思主义”，至少同时具备四个条件：理论策源地是世界级的中心重镇（世界历史民族），研究对象是世界级的典型样本（世界伟大样本），理论形态属于本世纪世界马克思主义思想谱系中的主干形态（主流马克思主义形态），理论成果具有世界级的重大意义（世界历史意义）①。

21 世纪，人类最伟大的故事发生在哪里，世界社会主义运动的中心转移到哪里，哪里就是马克思主义最钟情的研究样本，哪里就是马克思主义研究的中心重镇，那个民族就是引领世界马克思主义创新发展的世界历史民族，那个国家的马克思主义最新形态就是 21 世纪马克思主义的主干形态。

习近平新时代中国特色社会主义思想诞生于中华民族上升为世界历史民族这一伟大时刻。这一思想冠名“21 世纪马克思主义”，主要是基于：

第一，这一思想创立于世界级的中心重镇——走近世界舞台中央的中国。自古以来，伟大的理论创造、伟大的科学发现、伟大的科技进展往往都诞生于伟大的民族，边缘国家难以在理论舞台、科技舞台上扮演执牛耳、领风尚、立潮头、开先锋的角色。一个有力例证就是，诺贝尔奖自创设以来，得主较多的国家是美、英、德、法等，这些国家都是特定阶段的

① 笔者此前提出三个条件。参见拙文《习近平新时代中国特色社会主义思想的几个重大理论判断》，《人民论坛》2019 年第 27 期。

世界历史民族。每个世纪，世界马克思主义创新发展的中心重镇不是固定不变的。

16世纪以来，欧洲工业文明进入上升期，现代化进入加速期，人类和地球进入了“欧洲时间”。地中海民族、欧洲大陆民族先后主导世界历史进程，世界历史在依次经过“西班牙、葡萄牙时刻”“荷兰时刻”之后，在18世纪中叶进入“英国时刻”。大英帝国在1756—1763年的“七年战争”中击溃法国独霸世界之后，旋即又拉开了工业革命的序幕。英国作为资本主义工业文明的先驱和代表，世界经济中心、国际金融中心，其能量已经不再囿于英伦半岛，而是一个拥有巨大能量、足以辐射欧洲乃至整个世界的、全方位的领导型国家，是一个能够创造世界历史、引领人类精神、建构世界秩序的世界历史民族。英国的心脏地带——伦敦自然成为马克思主义创新发展的中心重镇。概言之，19世纪，西欧是世界经济中心、工业革命中心、无产阶级运动中心，因而也成为马克思主义创新发展的中心重镇和理论高地。

20世纪初，世界社会主义运动的中心从西欧转移到了苏俄，苏俄也随之成为世界马克思主义创新发展的理论高地。斯拉夫民族上升为世界历史民族，俄国布尔什维克在重建本土历史的同时承载着改写世界历史的使命。在这一背景下，苏俄自然成为20世纪特别是上半叶马克思主义创新发展的中心重镇，列宁主义成为这一时期世界马克思主义创新发展的思想高峰。这一时期中国也在国际共运史上写下了浓墨重彩的篇章，20世纪上半叶的新民主主义革命，20世纪中叶的社会主义革命，20世纪下半叶的社会主义建设和改革，都是世界社会主义运动的重要组成部分，中国共产党人的理论创造特别是毛泽东思想、邓小平理论在世界马克思主义发展史上也是独树一帜的。

21世纪，曾一度滑落至被开除球籍边缘的中华民族重新回到世界舞台的重要位置，世界历史迎来了“东升西降”的重要拐点，中华民族迎来了从站起来、富起来到强起来的伟大飞跃。中国成为21马克思主义研究的中心重镇，中国肩负起引领世界马克思主义创新发展的思想旗帜，将是不以中国意志为转移的历史大趋势。站在从大国走向强国的历史方位上，中国需要重新思考：在世界马克思主义版图中应该扮演什么样的理论角色？在捍卫和发展马克思主义过程中应该承担什么样的理论使命？我们在向世界提供发展动力的同时是否贡献了引领人类精神的中国原则？我们在确立世界大国地位的同时是否担负起了理论上的大国责任？我们在器物层面不断为人类作出更大贡献的同时是否在思想上、学术上作出了同等重要的贡献？我们的学术地位是否与我们的世界大国地位、文明古国身份相匹配？我们作为一个走向复兴的社会主义大国是否扛起了21世纪马克思主义的旗帜？习近平新时代中国特色社会主义思想的创立，为上述诘问给出了肯定的注脚，作出了正面的回答。

第二，这一思想的研究对象涵盖人类重大问题——聚焦“中国之问”的同时直面“世界之问”，引领中国发展的同时破解人类重大问题。时代是思想之母，实践是理论之源，伟大的实践样本往往蕴藏着伟大的理论结晶，伟大的理论往往都奠基于伟大的实践样本之上。任何理论都钟情于成功的故事，任何理论家都眷恋成功的热土，因为唯有成功的故事才能孕育伟大的理论，孕育伟大的理论家。黑格尔认为，世界历史哲学，首先涉及的是“那些曾经知道自己是什么和想要什么的民族，那些在自身之内和超出自身得到发展的民族”①，也就是那些在世界精神层面留下印记的民族；而那些“意识模糊不清的各个民族，或者此类民族的晦暗历史，无论如何都不是世界历史哲学的研究对象”②。同理，那些实践上平庸的国家，不可能成为全世界马克思主义研究的中心样本。

19世纪，英国作为世界第一个工业化国家，其资本扩张全球，其领地横跨五洲，成就了日不落帝国的霸业。19世纪，世界上最伟大的故事是英国故事，最成功的样本是英国样本，英国自然成为马克思、恩格斯研究的基础样本，揭秘资本主义命运、指引工人运动方向、寻求人类解放道路自然成为19世纪马克思主义的首要任务。

20世纪初，俄国十月革命的胜利是震撼世界的历史大事变。在列宁的领导下，社会主义实现了从理论到现实的伟大飞跃；在俄国道路的启发

① 《黑格尔全集》第27卷第1分册，刘立群等译，商务印书馆2014年版，第12页。

② 《黑格尔历史哲学》，潘高峰译，九州出版社2011年版，第3页。

下，社会主义实现了从一国实践到多国发展的伟大飞跃。苏俄的建立推动了国际社会主义运动的大发展，不仅改变了俄国历史的发展方向和苏俄人民的命运，而且深刻改写了20世纪国际政治结构和地缘政治格局，深刻启迪了全世界被压迫民族的反帝反殖反封建运动和民族解放运动。基于此，苏俄样本自然成为20世纪马克思主义研究的基础样本。

展望21世纪，我们有理由相信，世界上最精彩的故事将发生在中国，世界上最伟大的样本将是中国样本，世界史上晚近的世界历史民族将是历尽苦难辉煌的中华民族。展望21世纪，中国样本必将成为中外理论家们最钟情的实践样本，解码中国样本必将成为马克思主义创新发展最重要的理论生长点，建构中国学派必将上升为21世纪中国哲学社会科学研究的伟大事业。在此背景下，中国故事成为21世纪马克思主义聚焦的基础样本，当代中国马克思主义——习近平新时代中国特色社会主义思想成为21世纪马克思主义的主题形态，将是不以中国意志为转移的理论大逻辑。

更为重要的是，一个理论要冠名"21世纪马克思主义"，在研究对象上恐怕必须要开启人类向度，关注世界之问，为解决人类重大问题贡献智慧与方案。进入21世纪，任何国家的马克思主义理论如果只研究本民族的问题，完全无视世界性问题，或者难以对世界性问题给出有效的方案，那么就难以确立起"21世纪马克思主义"的世界历史地位。习近平反复强调，世界怎么了，人类向何处去，这是我们必须回答的问题。习近平新时代中国特色社会主义思想在回答中国之问的同时，高度关注世界之问，为解决人类重大问题给出了一系列中国方案。比如，针对全球发展赤字，习近平提出了全球发展倡议、"一带一路"倡议；针对全球和平赤字，习近平提出了全球安全倡议、新安全观等；针对全球治理赤字，习近平提出了共商共建共享的全球治理观；针对西方文化霸权，习近平提出了全球文明倡议、全人类共同价值等。新时代，我们党的理论创新创造直面人类重大问题，极大拓展了中国马克思主义的研究视野和意义范围，也为我们党将习近平新时代中国特色社会主义思想称为"21世纪马克思主义"奠定了基本理论前提。

第三，这一思想属于21世纪世界马克思主义的主干形态——主流马克思主义形态。马克思主义理论发端于西欧，扩展至全世界，理论家族庞大。20世纪，国外马克思主义理论流派众多，包括新黑格尔主义的马克思主义（卢卡奇、柯尔施、葛兰西、布洛赫），法兰克福学派（霍克海默、阿多诺、本雅明、哈贝马斯、施密特），弗洛伊德主义的马克思主义（赖希、马尔库塞、弗罗姆），新实证主义的马克思主义（科莱蒂、德拉-沃尔佩），存在主义的马克思主义（列斐伏尔、梅洛-庞蒂、萨特），结构主义的马克思主义（阿尔都塞），分析马克思主义（柯亨、罗默、J. 埃尔斯特），生态马克思主义（高兹、本·阿格尔、莱易斯、佩珀），后马克思主义（埃尔斯托·拉克劳、詹托尔·穆佛、雅克·德里达），后现代马克思主义（弗里德里克·詹姆逊）等。但从不同马克思主义流派的受众面以及改造世界的功效来看，还是以列宁主义、毛泽东思想、邓小平理论为主流和主干。

到了21世纪，上述马克思主义理论流派有不少依然活跃，也有新的流派出现。今天比较活跃的马克思主义流派大体有：分析学派的马克思主义、解构主义的马克思主义、社会运动的马克思主义、女权主义的马克思主义、文化马克思主义、马克思主义解放神学、乌托邦马克思主义、市场马克思主义、世界体系的马克思主义、管理学派的马克思主义等等。

21世纪，并非所有的马克思主义理论形态都可以冠名“21世纪马克思主义”，在形形色色的马克思主义理论形态中，唯有那种理论创新程度最高、世界影响最广、介入现实能力最强、实践改造效果最优、理论体系最完整、引领时代功能最显著的马克思主义形态，方能称为主干形态，方能冠名“21世纪马克思主义”。习近平新时代中国特色社会主义思想，代表了马克思主义在21世纪目前阶段发展的最高成就、思想高峰，是改变中国、影响世界、引领时代的当代中国马克思主义，是当今世界独领风骚、独树一帜的马克思主义理论形态。

第四，这一思想具有世界级的重大意义——为解决人类共同难题提供了中国方案。但凡冠名“世纪马克思主义”的理论流派，一定解决了世界级的重大问题，一定为人类作出了重大贡献。19世纪，马克思、恩格斯解决的时代课题是什么是资本主义、怎样消灭资本主义，什么是社会主义、如何实现社会主义的问题。从文献学的意义上，19 世纪马克思主义的理论形态主要表现为经典马克思主义；从学术史的意义上，经典马克思主义则超越了时空的边界，构成世界马克思主义的“老祖宗”，是 20 世纪、21 世纪马克思主义在理论上的总源头。经典马克思主义第一次破译了困扰人类数千年的“历史之谜”，其思想之光照亮了全人类实现自由和解放的道路，开辟了马克思主义改造世界的伟大传统。有了科学理论武装，全世界工人阶级实现了由自在阶级到自为阶级的历史性转变，工人运动实现了由自发阶段到自觉阶段的历史性飞跃，世界社会主义运动迎来了光明前景。

20 世纪，列宁解决的时代课题是在经济文化落后的东方国家如何进行社会主义革命、如何建设社会主义的问题，列宁主义的创立是马克思主义走向世界的过程中发生的一次历史性飞跃。列宁主义的世界意义在于，它启迪世人——落后国家可以跨越资本主义的卡夫丁峡谷，率先建设社会主义。在列宁主义的启发下，一批经济文化落后的国家先后走上了社会主义道路。

今天，人类已经进入 21 世纪。21 世纪马克思主义的主干形态将在哪里落户？这不是一个主观的问题，而是时代的选择。21 世纪，全球最具典型意义的实践样本发生在哪个国家，世界社会主义运动的中心重镇转移到哪个国家，21 世纪马克思主义研究的中心重镇势必转移到那个国家，那个国家势必在世界马克思主义创新发展中发挥引领作用，势必书写出 21 世纪马克思主义的伟大篇章，创立 21 世纪马克思主义的主题形态。

根据 21 世纪前 20 多年的发展状况，世界最伟大的社会主义样本就是中国样本，世界社会主义运动的中心重镇毫无疑义就在中国，世界史上晚近的世界历史民族是历尽苦难辉煌的中华民族。在此背景下，世界马克思主义的理论目光聚焦中国，中国样本成为 21 世纪马克思主义研究的基础样本，21 世纪马克思主义的主干形态就是当代中国马克思主义，将是不以中国意志为转移的历史大趋势和理论大逻辑。

中国作为一个超大人口规模的发展中大国，作为一个超大经济体量的新兴市场国家，作为一个超长历史纵深的东方文明古国，作为一个与过往帝国完全不同类型的社会主义国家，作为一个文明气质迥异的新文明类型国家，它的崛起必将对世界秩序、全球治理、人类文明、知识体系、话语格局带来重大影响，产生巨大外溢效应。党的十八大以来，习近平新时代中国特色社会主义思想为解决人类共同难题，提出了一整套中国主张，采取了一系列中国行动，为建设美好世界贡献了中国方案。在总体层面，中国提出构建人类命运共同体，这是中国对国际秩序观的创新与发展，是中国为建设美好世界作出的顶层设计；在经济发展层面，中国提出发展观、合作观、新型全球化方案，提出了全球发展倡议，提出了“一带一路”倡议，主导成立了亚投行、金砖银行、丝路基金等金融架构，为推动世界共同发展注入了中国动力；在全球治理层面，中国提出了全球安全倡议，倡导建立新型国际关系、新型大国关系格局，倡导共商共建共享的全球治理观，为优化全球治理作出了中国贡献；在人类文明层面，中国提出了全人类共同价值、正确义利观，提出了全球文明倡议，倡导新安全观、文明观、人权观，为重建人类文明贡献了中国智慧。这一系列中国理念、中国主张、中国行动、中国方案，充分彰显了习近平新时代中国特色社会主义思想的世界历史意义。

从上述四个条件来看，习近平新时代中国特色社会主义思想定位为“21世纪马克思主义”，是合乎逻辑、完全够格的，是顺理成章、水到渠成的。

四、21世纪马克思主义的首要研究样本

马克思主义自诞生以来，跨越了三个世纪。每个世纪，马克思主义的中心重镇不同，分析的基础样本不同，解决的时代课题不同，因而马克思主义的呈现样态也是不同的。

19世纪，欧洲工业文明进入上升期，现代化进入加速期，欧洲自然成为哲学社会科学关注的中心地带。在欧洲，英国率先完成了工业化的任务，成就了帝国霸业，英国自然成为马克思、恩格斯研究的基础样本。在英国，伦敦又处于心脏地带，这里理所当然也成为马克思主义的诞生地，

也成为 19 世纪马克思主义研究的中心重镇。这一时期，马克思主义解决的时代课题是什么是资本主义、如何终结资本主义，什么是共产主义、如何实现共产主义的问题。经典马克思主义是这一时期的理论形态。

20 世纪，俄国十月革命的胜利是世界历史大事变，以苏联为首的社会主义阵营的出现成为当时震撼全球的一种世界现象，苏联自然成为马克思主义研究聚焦的基础样本，也成为 20 世纪马克思主义创新发展的中心重镇。这一时期，马克思主义解决的时代课题是在经济文化落后的东方国家是否可以进行社会主义革命，如何进行社会主义革命，如何建设社会主义的问题，马克思主义的呈现形态主要表现为列宁主义。中国马克思主义在 20 世纪也取得了丰硕的成果，但客观地说，不管是毛泽东思想还是中国特色社会主义理论体系，首先聚焦和解决的是中国问题，首要的贡献在中国，相对于马克思列宁主义的世界历史意义来说，还称不上一种普遍性的世界知识，中国也够不上 20 世纪马克思主义的中心重镇。

21 世纪，中国上升为世界马克思主义聚焦的首要样本，马克思主义的中心重镇转移到中国，有其历史的必然性。

21 世纪最为重要的世界历史事件发生在哪里，哪里就是马克思主义最钟情的研究样本。今天，全世界大概已没有多少人会怀疑，全球经济中心的决定性东移将是不可逆转的世界大趋势。

21 世纪以来十多年的时间，呈现给全世界的历史景象是，中国与世界的关系已经发生历史性的巨变，中国与美国已经进入时空切换周期，中国时代正在缓缓开启，中国已经从被动走向世界转向主动引领世界，从跟随全球化转向引领全球化，从融入世界体系转向重塑全球秩序，这是前所未有之大变局。展望整个 21 世纪，世界上最伟大的实践应当属于中国，世界上最精彩的故事应该发生在中国，中国的历史性实践必将成为滋养整个哲学社会科学的丰腴沃土。习近平指出，“当代中国正经历着我国历史上最为广泛而深刻的社会变革，也正在进行着人类历史上最为宏大而独特的实践创新。这种前无古人的伟大实践，必将给理论创造、学术繁荣提供强大动力和广阔空间”①。因此，展望未来，随着世界经济中心的决定性东移，

① 习近平：《在哲学社会科学工作座谈会上的讲话》，人民出版社 2016 年版，第 8 页。

世界文化中心特别是马克思主义的中心也将随之东移，中国将成为21世纪马克思主义的中心重镇，中国故事将成为21世纪马克思主义分析的基础样本，这是由中国的国际方位、大国责任以及历史使命决定的，这是不以人们的主观喜好为转移的客观事实。试想，如果中国不扛起“21世纪马克思主义”的旗帜，还有哪个民族、哪个国家有这个资格和底气呢？我们完全有理由相信，21世纪大师级的马克思主义理论家一定是中国人或者在中国工作或研究中国的外国学者。

21世纪马克思主义的首要任务是“解码中国”。中国崛起对于世界来说依然是一个未解之“谜”。中国崛起是21世纪最为重要的世界历史事件，中国道路是人类历史上最伟大的实践成果，但我们的理论创造尚不能有效总结中国的经验，我们尚未生产出与实践成果相匹配的系统理论成果。

作为世界上独一无二的成功样本，当代中国的历史性实践构成了发展21世纪马克思主义的源头活水；解码中国构成了21世纪马克思主义的首要任务。绕开中国样本，21世纪马克思主义就只能游走于世界学术的边缘地带，而难以上升为世界历史性的理论，难以在世界舞台的中央指点江山、参与世界历史的理性塑造，更遑论引领世界历史进程。

21世纪马克思主义是由实践建构起来的，而不是由概念建构起来的。21世纪马克思主义的逻辑起点是“中国问题”，研究对象是“中国样本”，中国故事、中国奇迹构成21世纪马克思主义最深刻的基础、最充足的根据。“21世纪马克思主义”的诸多概念及理论本身都是历史的产物，正是我们“运用这些概念所分析的那个历史，实际上发明了这些概念”①，而不是相反。

解码中国样本，关键是捕捉“中国样本”的特殊性。中国的历史性实践是超大人口规模参与的，是在960万平方千米的大国中展开的，是在拥有5 000多年文明的古老国度中进行的，是在中国特色社会主义的制度框架中展开的，绕开了西方的制度架构、发展模式和观念体系，绕开了西式现代化道路和经典现代性逻辑，绕开了资本主义与市场经济天然契合的观

① 布尔迪厄、华康德：《实践与反思——反思社会学引论》，李猛、李康译，中央编译出版社1998年版，第131页。

念逻辑，这在人类发展史上都是独一无二的，也是前无古人的历史性事件。中国模式本身无论在何种意义上都是一个世界级的样本，它与 19 世纪以英美为代表的盎格鲁-撒克逊模式，以欧洲大陆国家为代表的莱茵模式，20 世纪以苏联为代表的传统社会主义模式，20 世纪下半叶以日本为代表的东亚模式，以韩国、新加坡为代表的“四小龙”模式，以阿根廷、智利为代表的拉美模式，都是不可同日而语的。

“中国”作为世界级的样本，中国问题作为世界级的研究难题，解码中国的理论创造必定是世界级的成果，中国理论的出场也必定是世界级的贡献。具体来说，由于中国国情的特殊性——超大国土面积、超大人口规模、超长历史纵深、超复杂的民族文化结构，中国面临的发展问题、资源环境问题、人口和性别问题、贫富差距问题、政治腐败问题、民主政治问题、伦理道德问题、教育医疗问题等，每一项都是一项世界级的课题，解决任何一项课题都没有现成的经验，更不存在预先为中国量身打造的理论方案，因而破解这些课题本身就具有世界历史意义。以经济学为例，进入 21 世纪，中国毫无疑问已经成为世界上最为重要的经济体，发生在中国的经济现象无疑将是世界上最为重要的经济景观，解释这道景观的理论无疑是全球最为瞩目的经济理论，破解中国经济奥秘的成果一定是世界级的成果。可以预见，中国特色社会主义政治经济学将成为 21 世纪马克思主义的核心内容。所以，习近平指出，“这是一个需要理论而且一定能够产生理论的时代，这是一个需要思想而且一定能够产生思想的时代”①。当代中国正在进行的伟大实践，必将成为滋养 21 世纪马克思主义的深厚沃土，必将为发展繁荣 21 世纪马克思主义提供广阔空间。

五、21 世纪马克思主义的双重研究向度

马克思主义研究的问题域，从地域范围来看大体可以分为民族问题和人类问题，研究向度相应地体现为民族向度和人类向度，理论使命相应地

① 习近平：《在哲学社会科学工作座谈会上的讲话》，人民出版社 2016 年版，第 8 页。

体现为民族使命和世界使命。

(一) 马克思主义研究的民族向度与世界向度

从理论研究地域范围来看，马克思主义研究无外乎两个向度——民族向度和世界向度，无外乎两个对象——本民族的问题和世界共同性问题，无外乎两重使命——改变本国和塑造世界。有些国家的马克思主义囿于民族向度，专注于解决本民族的问题，我们可以称之为“单向度”（不是在马尔库塞的意义上使用这一概念）的马克思主义；有些国家的马克思主义坚持民族向度与世界向度相结合，在解决本民族问题的同时，参与解决人类面临的共性问题，我们可以称之为“双向度”的马克思主义。“单向度”的马克思主义凸显的是民族意义，“双向度”的马克思主义则同时彰显其民族意义和世界意义。

一个国家的马克思主义研究向度究竟是单向度的还是双向度的？这主要不是主体选择的结果，而是由该民族的世界地位决定的。只有时代选择的世界历史民族，才能在解决其民族课题的同时展现出由之代表的普遍性，才能担负起以理论的方式影响世界、塑造世界的世界历史使命。也就是说，地域性民族往往侧重于发展“单向度”的马克思主义，世界历史民族必定发展“双向度”的马克思主义。

从20世纪到21世纪初，中华民族始终具有胸怀天下的博大情怀，但囿于当时的国力，总体上属于地域性民族，还未上升为全方位的世界历史民族。这一时期，中国马克思主义研究主要立足于民族向度，以我国革命、建设、改革的实际问题为中心，着眼于马克思主义的实际运用，重点推进马克思主义中国化时代化，用马克思主义解决中国问题。比如，毛泽东思想最伟大的贡献在于，它瞄准什么是中国民主革命、怎样进行中国民主革命的问题，开创了民主革命的中国道路，深刻影响了世界历史进程与格局，但没有为广大亚非拉国家如何摆脱殖民统治、实现人民解放提供革命的成套方案；邓小平理论最伟大的贡献在于，它瞄准什么是社会主义、怎样建设社会主义的问题，开辟了通往现代化的中国道路，但没有为广大发展中国家如何实现现代化提供发展的成套方案；“三个代表”重要思想最伟大的贡献在于，它瞄准建设什么样的党、怎样建设党的中国问题，提出了建设先进政党的行动指南，但没有为世界各国马克思主义政党提供执政党建设的成套方案；科学发展观最伟大的贡献在于，它瞄准实现什么样的发展、怎样发展的中国问题，解答了中国可持续发展的重大难题，但没有为广大发展中国家如何实现可持续发展提供成套方案。尽管这一时期，我们也提出了不少具有世界历史意义的核心概念和理论命题，比如和平共处五项原则、“三个世界”划分理论、和平发展世界主题论、构建公正合理的国际政治经济新秩序理论、和谐世界理论等，但就其系统性、整体性而言，还不足以达到从总体上引领人类精神成长和文明进步的高度。

21世纪10年代，中国走进新时代，前所未有地走近世界舞台中央，中华民族上升为世界历史民族。与此相适应，中国马克思主义研究转化为“双向度”的理论：一是坚持中国向度，以中国问题为中心，推进马克思主义中国化时代化，以马克思主义最新成果改造中国。二是开启世界向度，关注人类面临的共同难题，推进中国马克思主义走向世界，以中国主张、中国智慧、中国方案参与世界的理性塑造，为建设更加美好的世界作出更大的中国贡献。

作为21世纪马克思主义，习近平新时代中国特色社会主义思想具有鲜明的“双向度”特征。习近平指出，“世界怎么了、我们怎么办？这是整个世界都在思考的问题，也是我一直在思考的问题”①，要围绕世界发展面临的重大问题，“着力提出能够体现中国立场、中国智慧、中国价值的理念、主张、方案”②。这一论断揭示，当代中国马克思主义研究不能囿于“中国向度”，必须开启“人类向度”。习近平新时代中国特色社会主义思想既是当代中国马克思主义，又是21世纪马克思主义，既秉持中国向度，又彰显世界向度，具体体现在：这一思想既要解决中国问题，也要关照人类共同难题；既要引领中国发展，也要推动世界共同发展；既要坚持中国立场，也要树立人类命运共同体立场；既要致力于建设富强民主文明和谐美丽的中国，也要参与建设更加美好的世界；既要推进国家治理体

① 《习近平谈治国理政》第2卷，外文出版社2017年版，第537页。

② 习近平：《论党的宣传思想工作》，中央文献出版社2020年版，第228页。

系和治理能力现代化，也要为完善全球治理提供中国主张；既要推进中国制度成熟和制度定型，也要为人类探索更好社会制度提供中国方案；既要创新中国理论，也要创造人类文明新形态；等等。当然，中国向度与人类向度不是矛盾的、对立的，而是相辅相成、相得益彰的，“解决好民族性问题，就有更强能力去解决世界性问题；把中国实践总结好，就有更强能力为解决世界性问题提供思路和办法。这是由特殊性到普遍性的发展规律”①。

作为21世纪马克思主义，习近平新时代中国特色社会主义思想如何担负着影响世界的大国责任呢？中华民族作为世界历史民族，“应当对于人类有较大的贡献”②。中国贡献不应止于物质的层面，而必须上升到引领人类精神的高度，最终使中国对世界秩序的影响呈现出越来越多的建设性效应，中华民族必得在人类精神重塑、世界认知框架和知识体系重构中证明其世界历史地位。黑格尔曾指出，“一个民族在世界历史的发展阶段中究竟占据着什么样的位置，不在于这个民族外在成就的高低，而在于这个民族所体现出的精神”③。中华民族的世界贡献如果仅仅停留在重构世界经济版图上，不能为五百年前自西方延续而来的人类文明拓展新意，未来的世界历史不过是西方历史的延续而已，富强的中国“充其量不过是一个大西洋和地中海文明的模范生，合格的毕业生而已”④，根本谈不上够格的世界历史民族。在21世纪，中国如何担负共建美好世界的历史使命？西方擅长的军事霸权、政治强权、文化殖民等手段不足取，我们只能通过自身的思想创造卷起巨大的理论旋涡，通过倡导人类文明共识对世界各民族形成强大的吸附力，越来越多的国家卷入中国方案的磁场周围，促成中国主张、中国方案的世界传播，人类历史逐渐从西方塑造走向全球共塑的世界历史。因此，历史内在地要求中国的崛起进入一种精神自觉，主动担当起推动世界秩序再均衡、人类文明再建构的使命。这种自觉要求当代中国的理论建构，超越民族主义的窠臼，进入普遍主义的视野，为推动人类的精神

① 习近平：《论党的宣传思想工作》，中央文献出版社2020年版，第229页。

② 《毛泽东文集》第7卷，人民出版社1999年版，第157页。

③ 黑格尔：《黑格尔历史哲学》，潘高峰译，九州出版社2011年版，第58页。

④ 参见高全喜等：《世界历史的中国时刻》，《开放时代》2013年第2期。

成长和文明进步作出中国贡献。

（二）引领人类精神成长和文明进步的中国方案

党的十八大以来，以习近平同志为核心的党中央，围绕人类面临的和平赤字、发展赤字、安全赤字、治理赤字等重大问题，提出一系列中国理念、中国主张、中国方案，推出了一系列中国行动、中国倡议，为引领人类精神成长和文明进步作出了重要贡献，不愧为世界历史使命的合格担当者。

重构全球发展理性——超越梯度发展、线性进化的西方逻辑，代之以新发展观为核心的全球发展倡议。

重构全球治理理性——超越一国主导、几方共治的西方治理逻辑，代之以共商共建共享的全球治理观。

重构全球经济理性——超越利己主义的经济哲学和零和博弈的丛林法则，代之以正确义利观。

重构全球价值理性——超越西方中心的文明理性和“普世主义”的价值哲学，代之以全人类共同价值为核心的全球文明倡议。

重构世界安全理性——超越自我至上的西方安全逻辑，代之以新安全观为核心的全球安全倡议。

重构国际交往理性——超越中心—边缘的国际政治结构，代之以新型国际关系。

重构大国关系理性——超越国强必霸的国际政治逻辑，代之以新型大国关系格局。

重构制度理性——超越历史终结的西方制度逻辑，代之以“自主选择”的制度观。

当然，世界精神的成长、人类文明的重构是一个漫长的过程。中国理念参与世界精神和世界历史的理性塑造，不可能毕其功于一役，理想与现实的距离不能成为放弃理想的理由。假以时日，21世纪马克思主义一定会在引领世界精神成长和人类文明进步中发挥不可替代的作用，全球知识宝库中一定会为中国留下一席之地。

六、21世纪马克思主义的现代性本质

中国道路是中国马克思主义“改造世界”的最主要成果。与近代以来先后登场的盎格鲁-撒克逊模式、莱茵模式、苏联模式、东亚模式、拉美模式相比，中国道路有着太多的特殊性。中国道路的成功代表了一种新现代性的出场，21世纪马克思主义正是从本质论的高度揭示中国道路背后现代性秘密的学说。

因而，21世纪马克思主义的科学内涵，从本质上来说，就是要超越西方的启蒙现代性、经典现代性、后现代性以及“反思的现代性”话语，在解码中国样本的基础上，书写现代性的中国版本；在规避“现代性之殇”的基础上，实现现代性的救赎；在摆脱西方话语路径依赖的条件下，形成原创性的中国现代性话语。

现代化是由西方率先发起的，现代性是由西方首先书写的。西方享受了现代化运动的巨大成果，但同时也承受了现代化无序发展的后果；西方书写了现代性的经典版本，但同时也遭遇了“现代性之殇”。

西方主导的、以造就资本现代性社会为核心目标的现代化运动，遵循线性进化、梯度转移的发展逻辑，信仰“西方中心论”、“文明优越论”的价值理性，服从零和博弈、你输我赢的丛林法则，走向中心-边缘的依附体系。西方推崇的经典现代性模式，以理性人为起点，以理性原则为轴心，在经济上表现为市场化，在产业上表现为工业化，在空间上表现为城市化，在政治上表现为民主化，在治理上表现为科层化，在思想文化上表现为自由化，在国际上追求全球一体化、同质化，归根结底表现为资本的现代性。随着工业化的展开，经典现代性日趋偏颇，日益简单化、固化，走向以经济增长为中心、以GDP崇拜为表征的现代性理论，走向了财富至上、忽视社会全面进步的单线发展观。然而，事实是，经济蛋糕做大，其他问题并未随之迎刃而解。经济单向突进的国家，往往面临更大的、整体性的社会危机。

西方现代性是非辩证的，惯于“拿一种目标或价值和另一种目标或价值做交易”①，收获了巨大的成果，也付出了过高的代价。这就是，在解放人的感性欲望的同时，导致了物质主义的泛滥、精神世界的贫困、道德信仰的失落；在高扬人的主体性的同时，导致了主体意识的僭越、自我观念的膨胀；在提升人类中心地位的同时，导致了自然的异化、生态的报复；在彰显理性精神的同时，导致了有限的理性上升为无限的理性，经验的理性上升为超验的理性，属人的理性上升为实体的理性；在发掘工具理性的同时，导致了价值理性的缺位、人文精神的退场；在满足消费需求的同时，导致了消费主义的泛滥；在科技昌明的背后，是人们对于技术本来意义的遗忘；在资本逻辑僭越的背后，是劳资对立、城乡对立、东西对立、南北对立。比如，西方城市化的最初崛起是通过“羊吃人”的圈地运动、城市吞并农村、资本征服自然来实现的，这里存在着主体性、工具理性和资本逻辑的三重僭越。西方现代性的缺憾导致了人类世界的重重危机——工业化导致环境危机，军事化导致国际冲突，资本化导致劳资矛盾，国家化导致市民社会危机，城市化导致城市病，“技术逻辑实际上变得普遍”②导致价值危机……这些危机的实质是人类有史以来最严重的人文精神危机和文化危机，是涉及政治、经济、文化、法律、道德、信仰、生态等各方面的总体性危机，是波及全球各个角落的世界性危机。

面对现代性之痛，后现代性以经典现代性的反题出现，其批判锋芒走向了另一个误区：在反思现代性的同时走向了反现代性，在批判理性独断的同时走向了反理性，在批判理性片面化的同时走向了排斥一切理性，在批判本质主义的同时走向了反本质，在批判中心主义的同时走向了边缘地带，在批判确定性的同时走向了怀疑论。比如，从GDP中心走向反GDP，从工业化走向后工业化，从城市化走向逆城市化，从人类中心走向生态主义，从国际化走向本土化，后现代主义在批判现代性的过程中从一个极端走向另一个极端，以更大的片面性、更小的现实性将人类社会导向了一条更窄的路，因而不可避免地走向破产。

① ［美］劳伦斯·E. 卡洪：《现代性的困境》，王志宏译，商务印书馆2008年版，第294页。
② ［匈］阿格尼丝·赫勒：《现代性理论》，李瑞华译，商务印书馆2005年版，第98页。

"现代性是一项未竟的事业"①。西方现代性的失势，就是新现代性出场的时候。中国自 1840 年以来就开始探寻现代化道路，与西方的区别仅仅在于通过何种方式、谁来领导、选择何种路径实现现代化。实践证明，资本现代性道路不适合中国的国情，我们最终选择了中国特色社会主义道路。当代中国正在走向"更现代"的未来，我们不能放弃现代性，而是要反思现代性，"拯救现代性"，立足中国本土，造就具有中国特色的、社会主义性质的现代性社会，重建中国的新现代性。现代性可选择，中国完全具有开创新现代性的自身潜力。

中国自主开辟的现代化道路，是完全不同于人类过往实践的伟大创举。今天的中国正自信地向世界提供"另一种现代性"。习近平指出，"当代中国的伟大社会变革，不是简单延续我国历史文化的母版，不是简单套用马克思主义经典作家设想的模板，不是其他国家社会主义实践的再版，也不是国外现代化发展的翻版，不可能找到现成的教科书。"② 它第一次绕开了资本主宰劳动的历史逻辑，第一次摆脱了西方的制度框架、政治模式和文明体系，第一次摆脱了殖民、扩张、掠夺的发展逻辑，第一次摆脱了依附发展、梯度进化的历史宿命，第一次抛弃了零和博弈、你输我赢的丛林法则，第一次通过"走自己的路"实现了从世界边缘到中心的华丽转身，第一次在吸纳西方经典现代性的精华之后开启了更为壮丽的现代性之路。21 世纪马克思主义只能通过解答中国的现代化实践而出场。

中国新现代性肇始于新文化运动，在中国共产党主导的、以改革发展为主题、以社会主义为性质定向的现代化运动中逐渐生成，在以实现社会主义现代化和中华民族伟大复兴为目标的历史性实践中走向成熟。中国新现代性，源于马克思主义的价值立场，源于社会主义的价值追求，源于传统文化的优质基因，源于对西方现代性的积极扬弃，归根结底源于当代中国的历史性实践和前现代、现代、后现代共时在场的历史语境，正是多重因素合力孕育了中国特色的新现代性。中国共产党的领导是中国新现代性的首要特征。中国现代工业文明是中国新现代性的"物质内容"。中国特

① ［德］哈贝马斯：《现代性的哲学话语》，曹卫东译，译林出版社 2004 年版，第 1 页。
② 习近平：《在哲学社会科学工作座谈会上的讲话》，人民出版社 2016 年版，第 21 页。

色的社会制度体系是中国新现代性的“社会形式”。中国道路是中国新现代性的实践成果。中国化马克思主义是中国新现代性的理论居所。21 世纪马克思主义的出场代表着这种新现代性日渐成熟，正在崛起为超越西方现代性的人类新文明。

中国书写的新现代性与“西方现代性”出场的历史语境不一样，解答的时代课题不一样。中国的新现代性不可能停留在启蒙现代性的层次上，尽管启蒙依然在路上；也不可能是西方经典现代性“在空间上的跨界平移”，尽管经典现代化依然任重道远；更不会是后现代性的提前出场，尽管后现代社会在局部已经偷偷降临。在西方，所谓“原生态”的前现代、现代、后现代、新现代，依次更迭，顺序出场，而在中国却共时出场甚至倒序出场：工业化、市场化、民主化、城市化、国际化的任务都没有完成，却同时又遭遇信息化、数字化、生态化、娱乐化、休闲化、公共治理等后现代的挑战①。当下中国的现代社会是“一种难以置信的组合，它有着从接近远古的社会、传统社会到发达的现代社会的各种生活和生产方式，有着从前现代、现代到极端后现代的精神和观念……最大限度地胡乱包容着许多时代和各种生活”②。由于独特的历史语境，中国新现代性的内涵、结构和使命异常复杂——既要完成中国式的理性启蒙，又没有充裕的时空纠缠于启蒙现代性；既要完成经典现代化的任务，又要避开西方现代化的陷阱；既要看到前现代从未走远、现代化正在途中，又要兼顾后现代社会来临的事实；既要推进以产业经济为基础的第一次现代性，又要问鼎以知识经济为基础的第二次现代性；既要补上历史上落下的现代化课程，又要引领现代化的未来发展；既要适应经济的现代化，也要适应政治、文化、社会整体转型升级。中国新现代性，对于中国的现代化历程来说，是流动的；对于中国的现代化实践来说，是建设性的；对于片面的西方现代性来说，是完整的；对于西方的“现代性之殇”来说，是反思的、批判的、革命的；对于世界各国的现代化建设来说，是可选择的、可借鉴的。

---

① 任平：《脱域与重构：反思现代性的中国问题与哲学视域》，《现代哲学》2010 年第 5 期。

② 赵汀阳主编：《现代性与中国》，广东教育出版社 2000 年版，第 2 页。

中国的新现代性是一个辩证的过程，它有须臾不可分开的两面，“每一面都不能离开另外一面而单独存在”①。西方现代性之误在于，彰显一面而忽略了另一面。我们无意全盘抛弃西方现代性的一切方面，但将竭力避开西方现代性的负面效应，开辟更为壮丽的现代性前景，在这里，现代性之“两面都很好地、协调地依附在同一实体之上”②。比如，个性与共性互为补充，边缘与中心相互包容，物质丰裕与精神富足正向匹配，感性幸福与道德信仰相互支撑，科学精神与人文精神共同成长，工具理性与价值理性相得益彰，个体价值与整体价值相互尊重，人与自然和谐共生。在这里，经济增长（GDP）中心论升级为社会全面进步，工业化升级为新型工业化，市场化升级为市场决定与政府有为兼顾，程序民主化升级为社会主义政治文明，个人自由化升级为自由全面发展，社会原子化升级为社会主义和谐社会，城市化升级为统筹城乡发展，国际化升级为统筹国际国内两个市场，单线发展观升级为整体发展观，效率优先升级为兼顾效率与公平，人类中心主义升级为环境友好型社会，等等。概而言之，中国新现代性，是与中国道路相适应的哲学逻辑和哲学原则，是“中国现代化过程的质的规定性，它体现在中国现代化实践、道路、模式和理论之中”③，中国特色社会主义道路、理论体系和制度，是这种现代性逻辑的外化；党的十一届三中全会以来党的基本理论、基本路线、基本纲领、基本经验，党的十八大以来党中央治国理政新理念新思想新战略，是这种现代性逻辑的具体化。

21世纪马克思主义，作为现代性的中国版本，为人类的未来发展开辟了新天地，使得全世界各个民族、各个国家不再将其身家性命“系泊于一种单一的文化或现代性”④。过去，人们一直盼望出现西方理性之外的选

---

① ［英］齐格蒙·鲍曼：《现代性与大屠杀》，杨渝东、史建华译，译林出版社2002年版，第10页。

② ［英］齐格蒙·鲍曼：《现代性与大屠杀》，杨渝东、史建华译，译林出版社2002年版，第10页。

③ 侯才：《“中国现代性”的追寻：对当代中国哲学发展主线的一种描述》，《哲学研究》2010年第4期。

④ ［牙买加］唐·罗沃萨姆：《后殖民性：新现代性的挑战》，黄语生译，《国际社会科学杂志》（中文版）1998年第3期。

择，今天，来自东方的现代性选择已经摆到了我们的面前，这种充满东方智慧的新现代性似乎在与西方的较量中占据了上风——动摇了西方经验支撑的西方现代性的至尊地位，动摇了基于西方现代性的发展道路、制度模式和价值观念的普世地位，实现了现代性的救赎，为广大发展中国家走好现代化道路、重写现代性内涵提供了借鉴，注入了信心和底气。

七、21 世纪世界马克思主义的家族谱系

马克思主义是一个理论大家族，形形色色的马克思主义理论流派数不胜数。根据其理论贡献、历史地位和当代价值，可以区分为“源头”“主干”“支流”三大类。

源头。在马克思主义理论大家族中，马克思、恩格斯的学说即经典马克思主义是总源头，是真正的“老祖宗”。今天，马克思主义已经从 19 世纪走进了 21 世纪，从西欧走向了世界，足迹遍天下，思想之光照亮了人类探索历史规律和寻求自身解放的道路。不管到何时，不管到何方，马克思、恩格斯这个老祖宗不能丢，丢了就不是马克思主义。我们说不能丢“老祖宗”，就是不能丢掉马克思、恩格斯确立的科学世界观方法论，不能丢历史唯物主义这个伟大的认识工具和分析框架，不能丢科学社会主义基本原理、基本原则；就是不能丢人民至上的政治立场，任何时候都自觉站在最大多数人的一边，代表最广大人民的根本利益，绝不能代表任何利益集团、任何权势团体、任何特权阶层的利益；就是不能丢实事求是的思想路线，任何时候都要坚持一切从实际出发，不囿于本本，不迷信西方，不屈从权威，不盲从经验；就是不能丢与时俱进的理论品质，任何时候都要以新的理论形态丰富和发展马克思主义，用发展着的马克思主义指导新的实践；就是不能丢掉共同富裕的奋斗目标和共产主义的崇高信仰，任何时候都必须坚守共产主义的远大理想，高扬共产主义的思想旗帜。绕开“老祖宗”搞的所谓理论创新是无源之水，背弃思想源头来发展马克思主义是离经叛道。

主干。马克思主义理论家族庞大，谱系庞杂，人物和流派众多，把握主干方可知全貌。所谓“主干”，意指马克思主义理论家族中，其理论发展最为成熟、理论体系最为完整、理论影响最为广泛、理论受众最为多样、改造世界功效最为卓著的理论流派或理论形态。自1848年《共产党宣言》问世以来，马克思主义的精神传人遍及五大洲，数以百计的马克思主义理论流派轮番登场，以其独特身姿亮相于世界学术舞台。这些人物和流派，有的是昙花一现，匆匆登台又匆忙谢幕，不过是“五分钟的明星”，比如黑格尔主义的马克思主义、弗洛伊德主义的马克思主义、新实证主义的马克思主义、结构主义的马克思主义等；有的则是跨越地理边界、时代隔阂，成为具有世界影响力的马克思主义理论，比如列宁主义、毛泽东思想等。这些人物和流派，就其学术影响力、思想辐射力、传承忠实度、受众覆盖面、实践改造力而言，经典马克思主义——列宁主义——毛泽东思想——邓小平理论——“三个代表”重要思想——科学发展观——习近平新时代中国特色社会主义思想，这是一条主干线①，在这条主干线上，马克思、恩格斯——列宁、斯大林——毛泽东、邓小平、江泽民、胡锦涛、习近平是具有标志性、旗帜性意义的主要代表人物。这几大理论成果的历史贡献载入了马克思主义发展史册、世界社会主义运动史册、人类文明进步史册。

支流。在马克思主义理论大家族中，除了源头和主干之外，还存在若干支流、支线。所谓“支流”，就是在马克思主义理论家族中，那些在理论影响力、受众覆盖面、实践改造力或体系完整性等方面都与主干存在明显差距的理论流派或理论形态。这些支流既包括其他社会主义国家、国外共产党的马克思主义理论，也包括西方国家的马克思主义流派，比如早期马克思主义、法兰克福学派、存在主义的马克思主义、弗洛伊德主义的马克思主义、结构主义的马克思主义、新实证主义的马克思主义，以及东欧新马克思主义、分析马克思主义、生态马克思主义、女权主义马克思主义、后现代马克思主义等。每一条（个）支线（流派）的侧重点和思想观

---

① 何毅亭：《习近平新时代中国特色社会主义思想是21世纪马克思主义》，《学习时报》2020年6月15日。

点是不同的，与“老祖宗”的亲缘关系也各不相同，但都有其独立存在的价值。源头、主干与支流汇聚到一起，就构成了世界马克思主义的完整思想谱系和理论图景。正如19世纪、20世纪一样，21世纪世界马克思主义理论家族宾朋满座的繁荣景象不会终结，世界马克思主义理论流派一源多流的基本面貌不会改变。

进入21世纪，鉴于中国在国际政治经济版图中的独特地位，鉴于马克思主义在中国意识形态领域的指导地位，鉴于中国是最大的发展中国家和社会主义国家这个实际，“三个代表”重要思想、科学发展观、习近平新时代中国特色社会主义思想不可避免地构成21世纪世界马克思主义的主体、主干。其他社会主义国家的发展则是支流或枝叶。

八、21世纪马克思主义的学术史意义

“21世纪马克思主义”是中国共产党极为重视的崭新概念，是对习近平新时代中国特色社会主义思想之历史地位和世界地位的政治判定，绝不应看作一个仅仅与“时间”相关联的轻飘飘的概念。这一概念的出场，是中国马克思主义发展史上的重大历史事件，也是世界马克思主义发展史上的重大历史事件，是中国理论走向世界的标志性事件，必将载入马克思主义发展史册，其意义没有任何理由被低估。

其一，它标志着我们党的创新理论已经自信地走向世界学术舞台。这一概念的提出是中国走近世界舞台中央的理论回应，是21世纪的中国学术走向世界的重大事件，是中国学术彻底摆脱“学徒”状态、形成“自我主张”[①] 的标志性事件，也是东西方思想在长期非均势的较量中迎来新的平衡态的重要拐点。众所周知，世界学术舞台长期为西方学术所把持，“西强东弱”的国际学术格局由来已久，西方学术范式主导了全球性议题的讨

① 吴晓明认为，“学徒”状态是学术进展的一般规律，换言之，学术发展往往经历一个从“学徒”状态到自我主张的过程。参见吴晓明：《论中国学术的自我主张》，《学术月刊》2012年第7期。

论，西方学术标准控制了全球性争议的裁判，东方—西方的边界线异化为野蛮—文明、落后—先进、贫穷—富足、专制—民主的分界线，300年来世界历史进程异化为“人类和地球的欧洲化、美国化”，传统人类文明的建构过程不过是西方文明膨胀为世界文明的过程。21世纪马克思主义走向世界，意味着中国向世界贡献了一种具有大国气象、东方气韵、天下情怀、和平主义立场、社会主义性质的人类文明新形态，提供了一种研究立场、概念范畴、分析范式与西方学术完全不同的全新知识体系，世界学术舞台有了一股来自中国的不同声音，这必将极大地改写世界学术版图，极大地影响国际学术生态，极大地重构全球学术格局，中华民族必将在人类文明重塑、世界知识体系重构中证明其世界历史地位。

其二，它标志着我们党已经担负起了引领世界马克思主义创新发展的理论使命。21世纪，伴随中国特色社会主义进入新时代，中国率先提出了“21世纪马克思主义”的科学概念，中国共产党人“在世界上高高举起了中国特色社会主义伟大旗帜”① 的同时，高高擎起了“21世纪马克思主义”的思想旗帜，中国共产党的理论创造已经成为世界马克思主义的主流、主体、主干。马克思主义挽救了中国，发展了中国；中国检验了马克思主义，发展了马克思主义，马克思主义在21世纪的中国迎来了自己的又一个高光时刻。毛泽东早就指出，“中国应当对于人类有较大的贡献”。当然，中国对于人类的贡献绝不止于物质的层面，而是必然上升到引领人类精神成长、引领世界马克思主义创新发展的高度，唯其如此，一个文明型国家的复兴才不会被外部世界视为洪水猛兽，复兴大国对于世界秩序的影响、国际体系的冲击方能呈现出更多的建设性效应。

其三，它标志着我们党已经挺进到理论和实践的无人区、新高地，并作出了开拓性贡献。今天，世界历史依然处在马克思主义所指明的历史时代，但毕竟不是马克思、恩格斯所生活的历史时代，他们创立的经典马克思主义不可避免具有历史局限性，世界各地的人们不可能永远活在马克思描述的历史语境中，走进理论和实践的无人区是不可回避的客观事实。过去，以俄为师，以苏为鉴，吸收继承前人，批判扬弃西方，都是中国推进

① 《十九大以来重要文献选编》上，中央文献出版社2019年版，第8页。

社会主义现代化建设的重要方法论。前人探索社会主义建设的经验和教训，苏东国家建设社会主义的经验和教训，西方国家现代化建设的经验和教训，都是我们前行的镜鉴。随着中国特色社会主义进入新时代，中国共产党人已经闯进理论和实践的无人区，很大程度上没有前人的经验可以借鉴，没有西方的经验可以参考，只能靠我们自己在披荆斩棘中摸索前行，在无人区蹚出一条新路。21世纪马克思主义正是当代中国共产党人在无人区探索的理论结晶。

最后，关于“21世纪马克思主义”，还有必要说明几点。

“21世纪马克思主义”不是一个既成论概念，不是已然确定的、成熟定型的事物；而是一个生成论概念，始终处在不断变化和展开的过程中。“21世纪马克思主义”的内涵是生成的，是确定性与开放性的统一。

“21世纪马克思主义”的确定性在于，就其主体形态而言，它不是泛指播撒在世界每一个角落里的马克思主义，而是特指中国走近世界舞台中央、中华民族上升为世界历史民族之后成长于中国、深刻作用于世界的马克思主义。21世纪其他民族的马克思主义，其影响世界的广度、深度、效能，改造世界的力量都要小得多，习近平将其冠名为“21世纪的马克思主义”。“21世纪马克思主义”的理论主体定位于中国，绝不是要垄断马克思主义的真理权，更不是要剥夺其他国家创新发展马克思主义的权利，它所强调的仅仅是当代中国才能担负起发展21世纪马克思主义的“第一小提琴手”角色。

“21世纪马克思主义”的确定性还在于，就其主体形态来说，习近平新时代中国特色社会主义思想是马克思主义在21世纪目前阶段的主干，是第一个定位为“21世纪马克思主义”的标志性成果，这是确定的；中华民族今天是、今后是乃至整个21世纪都将是肩负世界历史任务、引领世界精神的世界历史民族之一，这也是确定的。当然，中国成为21世纪马克思主义创新发展的理论高地，但绝不意味着中国是21世纪世界马克思主义的唯一阵地。马克思、恩格斯创立的经典马克思主义学说，是全世界马克思主义者的公共产品，发展马克思主义是全世界马克思主义传人的共同事业。中国的马克思主义者，世界各国的马克思主义者，都是同一个理论大家族的合法成员，都是马克思精神和事业最忠实的继承人、最伟大的推进者；20世纪马克思主义，21世纪马克思主义，都行走在马克思、恩格斯开辟的思想道路上；中国马克思主义，国外马克思主义，都是马克思学说的当代发展，共同构成世界马克思主义的完整思想谱系。

“21世纪马克思主义”的开放性在于，展望21世纪100年，是否会有其他马克思主义流派（包括中国或其他国家）能够定位为“21世纪马克思主义”，是否会有其他伟大民族上升为世界历史民族且扛起21世纪马克思主义的理论旗帜，这是由未来的实践、未来的人们来回答的问题。今天唯一可以确定的是，历史不会终结，马克思主义“并没有结束真理，而是在实践中不断地开辟认识真理的道路”①。

中国在全世界高高举起21世纪马克思主义的理论旗帜，是一个具有世界历史意义的重大事件。它意味着中华民族在新时代的特定历史阶段担负起为人类作贡献的世界历史任务，意味着诞生于19世纪欧洲的古老理论再度青春化，意味着走过5 000多年文明浮沉的古老民族再度青春化。

① 《毛泽东选集》第1卷，人民出版社1991年版，第296页。

第二章　世界历史民族与21世纪马克思主义

21世纪马克思主义的出场，与中华民族上升为世界历史民族的时机相一致，是中国马克思主义发展史上的重大历史事件。它标志着我们党的创新理论已经自信地走向世界学术舞台，标志着中华民族作为世界历史民族已经担负起了引领世界马克思主义创新发展的理论使命，标志着中国已经实质性、广泛地参与到建设美好世界的重大现场并作出与其自身地位相匹配的理论贡献。

一、历史向世界历史的转变与世界历史民族的出场

历史向世界历史的转变，是资本主义大工业发展的必然结果，是资本推动的结果。资本凭借增殖的本能一路狂飙，穿越山川，走向全世界，将各大洲的文明孤岛发展为彼此联系的属于全人类的世界历史。世界历史不是各民族、各国家、各地区历史时空的堆积或历史事件的拼图，而是人类摆脱孤立和分散状态，逐步发展成为一个密切联系、普遍交往的过程。地理大发现以来，西方帝国作为资本的主人，主导了世界历史的总体进程，塑造了世界历史的基本面貌。世界历史，就其主线序列和主导力量来说，

不过是“世界历史民族”盛衰交替的历史，是世界历史民族的自我实现①。所谓世界历史民族，乃是指一个或多个民族②（国家）“在特定的阶段上承担起世界历史任务，在突出地占据世界历史之发展高点的同时，获得并开展出由之代表的普遍性”③。世界历史民族是物质上成功的民族，并且在精神层面实现了对民族主义的自我超越，确立了世界主义的宏大志向，在特定历史阶段走上“世界戏剧的舞台”④，开创世界历史新纪元的主导型国家。因此，在黑格尔看来，世界历史民族是“统治的民族”，具有引领世界精神的使命，“在世界历史中创立了新纪元，……成为世界历史目前发展阶段的担当者”，这是其他各民族以及“过了它们的时代的那些民族”无法染指的绝对权力⑤。世界历史民族往往具备世界主义的性格，带有普遍主义的理想，绝不自囿于一族一地一区域，而是以天下为思考单位，为天地立心；以人类为关怀对象，为世民立命；以秩序重构为追求目标，为国际交往立规矩。

民族历史转变为世界历史，引领这一伟大进程的主导型国家，堪称世界历史民族。世界历史民族不是从来就有的，民族历史阶段不存在现代意

---

① 世界历史、世界历史民族是黑格尔历史哲学的重要概念，但这里对这两个概念的使用，不同于黑格尔的理性史观和世界历史哲学，尤其不同于黑格尔以下观点：世界历史是世界精神的外化，世界精神展现出来的领域就是世界历史，世界精神的辩证运动推动世界历史的发展。世界历史民族是世界精神在世间的体现，是世界历史演变发展的具体承载者。世界历史是世界历史民族盛衰交替的运动过程。世界历史沿着从东到西的单行道运动，同一个民族“不能两次在世界史中开辟新的时代”（《黑格尔全集》第 27 卷第 1 分册，刘立群等译，商务印书馆 2014 年版，第 54 页），不能两次担当世界历史任务。世界历史民族是一种世界精神、世界原则的承载者，只要这种原则为另一种更高的原则所代替，这个世界历史民族就完成了其引领世界精神的历史使命，世界历史也就过渡到了另一个更高阶段，塑造世界的使命也就交棒于下一个世界历史民族。世界历史的幼年时期起始于东方（中国、印度），以波斯帝国为中介，过渡到古希腊（青年时期）和古罗马（壮年时期），成熟和终结于欧洲日耳曼世界（老年时期），未来世界将在“明日之国”美洲实现。

② 黑格尔认为，同一民族不可能两次担当世界历史任务，同一阶段不可能有多个世界历史民族。笔者认为，同一历史阶段，可能存在多个世界历史民族；同一民族，也可能多次担当世界历史使命。世界历史民族，也即世界伟大民族，类似多极化世界中的重要“一极”。

③ 吴晓明：《马克思主义中国化与新文明类型的可能性》，《哲学研究》2019 年第 7 期。

④ 《黑格尔全集》第 27 卷第 1 分册，刘立群等译，商务印书馆 2014 年版，第 88 页。

⑤ ［德］黑格尔：《法哲学原理》，范扬、张企泰译，商务印书馆 1961 年版，第 401 页。

义的世界历史民族①。基辛格曾指出，世界存在某种自然定律，“每一世纪似乎总会出现一个有实力、有意志且有知识与道德力，希图根据其本身的价值观来塑造整个国际体系的国家”②。16世纪，葡萄牙、西班牙开辟了大航海时代，成为首次登顶全球权力之巅的世界历史民族；17世纪，荷兰控制了全球海上运输线，成为海上马车夫，这是荷兰掌握绝对权力的世纪；18世纪英法崛起为世界历史民族，“七年战争”奠定英国海洋霸权地位，建立覆盖全球的殖民地网络，成为第一个领导型的世界历史民族，主导世界历史150年；19世纪末20世纪初，美国、日本、德国在英国主导的世界体系的夹缝中相继崛起，跻身世界历史民族之列，觊视世界领袖地位；20世纪上半叶，经过两次世界大战的淘洗，世界霸主易位，美国取代英国晋升为领导型的世界历史民族；20世纪中叶，苏联成功崛起，世界第一次迎来以社会主义为性质定向的世界历史民族，两个代表不同制度、不同主义、不同方向的世界历史民族激烈碰撞，这场世纪博弈以美国完胜告终。纵观世界历史500年，世界历史民族的变迁，往往伴随着世界秩序和世界精神的变迁。500年来，很多国家都有领导世界的冲动，比如美国建国之初，托马斯·杰斐逊总统曾写道：“我们感觉肩负的责任不限于我们自己的社会。我们不可能没有意识到，我们是全人类的代表。时势拒绝了别人，但对我们偏爱有加，赋予我们责任”③。但想法不等于现实，美国真正成为世界领导型国家则是150年之后的事。世界历史演变的过程，隐约透露出世界历史民族的生成密码——任何民族欲求完成自己的世界主义转型，升华为世界历史民族，必须具备三个关键要素。

第一个要素：国力（实力）——引领世界发展走向的强大国力。综合国力是一个国家上升为世界历史民族的首要条件。民族历史转变为世界历史之后，尽管每个国家都是世界历史剧的剧作者和剧中人物，但在世界历

① 这显然不同于黑格尔的观点。黑格尔认为，世界历史民族是自古就有的，世界历史民族的更替与世界历史东升西落是完全一致的。

② ［美］亨利·基辛格：《大外交》，顾淑馨、林添贵译，海南出版社1998年版，第2页。

③ Paul Leicester Ford, ed., *The Writings of Thomas Jefferson* (New York: G. P. Putnam's Sons, 1892—99), 8: 158－159, quoted in Robert W. Tucker and David C. Hendrickson, *Empire of Liberty: The Statecraft of Thomas Jefferson* (New York: Oxford University Press, 1990), p. 11.

史剧的舞台上，也确实出现了主角、配角甚至跑龙套的角色分工。综合国力强大的国家在每一时代都是占据世界舞台中央的国家，那些弱小的国家只是“陪伴着”世界历史。比如，英国作为19世纪的领导型国家，地球24个时区，每个时区都有英国的土地，米字旗飘扬在世界五大洲。美国作为近100年来的领导型国家，其地位是由自身的强大实力奠定的。第二次世界大战结束时，美国是世界上唯一基本毫发无损的大国，其经济总量占全球经济比重一度达到60%，工业生产能力超过全球的50%。美国也是全球唯一一个在亚欧大陆与法西斯两大强国同时开战的国家，而且两线作战的同时，还能给英国、苏联、中国等同盟国提供大量的军事武器等物资援助。1947年正式启动的“马歇尔计划”，也是美国作为世界历史民族的一次成功的力量展示。

第二个要素：原则（理念）——引领世界走向、重构世界秩序的哲学原则和价值观表述。普通民族图“私利”，世界历史民族则有“原则”和“天命”。1648年欧洲三十年战争之后，欧洲大国建立了威斯特伐利亚体系，确立了主权、独立、平等原则，奠定了欧洲秩序的基石，开创了现代国际体系的雏形，为世界新秩序提供了理念基础。尽管欧洲帝国在征服世界时各取所需，从来不会完整沿用威斯特伐利亚原则，但这套原则仍然是现代国际秩序演变过程中的一个里程碑和分水岭。到了18世纪，英国把握第一次工业革命的机遇，成为领导型国家，推行自由贸易的理念，该原则获得了高度的伦理正当性，其支撑的全球普遍秩序被承认为一个可行的方向。19世纪初，拿破仑帝国瓦解后形成的维也纳体系，确立了均势原则、正统主义和补偿原则，欧洲列强形成新的政治均势，英国重新控制了欧洲。20世纪上半叶，美国把握第二次工业革命的机遇，升级为新的领导型国家，它的“外交政策的任务不是追求美国特有的利益，而是培育共同的原则”①。美国的超级实力使它有能力向世界阐明：“领导意即按照美国国内经验确立的模式取得切实进步，联盟意即符合威尔逊主义的集体安全，治理则是指经济复苏和民主改革”②。

① ［美］亨利·基辛格：《世界秩序》，胡利平、林华、曹爱菊译，中信出版社2015年版，“序言”第XIV页。

② ［美］亨利·基辛格：《世界秩序》，胡利平、林华、曹爱菊译，中信出版社2015年版，第363页。

从 20 世纪中叶到现在，美国领导世界的“原则”依然有效，这构成了美国建构世界秩序的哲学基础。

第三个要素：平台（机制）——建构辐射全世界的国际体系或国际机制。17 世纪中叶，威斯特伐利亚体系确立了正义原则，但正义的理想并未外化为正义的世界，欧洲大陆并未实现永久和平，而且一次次将战火延烧至全世界。一个重要原因就是，威斯特伐利亚体系没有建立有效的、永久性的欧洲政治架构，以确保正义原则无遗漏地得以贯彻。19 世纪初，维也纳体系形成后，欧洲大国组建了神圣同盟（后演变为四国同盟），成立了由“高级组织体系”和“低级政治体系”构成的国际组织机构，旨在维系大国均势格局。第一次世界大战后，英法主导建立了凡尔赛体系，美国主导创建了华盛顿体系，组建了受英法操控的国际联盟，逐渐形成了英法主宰世界、美日争夺霸权的格局。第二次世界大战后，美苏主导建立了雅尔塔体系，组建了联合国，旨在维护战后世界和平。此外，美国为了推广清教徒的“普世主义”理念和理想主义的国际秩序理念，还建构了覆盖政治、经济、金融、安全等各个领域的全球治理体系。美国在政治上通过联合国、盟友网络，经济和金融领域通过布雷顿森林体系、G7 俱乐部，安全领域通过北大西洋公约组织和盟国体系，对世界实施全方位“领导”。欧洲为了在 20 世纪下半叶保持其世界地位，创立了以欧洲一体化理念为基础的制度框架，50 年代分别成立欧洲煤钢共同体、欧洲经济共同体和欧洲原子能共同体，1965 年整合为欧洲共同体，1991 年进一步升级为欧洲联盟。欧洲成功实现大联合，法德等国在史无前例的新欧洲架构内重新定义自身，欧洲也在史无前例的大国团结机制内重新定义欧洲，这是欧洲世纪终结之后，法德等欧洲大国能长久雄踞世界历史舞台中央的核心倚靠。

二、世界历史民族的理论使命与马克思主义在不同世纪的主干形态

引领人类的精神成长和文明进步，这是世界历史民族的理论使命和绝

对权力。一个民族的崛起，物质的丰裕固然重要，精神的强大更为根本。任何伟大民族，若不能在思想的层面贡献于人类，则永远只能游离于地球的边缘地带。

人类思想史在很大程度上表现为世界历史民族的学术史。在社会科学领域，世界性的伟大理论大都是世界历史民族创造的思想成果。世界历史民族的核心使命“不在于对世界的征服或控制，而在于该民族能够通过自身的精神运动而把握世界历史的命运，从而引领人类精神的普遍自觉”①。纵观哲学社会科学发展史，当一个国家发展成为世界级的中心重镇（之一），其发展成就堪称世界级的伟大样本，其民族上升为世界历史民族之后，这个国家才有可能扛起引领世界精神成长和思想进步的世界历史任务，创立具有世界历史意义的伟大思想成果，才有可能书写哲学社会科学的世界历史。究其原因，时代是思想之母，实践是理论之源，伟大实践方能孕育伟大理论。世界级的中心重镇往往集聚着世界级的伟大思想家，世界级的伟大样本常常孕育出世界级的伟大思想。处于地球边缘的国家和民族，往往难以担负起引领思想进步的世界历史任务，难以在哲学社会科学领域扮演执牛耳、开风气、立门派、领潮头的角色。

马克思主义诞生于1848年，迄今跨越了三个世纪。170多年来，无数马克思主义流派轮番登场，但不是每个流派都具有引领人类精神、改造世界历史的伟大价值，都可以冠名“世纪马克思主义”。每个世纪，不同的马克思主义流派，其理论的创立主体、研究的典型样本和解决的重大课题是不一样的，在世界史上的地位和贡献也是不同的。一个马克思主义流派要冠名“世纪马克思主义”，至少同时具备四个条件：理论策源地是世界级的中心重镇（世界历史民族），研究对象是世界级的典型样本（世界伟大样本），理论形态属于本世纪世界马克思主义思想谱系中的主干形态（主流马克思主义形态），理论成果具有世界级的重大意义（世界历史意义）。回顾19世纪，马克思、恩格斯创立的经典马克思主义，是马克思主义理论大家族的总源头；此后，马克思主义在全世纪开枝散叶，有主干、有枝叶。何谓主干，何谓枝叶？关键取决于上述四个条件。

---

① 施展：《枢纽——3000年的中国》，广西师范大学出版社2018年版，第34页。

今天，人类已经进入 21 世纪。21 世纪马克思主义的主干形态将在哪里落户？这不是一个主观的问题，而是时代的选择。21 世纪，全球最具典型意义的实践样本发生在哪个国家，世界社会主义运动的中心重镇转移到哪个国家，21 世纪马克思主义研究的中心重镇势必转移到那个国家，那个国家势必在世界马克思主义创新发展中发挥引领作用，势必书写出 21 世纪马克思主义的伟大篇章，创立 21 世纪马克思主义的主题形态。

根据 21 世纪前 20 多年的发展状况，世界最伟大的样本就是中国样本，世界社会主义运动的中心重镇毫无疑义就是中国，世界史上晚近的世界历史民族是历尽苦难辉煌的中华民族。在此背景下，世界马克思主义的理论目光聚焦中国，中国样本成为 21 世纪马克思主义研究的基础样本，21 世纪马克思主义的主干形态就是当代中国马克思主义，将是不以中国意志为转移的历史大趋势和理论大逻辑。

三、中华民族上升为世界历史民族与 21 世纪马克思主义的中国形态

中华民族，作为一个轴心文明的负载者，作为一个超大体量的文明型国家，作为世界体系的重要成员，天然地必须成为世界历史民族。中华民族成为世界历史民族，在“世界戏剧舞台”扮演重要角色，是时代选择的结果，也是发展中自我证成的结果。中国特色社会主义进入新时代，标志着中华民族已经超越了传统的地理边界，走上了世界戏剧舞台，被赋予了引领世界精神、人类文明特别是世界马克思主义创新发展的世界历史使命。

中华民族成为世界历史民族在精神上具有先天优势（或者说文明优势）。夏商周三代，中原即开始形成“万民所向的核心文明系统”。三代之中国不是一个大一统模式的国家，却“是一个在理论上潜在地容纳世界万国的天下体系”。尽管“当时的中国只是世界的一部分，却被想象为世界，以世界性的格局而存在”。秦汉以来，中国逐渐形成一个多文化多民族的

大一统国家，开创了万民共在的天下秩序。概言之，古代之“中国”，就其实质来说，就是一个“以天下为内在结构”的国家①，换句话说，中国自古以来就是一个具有世界主义情怀的国家。

晚清以降，中国遭遇到了难以自圆其说的身份难题：中国不仅在地理上非天下之中心，而且在强大外力的撞击下，人们发现中国在政治权力、知识生产等方面也非天下之中心。中国自身的叙事与来自他者的叙事，在时空结构上都是错位的。自此，中国的天下体系走向终结，但天下精神、世界情怀并未凋敝，而是“作为遗产”保存下来，“化为中国国家的内部结构”②。社会主义中国成立之后，中华民族的世界主义情怀得以再次敞开。儒家文明、共产主义构成现代中国的两大重要支柱，前者是文化根脉，后者是文明精髓。作为轴心文明，儒家文明天然具有世界主义情怀，天下意识、大同理想、和谐万邦观念内蕴于中国人的精神世界深处，成为中国理解世界的思维范式。共产主义理想具有超级宏大的世界主义格局，直接指向一种以全人类为单位的普遍秩序，人类意识、世界联合、普遍解放是共产主义内蕴的基本价值。今天，靠近世界舞台中央的中国，其世界主义情怀再度被激活，人类命运共同体理念鲜明彰显了中华民族的世界主义取向，中国有能力在精神上成为世界历史目前发展阶段的担当者，成为21世纪的世界历史民族（之一）。

其一，中国发展方位发生历史性变化，具备了升级为世界历史民族的国力基础——有能力引领经济全球化的发展方向，为推动世界各国共同发展贡献中国力量。中国特色社会主义进入新时代，这是中华民族复兴史上的一次伟大飞跃。中国作为一个超大人口规模的发展中大国，作为一个超大经济体量的新兴市场国家，作为一个超长历史纵深的东方文明古国，作为一个与过往西方大国完全不同类型的社会主义国家，作为一个文化气质迥异的新文明类型国家，它的内政都将产生巨大的外部效应，它的崛起必将对世界秩序、全球治理、人类文明、知识框架带来巨大冲击。一是改写世界经济地理。新兴经济体群体性崛起，世界经济中心正在由大西洋向太

① 赵汀阳：《惠此中国》，中信出版社2016年版，第10～11、16页。
② 赵汀阳：《惠此中国》，中信出版社2016年版，第16页。

平洋转移，由西方向东方转移，迎来“东升西降”的重要拐点。二是重构国际政治版图。随着金砖国家国际话语权的稳步提升，国际权力在西方大国间倒手的局面走向终结，西方独自主导国际政治的历史走向终结，全球政治格局由单极世界向多极化转变。三是激发科技主导地位之争。新一轮科技革命正在爆发，世界大国激烈博弈，科技主导地位之争愈演愈烈。中国科技创新能力显著增强，正在从过去的跟跑向跟跑、并跑以及个别领域领跑的局面转变。四是推动全球治理格局转变。全球治理格局由西方治理向共同治理转变，中国上升为全球治理体系中的一个“主要稳定支柱”。总之，中国作为一个自变量因素，在世界秩序中的结构性意义是不容遮蔽的。

其二，中国国际方位发生历史性翻转，具备了升级为世界历史民族的外部条件——有资格提出引领世界精神的中国理念，创设全球性的治理平台和制度框架。中国国际方位的变迁，可以追溯到19世纪上半叶以来的整个历史。第一个阶段：1840年以前，中国处于资本主义世界体系的外围，处在“世界历史的局外”①，“只是陪伴着历史”②。中国主导的朝贡体系与西方建构的威斯特伐利亚体系、维也纳体系比肩而立、互不相关，彼此构成“我-他”的非对象性关系，中国在封闭的朝贡体系中自娱自乐、自我陶醉，一步步滑到了被开除球籍的边缘。第二个阶段：1840—1949年，在西方炮舰之下，中国主导的朝贡体系瓦解，被动卷入资本主义世界体系，中国与西方构成“我-你”的主客体关系、主从依附关系，西方为主、中国为客，西方主导、中国服从，缺乏自主性、独立性。“去中国化”“文化自虐”是这一阶段精英群体比较普遍的心态，意图用西方的某种模式重造中国，德国、日本、美国，还有苏联，都曾是我们效仿的对象。第三个阶段：1949—2008年，中国自主融入世界，第一次作为世界历史的主体，先后参与苏联主导的社会主义阵营、美西方主导的整个世界体系，独立自主地决定自己国家的命运。这一阶段，中国开始重建文化自我与政治主体意识，成为一个全新的文化民族和政治民族。但就其国际地位来说，中国仍

① ［德］黑格尔：《历史哲学》，王造时译，上海书店出版社2001年版，第117页。
② ［德］黑格尔：《历史哲学》，王造时，上海书店出版社2001年版，第338～339页。

然处于世界体系的边缘地带或亚中心地带。第四个阶段：2008 年特别是党的十八大以来，中国前所未有地走近世界舞台中央①，中国与西方构成“我们”的主体间性关系。中华民族开始形成学术的自我主张，尝试提出引领世界精神的中国理念、建设美好世界的中国方案，担负起与其自身国力和大国地位相匹配的世界历史使命。

中国发展方位、国际方位的历史性变化，意味着近代以来久经磨难的中华民族已经上升为世界历史民族。中国强起来是一个具有世界意义的重大历史事件。站在中华民族上升为世界历史民族的时代方位上，我们需要重新思考：中国在世界马克思主义版图中应该占据什么样的理论份额，在世界学术舞台上应该扮演什么样的理论角色，我们的理论创造是否与世界历史民族的地位相匹配，“我们在向世界提供发展动力的同时是否贡献了引领人类精神的中国原则”②，我们在确立世界大国地位的同时是否担负起了理论上的大国责任，中国共产党作为世界第一大马克思主义政党是否担负起了捍卫发展马克思主义的理论使命。

正是在这个大背景下，中国义不容辞地接替马克思、恩格斯、列宁等经典作家在 19 世纪、20 世纪曾经担纲的旗手角色，在 21 世纪扮演世界马克思主义研究的“第一小提琴手”，扛起引领 21 世纪马克思主义创新发展的理论旗帜，以思想的力量引领世界历史进程，以学术的方式参与世界历史的理性塑造。这一刻，“历史发生了转折。两个世纪来，影响力总是指向一个方向：西方对中国施加影响。但是，一个新的时代开始了：中国也开始影响西方”③。21 世纪马克思主义的出场便是中国学术影响世界的重要标志，中国马克思主义在历经百年的发展之后终于迎来了担负世界历史使命的重要时刻。

---

① 中国走近世界舞台中央，关键有三步：第一步可以上溯至 2008 年二十国集团领导人峰会机制的建立，这标志着全球治理从西方治理向共同治理转变，也标志着中国开始在全球经济治理中发挥重要作用。第二步，2013 年中国倡议筹建亚投行和建设“一带一路”，标志着一个和平复兴大国正在产生巨大的外溢效应。第三步，在逆全球化的大潮中，2017 年中国被迫扛起经济全球化的旗帜，标志着中国实现了从跟随经济全球化向引领经济全球化的历史性转变。

② 何毅亭：《习近平新时代中国特色社会主义思想是 21 世纪马克思主义》，《学习时报》2020 年 6 月 15 日。

③ 《罗斯·特里尔：我与中国》，《文汇读书周报》2010 年 9 月 3 日。

习近平新时代中国特色社会主义思想诞生于中华民族上升为世界历史民族这一伟大时刻。这一思想冠名“21世纪马克思主义”，主要是基于：这一思想创立于世界级的中心重镇——走近世界舞台中央的中国；这一思想的研究对象是21世纪全球最伟大的实践样本——中国样本；这一思想属于21世纪马克思主义的主干形态——主流马克思主义；这一思想具有世界级的重大意义——为解决人类面临的共同难题提供了中国方案。这一冠名意味着习近平新时代中国特色社会主义思想是“被把握在思想中的它的时代”①，证明了“每个原理都有其出现的世纪”②；这一冠名意味着中华民族在马克思主义发展史上“创立了新纪元”，获得了引领世界马克思主义创新发展的历史主动；这一冠名意味着中国担负起了引领世界精神和人类文明的世界历史使命，不愧为“世界历史目前发展阶段的担当者”③。

四、21世纪马克思主义的双重向度：中国向度与世界向度

马克思主义研究从其视界来说有两个向度：民族向度、世界向度。侧重民族向度，推动马克思主义本土化、民族化，即为单向度的马克思主义；兼顾民族向度与世界向度，既推动马克思主义本土化，又推动本土马克思主义世界化，即为双向度的马克思主义。2008年，学界第一次明确提出，新时期马克思主义中国化研究，亟待形成“中国向度”和“世界向度”紧密结合的学术视野。我国马克思主义的研究向度究竟是选择单向度还是双向度？这主要不是主体选择的结果，而是时代选择的结果。只有时代选择的世界历史民族，才能在解决其民族课题的同时展现出由之代表的普遍性，才能担负起以理论的方式影响世界、塑造世界的历史使命。

从20世纪上半叶到21世纪初，中国马克思主义研究重点在于民族向

① ［德］黑格尔：《法哲学原理》，范扬、张企泰译，商务印书馆1961年版，序言第14页。
② 《马克思恩格斯选集》第1卷，人民出版社2012年版，第227页。
③ ［德］黑格尔：《法哲学原理》，范扬、张企泰译，商务印书馆1961年版，第401页。

度，以我国革命、建设、改革的实际问题，以我们正在做的事情为中心，着眼于马克思主义的实际运用，侧重于发掘“中国特色”，重点推进马克思主义中国化，用马克思主义解决中国问题。当然，这一时期，中国马克思主义研究的世界向度也并未完全遮蔽，中国共产党人提出了不少具有世界历史意义的理论命题和学术思想，比如和平共处五项原则、“三个世界”划分理论、和平发展世界主题论、构建国际政治经济新秩序理论、和谐世界理论等，但限于当时的国力，还难以为建设美好世界贡献系统性、整体性的中国方案，还不足以达到从总体上引领人类精神的高度。

2012年党的十八大以来，中国发展方位、国际方位发生历史性转变，中华民族已经上升为世界历史民族，世界历史内在地要求中国的崛起开拓出精神的维度，自觉担负起在精神层面共建世界的世界历史使命。在这一历史语境下，中国马克思主义研究的“双向度”特征更为明显：一是坚持中国向度，以中国问题为中心，推进马克思主义中国化，以马克思主义最新成果改造中国；二是在坚守中国向度的前提下，关注人类面临的共同难题，彰显中国马克思主义世界化的新向度，以中国主张、中国方案参与世界的理性塑造。习近平指出，“要围绕我国和世界发展面临的重大问题，着力提出能够体现中国立场、中国智慧、中国价值的理念、主张、方案”①。这一论断揭示，当代中国马克思主义研究不能囿于“中国向度”，必须开启“世界向度”。正是世界向度，奠定了当代中国马克思主义的世界历史意义。

作为21世纪马克思主义，习近平新时代中国特色社会主义思想具有鲜明的“双向度”特征。它的研究对象针对的不仅是中国一极，而是世界的全域；不仅要推进马克思主义中国化，也要推进中国马克思主义世界化。具体来说，新时代的新思想既要直面中国问题，也要关照人类共同难题；既要坚持中国立场，也要树立人类情怀和人类命运共同体立场；既要着眼于建设现代中国，也要助力建设美好世界；既要繁荣兴盛社会主义新文化，也要开创人类文明新形态。中国向度与世界向度是相辅相成、相互定义的。

---

① 《习近平谈治国理政》第2卷，外文出版社2017年版，第340页。

习近平新时代中国特色社会主义思想的世界向度何以彰显？笔者以为，中国方案是无法绕过的。中国方案是中国马克思主义世界化的重要标志，是中华民族在思想理论和人类精神层面担负世界历史使命的产物。中国方案不是为破解中国发展难题而提出的战略策略，而是为解决人类共同难题而提出的中国主张。中国方案不是单数，而是复数，是关于全球发展、全球治理、世界和平、人类文明等各方面的一揽子方案。中国方案是集理念、行动于一体的成套设备，其中包括一个总方案，若干具体方案。在总体方案层面，中国提出构建人类命运共同体，这是中国对国际秩序观的创新与发展，是中国为建设美好世界作出的顶层设计，是筹划人类前途、指引未来道路的最高概念，是元哲学层面的中国方案。针对全球和平赤字，中国“推动构建和平共处、总体稳定、均衡发展的大国关系格局”①，为维护世界和平增添中国力量。针对全球发展赤字，中国提出“六个坚持”的全球发展倡议，提出“一带一路”倡议，主导成立亚投行、金砖银行等多边金融架构，为推动世界经济发展注入了中国动力。针对全球安全赤字，提出“六个坚持”的全球安全倡议，为维护世界共同安全贡献了中国智慧。针对全球治理赤字，中国提出全球治理观，倡导真正的多边主义，推动建立“一带一路”国际合作机制，全方位参与亚太经合组织、G20、上合组织、金砖组织、亚信峰会等全球治理平台，推动世界银行、国际货币基金组织、世界贸易组织等传统全球治理机制改革，为优化全球治理体系作出了中国贡献。中国方案走出去的过程，就是中国马克思主义世界化的过程，就是中国理论彰显历史主动精神的过程。

中国方案的出场，充分彰显习近平新时代中国特色社会主义思想的世界历史意义。伴随着中国方案走向全球，中国特色的理论成果顺势走出地域性的狭隘视界，开拓出普遍性的崇高维度；中国本土的思想创造走出民族性的逼仄处境，开拓出人类性的宏大视野；当代中国马克思主义超越民族化的单一向度，上升为集民族向度与世界向度于一体的世界历史理论。

---

① 习近平：《高举中国特色社会主义伟大旗帜　为全面建设社会主义现代化国家而团结奋斗——在中国共产党第二十次全国代表大会上的报告》，人民出版社 2022 年版，第 61 页。

五、21 世纪马克思主义的世界使命：引领人类的精神成长与文明进步

马克思主义是以改变世界为己任的理论。习近平新时代中国特色社会主义思想是当代中国马克思主义、21 世纪马克思主义，不仅承载着改变中国的历史使命，而且肩负着影响世界的大国责任。

改革开放以来，中国获得了巨大发展，正在崛起为超大型国家。面对中国崛起，很多既有西方治理体系的效能衰减，比如 G7 机制、世界银行、国际货币基金组织；很多既有西方知识框架的解释力衰退，比如新自由主义、世界趋同论、历史终结论、文明冲突论等。“这些治理秩序和理论框架，用来处理中等规模国家的问题比较有效，在遭遇到作为世界秩序自变量的超大规模国家时，便超出其适用范围。”① 当下的世界秩序和认知框架主要是由美西方主导的，因其在现实运作中欠缺对唯一超级大国自利倾向的制衡机制，而使其普遍主义遭受质疑。这套解释框架无助于世界理解中国，也无助于中国理解世界。改革现行国际秩序，重建世界的知识框架，不能寄希望于西方。中国正在以其超级体量，会同其他新兴市场国家，尝试重新理解其所加入的世界秩序。

中华民族作为世界历史民族，“应当对于人类有较大的贡献”。中国贡献不应止于物质层面，而必须上升到引领人类精神的高度，最终使中国对世界秩序的影响呈现出越来越多的建设性效应，中华民族必将在人类精神重塑、世界认知框架和知识体系重构中证明其世界历史地位。黑格尔曾指出，“一个民族在世界历史的发展阶段中究竟占据着什么样的位置，不在于这个民族外在成就的高低，而在于这个民族所体现出的精神”②。中华民族的世界贡献如果仅仅停留在重构世界经济版图上，不能为 500 年前自西方延续而来的人类文明拓展新意，未来的世界历史不过是西方历史的延续

① 施展：《枢纽——3000 年的中国》，广西师范大学出版社 2018 年版，第 36 页。

② 《黑格尔历史哲学》，潘高峰译，九州出版社 2011 年版，第 58 页。

而已，富强的中国“充其量不过是一个大西洋和地中海文明的模范生，合格的毕业生而已”①，根本谈不上够格的世界历史民族。在21世纪，中国如何担负共建美好世界的历史使命？西方擅长的军事霸权、政治强权、文化殖民等手段不足取，我们只能通过自身的思想创造而卷起巨大的理论旋涡，通过倡导人类文明共识对世界各民族形成强大的吸附力，使越来越多的国家卷入中国方案的磁场周围，促成中国主张、中国方案的世界传播，人类历史逐渐从西方塑造走向全球共塑的世界历史。因此，历史内在地要求中国的崛起进入一种精神自觉，主动担当起推动世界秩序再均衡、人类文明再建构的使命。这种自觉要求当代中国的理论建构，超越民族主义的窠臼，进入普遍主义的视野，为推动人类的精神成长和文明进步作出中国贡献。

引领人类的精神成长和文明进步，中国可能做些什么？

重构全球发展理性——超越梯度发展、线性进化的西方逻辑，代之以新发展观。西方线性发展逻辑认为，现代化是一个由传统向现代的单线演变进程，其他国家除了遵循线性进化逻辑梯度发展，没有别的选择。这种发展理念既不符合世界共同发展的潮流，也不利于消解全球发展赤字。2021年9月21日，习近平在第七十六届联合国大会一般性辩论上的讲话中向世界发出了“全球发展倡议”：坚持发展优先，坚持以人民为中心，坚持普惠包容，坚持创新驱动，坚持人与自然和谐共生，坚持行动导向②。“六个坚持”的全球发展倡议，全面系统阐发了中国的发展观，是对西方梯度发展、线性进化逻辑的超越，为解决人类面临的发展赤字提供了中国方案。

重构全球治理理性——超越一国主导、几方共治的西方治理逻辑，代之以共商共建共享的全球治理观。自维也纳体系建立以来，西方治理逻辑要么强调大国共治，要么强调霸权稳定，结果是世界层面的制度失灵和责任缺失。如何解决制度失灵、治理缺位或越位的问题，习近平指出，“我

① 高全喜等：《世界历史的中国时刻》，《开放时代》2013年第2期。

② 习近平：《坚定信心 共克时艰 共建更加美好的世界——在第七十六届联合国大会一般性辩论上的讲话》，《人民日报》2021年9月22日。

们要推进国际关系民主化，不能搞‘一国独霸’或‘几方共治’。世界命运应该由各国共同掌握，国际规则应该由各国共同书写，全球事务应该由各国共同治理”①。中国倡导共商共建共享的全球治理观，主张各国共同参与全球治理，共同承担责任和义务，不能一家说了算。这是一种全新的治理逻辑，为全球治理体系改革贡献了中国智慧。

重构全球经济理性——超越利己主义的经济哲学和零和博弈的丛林法则，代之以正确义利观。当今世界，人类利益交融、命运与共。一些西方国家将丛林法则植入社会经济领域，固守零和博弈思维，秉持赢者通吃观念，以大欺小，舍义取利，肆意退群、任意毁约，全球信任体系崩塌。中国倡导“以义为先、义利兼顾”的正确义利观，主张世界各国努力寻求利益结合点，促成长久合作、实现共同繁荣。当今世界，“共存成了存在的先决条件”②，互惠成了惠己的重要前提。习近平强调，“我们在处理国际关系时必须摒弃过时的零和思维，不能只追求你少我多、损人利己，更不能搞你输我赢、一家通吃。只有义利兼顾才能义利兼得，只有义利平衡才能义利共赢。”③ 正确义利观是对西方经济理性的超越，是正确处理义利关系、重塑世界利益格局的新方案。

重构全球价值理性——超越“西方中心”的文明理性和“普世主义”的价值哲学，代之以新文明观和全人类共同价值。多元文化本是世界文明的自然样态。然而，西方认为，西方文明是最先进的文明，代表着人类文明发展的方向。西方世界的思想征服欲望，已经成为当今世界诸多矛盾冲突的深层次根源。习近平指出，“我们要树立平等、互鉴、对话、包容的文明观”④，倡导“和平、发展、公平、正义、民主、自由”的全人类共同价值⑤。中方的新文明观、共同价值观是对“西方中心主义”、“普世主义”的超越，为不同文明交流互鉴、和谐共生开辟了道路。

① 《习近平谈治国理政》第2卷，外文出版社2017年版，第540页。

② 赵汀阳：《坏世界研究——作为第一哲学的政治哲学》，中国人民大学出版社2009年版，第118页。

③ 习近平：《共创中韩合作未来，同襄亚洲振兴繁荣》，《人民日报》2014年7月5日。

④ 习近平：《弘扬“上海精神” 构建命运共同体》，《人民日报》2018年6月11日。

⑤ 《习近平谈治国理政》第2卷，外文出版社2017年版，第522页。

重构世界安全理性——超越自我至上的西方安全逻辑，代之以新安全观。全球化时代，没有一国能凭一己之力谋求自身绝对安全，也没有一国能从世界动荡中收获自身稳定。一些西方国家固守排他性安全观，倡导“民主和平论”，既违背历史潮流，也无益于世界稳定。如何化解和平赤字？2022 年 4 月 21 日，习近平在博鳌亚洲论坛 2022 年年会开幕式上的主旨演讲中向世界发出了“全球安全倡议”①。“六个坚持”的全球安全倡议，是中国在国家安全和国际安全领域贡献的中国智慧，是中国为推动世界安全治理体系改革提供的中国方案。西方大国推行的结盟安全观、排他性安全观带不来安全，盟国体系在确保成员国安全的同时，带给世界巨大安全风险。“民主和平论”给不了和平，西方到处输送民主，却也搞乱了世界。面对世界和平赤字，合作安全、集体安全、共同安全才是唯一正确选择。中国倡导的新安全观，为世界各国走出一条安全新路指明了方向。

重构国际交往理性——超越中心-边缘的国际政治结构，代之以新型国际关系。国际秩序公正合理，世界才能和平稳定。然而，现行国际秩序是中心-边缘结构，与多极化国际格局不相适应，与国际关系民主化走向不相适应。中国反对中心-边缘结构，反对依附型世界体系，反对敌友外交、亲疏外交、团伙外交，反对以文明自缚、以宗教为篱、以价值观划界，倡导“建设相互尊重、公平正义、合作共赢的新型国际关系”②。在公平的世界体系中，没有处于依附地位的“你们”，更不存在被孤立排斥的“他们”，大家都是朝夕相处的“我们”。新型国际关系体现了世界主义对民族主义的超越，整体主义对“西方中心主义”的超越，主体间性思维对

① 习近平提出“全球安全倡议”，内容包括“六个坚持”：“我们要坚持共同、综合、合作、可持续的安全观，共同维护世界和平和安全；坚持尊重各国主权、领土完整，不干涉别国内政，尊重各国人民自主选择的发展道路和社会制度；坚持遵守联合国宪章宗旨和原则，摒弃冷战思维，反对单边主义，不搞集团政治和阵营对抗；坚持重视各国合理安全关切，秉持安全不可分割原则，构建均衡、有效、可持续的安全架构，反对把本国安全建立在他国不安全的基础之上；坚持通过对话协商以和平方式解决国家间的分歧和争端，支持一切有利于和平解决危机的努力，不能搞双重标准，反对滥用单边制裁和‘长臂管辖’；坚持统筹维护传统领域和非传统领域安全，共同应对地区争端和恐怖主义、气候变化、网络安全、生物安全等全球性问题。”（习近平：《携手迎接挑战，合作开创未来——在博鳌亚洲论坛 2022 年年会开幕式上的主旨演讲》，《人民日报》2022 年 4 月 22 日）

② 《十九大以来重要文献选编》上，中央文献出版社 2019 年版，第 41 页。

主客二分思维的超越，为重建国际交往理性贡献了中国智慧。

重构大国关系理性——超越国强必霸的国际政治逻辑，代之以新型大国关系。大国关系是牵引世界和平稳定的关键因素。根据西方国际关系理论，国际政治本质是权力政治，国强必霸、大国必战是无法绕开的历史法则，“修昔底德陷阱”是无法绕开的历史宿命；“霸权是任何国家确保自己生存的最佳手段”①；唯有霸权统治，世界才有和平安宁；一旦霸权衰落，世界必将进入战国时代，此谓霸权的合法性。如何避免“修昔底德陷阱”？中国倡导“不冲突不对抗、相互尊重、合作共赢的新型关系”②。新型大国关系以不冲突、不对抗为行动原则，以相互尊重为主权原则，以合作共赢为利益原则，实现了对西方对抗思维和国强必霸逻辑的超越，为重构“守成大国”与“新兴大国”的交往关系贡献了中国智慧。

重构制度理性——超越历史终结的西方制度逻辑，代之以“自主选择”的制度观。社会制度是渐进发展、内生演化的结果。然而，西方认为历史将终结于西式自由民主，世界将趋同于资本主义社会。历史终结论和世界趋同论不过是西方编造的“制度神话”。长期以来，西方制度输出鲜有成功案例。中国向来主张自主选择的制度观，地不分南北，国不分大小，“都有权自主选择社会制度和发展道路”③。各国国情不同，制度模式不必雷同。邯郸学步，必失其故行，结果匍匐而归。自主选择的制度观是顺应人类历史发展规律的新型制度观，是对西方制度逻辑的超越，为人类探索更好社会制度提供了中国方案。

当然，世界精神的成长、人类文明的重构是一个漫长的过程。中国理念参与世界精神和世界历史的理性塑造，不可能毕其功于一役，理想与现实的距离不能成为放弃理想的理由。假以时日，21 世纪马克思主义一定会在引领世界精神成长和人类文明进步中发挥不可替代的作用，全球知识宝库中一定会为中国留下一席之地。

---

① ［美］约翰·米尔斯海默：《大国政治的悲剧》，王义桅、唐小松译，上海人民出版社 2008 年版，第 2 页。

② 《习近平谈治国理政》第 2 卷，外文出版社 2017 年版，第 541 页。

③ 《习近平谈治国理政》第 2 卷，外文出版社 2017 年版，第 539 页。

第三章　21世纪马克思主义的主体形态

——习近平新时代中国特色社会主义思想的科学体系

马克思主义自诞生以来，以其真理的光芒照亮了人类探索历史规律和实现自身解放的道路，深刻改变了世界历史进程和中国前途命运。党的十八大以来，国内外形势新变化和实践新要求，迫切需要我们从理论和实践的结合上深入回答关系党和国家事业发展、党治国理政的一系列重大时代课题。中国共产党坚持把马克思主义基本原理同中国具体实际相结合、同中华优秀传统文化相结合，不断推进马克思主义中国化时代化，以全新的视野深化对共产党执政规律、社会主义建设规律、人类社会发展规律的认识，取得重大理论创新成果，形成了系统科学的理论体系，集中体现为习近平新时代中国特色社会主义思想。

一、新时代“精神上的精华”

人类历史上，任何一种思想体系都不是凭空产生的。“一切划时代的体系的真正的内容都是由于产生这些体系的那个时期的需要而形成起来的。”[1] 黑格尔指出，哲学是“被把握在思想中的它的时代”[2]。马克思指出，“任何真正的哲学都是自己时代的精神上的精华”[3]。思想不是世界之外的遐想，“每个原理都有其出现的世纪”[4]。思想总是与时代发生关系，离开了特定的时代去想象某种思想是不合逻辑的，离开具体的物质动因去想象理论的飞跃是难以自圆其说的。当年，欧洲之所以产生了马克思主义，就是由于当时资本主义社会暴露出的社会问题，促使马克思恩格斯对当时的世界之问、时代之问进行深入思考。“当代中国正经历着我国历史上最为广泛而深刻的社会变革，也正在进行着人类历史上最为宏大而独特的实践创新。”[5] 这是一个需要划时代的思想体系而且一定能够产生划时代的思想体系的时代。习近平新时代中国特色社会主义思想作为新时代的思想精华，是中国共产党成功应对“国内外形势新变化和实践新要求”的理论结晶，是深化对共产党执政规律、社会主义建设规律、人类社会发展规律认识的最新成果，是划时代的思想体系，是我们在“思想中把握到的新时代”。

（一）中国特色社会主义进入新时代

以党的十八大为起点，中国特色社会主义进入新时代，这既是中国发展新的历史方位，也是习近平新时代中国特色社会主义思想产生的时代条件。

新时代，中华民族伟大复兴进入不可逆转的历史进程。从经济体量来看，中国国内生产总值（GDP）从2012年的53.9万亿元增长到2024年的134.9万亿元，稳居世界第二位，中国经济总量占世界经济比重从11.4%提升到17%左右。2012年以来，中国经济对世界经济增长的平均贡献率超过30%，居于首位。中国已经成为世界第一大工业国、第一大货物贸易国、第一大外汇储备国……

① 《马克思恩格斯全集》第3卷，人民出版社1960年版，第544页。
② ［德］黑格尔：《法哲学原理》，范扬、张企泰译，商务印书馆1961年版，序言第14页。
③ 《马克思恩格斯全集》第1卷，人民出版社1995年版，第220页。
④ 《马克思恩格斯选集》第1卷，人民出版社2012年版，第227页。
⑤ 习近平：《在哲学社会科学工作座谈会上的讲话》，人民出版社2016年版，第8页。

新时代，中国科技创新实力从量的积累迈向质的飞跃，从点的突破迈向系统能力提升。基础研究和原始创新不断加强，一些关键核心技术实现突破，战略性新兴产业发展壮大，载人航天、探月探火、深海深地探测、超级计算机、卫星导航、量子信息、核电技术、新能源技术、高铁制造、特高压输变电技术、大飞机制造、生物医药等取得重大成果，中国已进入创新型国家行列。

新时代，中国建成全球最大的高速铁路网、全球最大的高速公路网、世界级港口群，航空航海通达全球。中国建成了世界上规模最大的教育体系、社会保障体系、医疗卫生体系。中国形成了世界上规模最大、最具成长性的中等收入群体——超过4亿人。2022年，在疫情严重冲击下，中国仍以44万亿元的社会消费品零售总额，稳居全球第二大消费市场、第一大网络零售市场……

同时，我们也清醒地认识到，新时代中国"社会主要矛盾已经转化为人民日益增长的美好生活需要和不平衡不充分的发展之间的矛盾"①。这是关系全局的历史性变化，对党和国家工作提出了许多新要求。一方面，人民对美好生活的向往更加强烈。人民期盼有更好的教育、更稳定的工作、更满意的收入、更可靠的社会保障、更高水平的医疗卫生服务、更舒适的居住条件、更优美的环境、更丰富的精神文化生活，而且在民主、法治、公平、正义、安全、环境等方面的要求日益增长。同时，城乡区域发展和收入分配差距依然较大，人民群众在基本生活需求方面还存在一些亟待补齐的短板，老百姓看病难、上学难、就业难、住房难等操心事、烦心事、揪心事依然存在。人民对美好生活的向往与现实之间还存在差距，远没有达到充分满足的地步。以前我们要解决"有没有"的问题，现在则要解决"好不好"的问题。基于这样的背景，习近平提出了一系列新理念、作出了一系列新部署，都是为了更好满足人民在经济、政治、文化、社会、生态文明等方面日益增长的美好生活需要，更好推动人的全面发展、社会全面进步。

---

① 习近平：《决胜全面建成小康社会 夺取新时代中国特色社会主义伟大胜利——在中国共产党第十九次全国代表大会上的报告》，人民出版社2017年版，第11页。

另一方面，社会发展不平衡不充分，难以满足人民的美好生活需要。比如，中国产业结构不合理，低端供给、无效供给过多，高端供给、有效供给不足，满足不了人民群众多层次的消费需求。鉴于此，习近平提出发展新质生产力、推动供给侧结构性改革、建设现代化经济体系、实现高质量发展等重大观点。再比如，与发达国家科技水平相比，中国发展还面临重大的科技瓶颈，关键领域核心技术受制于人的格局没有从根本上改变。鉴于此，习近平作出了实现核心技术自主可控、实现高水平科技自立自强、建成科技强国等重大战略部署。可见，习近平新时代中国特色社会主义思想绝不是世界之外的遐想，而是时代的产物，是时代的精神上的精华。

（二）当今世界正经历百年未有之大变局

2017年12月，习近平在接见驻外使节时提出“百年未有之大变局”的重大论断。世界大变局是一个涉及诸多领域的整体性动向，是世界体系的结构性调整。世界大变局，就其表面来说，表现在三个方面：

一是世界经济地理在变。世界经济中心由大西洋向太平洋转移，由西向东转移。根据国际货币基金组织的数据，从2001年至2021年，发达国家GDP所占世界经济总量比重从78.85%下降至59.08%；新兴市场和发展中国家GDP所占世界经济总量比重从21.15%上升到40.92%，对世界经济增长的贡献率已经达到80%，成为全球经济增长的主要动力。1978年改革开放之初，中国的GDP仅相当于美国经济体量的6.38%，1996年中国经济体量第一次超过美国的10%，2006年第一次超过美国的20%，2008年超过美国的30%，2010年超过美国的40%，2012年超过美国的50%，2014年超过美国的60%，2020年超过美国的70%。2022年以来，由于美国进入加息周期，美元通货膨胀高启，美元指数强劲，这一比例有所波动，但从经济长周期来看，延续近半个世纪的演变趋势并没有发生逆转。

二是全球治理格局在变。过去300年，全球治理始终以西方治理为主导。1648年签订的《威斯特伐利亚和约》是一个标志性起点，奠定了近现代国际关系的基石，开启了欧洲主导世界秩序的时代。此后，维也纳体系、凡尔赛-华盛顿体系、雅尔塔体系以及布雷顿森林体系、北约体系、七国集团（G7）俱乐部都遵循大国主导、几方共治的治理逻辑。这套全球治理体系的运行结果就是“西方中心论”主导全球化进程，世界日益二分为对立的两极：先进的西方与落后的非西方，作为主体和中心的西方与作为客体和边缘的非西方，作为文明典范的西方与作为文明追随者的非西方。进入 21 世纪，二十国集团（G20）峰会机制建立。G20 峰会机制是在 2008 年国际金融危机之后建立的，G20 除了中国以外，还有很多发展中国家，包括印度、印度尼西亚、巴西、阿根廷、南非、土耳其、俄罗斯。此外，诸多新兴市场国家主导的治理机制和治理平台如雨后春笋般涌现出来，如东盟、非盟、中非合作论坛、东盟 10＋1、中国-中东欧国家合作、中国-阿拉伯国家合作论坛，以及亚太经合组织、上合组织、亚信峰会等等日益成熟，这些都标志着全球治理正在由西方治理转向共同治理。

三是科技革命、产业革命改变世界。新一轮科技革命、产业革命在量子通信、5G、航空航天、基因技术、人工智能、生物技术、能源革命等多领域集中爆发，其中核心是人工智能，它引领人类进入智能时代。人工智能技术革命，带给人类前所未有的机遇，也带来了前所未有的不确定性。人类如何在占有人工智能技术成果的同时，始终确保人工智能技术“由人类主导、为人类服务、符合人类价值观”？这是摆在全人类面前的必答题。

世界大变局，就其本质维度来说，标志着“西方中心论”的破产，全球知识体系、话语体系、人类文明迎来重构的契机，这是触及灵魂的大变局。中国的和平崛起绝不能仅仅被看作是经济的成功，在更深层次上它代表了一种人类文明新形态的崛起，“西方中心论”横行世界数百年后第一次面临真正的挑战。中国成功背后的一整套逻辑都是西方所不认可的，比如中国特色社会主义道路、理论、制度、文化西方不认可，中国特色的政党制度、政治体制、经济体制、发展模式、价值观念、意识形态西方不认可，但是中国却取得了比西方更大的成功。中国只用了 70 多年的时间，就走完了西方几百年走过的工业化历程，创造了经济快速发展和社会长期稳定的两大奇迹，这足以证明中国的道路、理论、制度、文化是对的，中国成功背后的一整套逻辑是对的。中国崛起给世界带来的最大冲击是“西方中心论”的破产。西方的发展模式、政治体制、价值观念、意识形态、宗教信仰等不再是至上的标准、普世的方案、唯一的选择，“人类和地球的欧洲化”时代走向终结。这是当今世界最大的变局。

在世界大变局的重大关头，人类又一次站在了历史的十字路口。人类向何处去？和平还是战争？发展还是衰退？开放还是封闭？合作还是对抗？习近平直面世界之问、时代之问、历史之问，提出了构建人类命运共同体的中国方案，为引领世界大变局、构建公正合理的国际新秩序贡献了中国智慧。构建人类命运共同体，是以建设持久和平、普遍安全、共同繁荣、开放包容、清洁美丽的世界为努力目标，以推动共商共建共享的全球治理为实现路径，以践行全人类共同价值为普遍遵循，以推动构建新型国际关系为基本支撑，以落实全球发展倡议、全球安全倡议、全球文明倡议为战略引领，以高质量共建“一带一路”为实践平台，推动各国携手应对挑战、实现共同繁荣，推动世界走向和平、安全、繁荣、进步的光明前景。习近平提出的中国方案饱含着对人类社会发展和文明进步的睿智思考和独特创见，为处在十字路口的世界航船指明了前进方向。

（三）党在新时代面临新的“赶考”

党的十八大之前，我们面对的形势是，改革开放和社会主义现代化建设取得巨大成就，党的建设新的伟大工程取得显著成效，为我们继续前进奠定了坚实基础、创造了良好条件、提供了重要保障，同时一系列长期积累及新出现的突出矛盾和问题亟待解决。党的二十大报告指出：“我们党作为世界上最大的马克思主义执政党，要始终赢得人民拥护、巩固长期执政地位，必须时刻保持解决大党独有难题的清醒和坚定。”① 党内存在对坚持党的领导认识模糊、行动乏力等不少问题，存在落实党的领导弱化、虚化、淡化问题，有些党员、干部政治信仰发生动摇，一些地方和部门形式

---

① 习近平：《高举中国特色社会主义伟大旗帜 为全面建设社会主义现代化国家而团结奋斗——在中国共产党第二十次全国代表大会上的报告》，人民出版社 2022 年版，第 63 页。

主义、官僚主义、享乐主义和奢靡之风屡禁不止，特权思想和特权现象较为严重，一些贪腐问题触目惊心。正是在这样的背景下，习近平提出全面从严治党，推进党的自我革命，打赢反腐败攻坚战。党的十八大之后的五年，经党中央批准立案审查的省军级以上党员干部及其他中管干部有 440 人。其中，十八届中央委员、候补委员 43 人，中央纪委委员 9 人。党的十九大之后的五年，中央纪委国家监委立案审查调查中管干部 261 人。党的二十大以来，截至 2024 年 12 月，中央纪委国家监委立案审查调查中管干部 179 人。有人感叹，中国共产党的反腐力度，读遍二十四史都找不到。习近平谆谆告诫："得罪千百人，不负十四亿。"这是一笔再明白不过的政治账、人心向背的账。走好中国共产党在新时代面临的新的"赶考之路"，"全面从严治党永远在路上，党的自我革命永远在路上"。

中国共产党如何走好新时代的"赶考之路"，如何解决党的领导弱化、虚化、淡化问题，如何坚持和加强党的全面领导，党如何经受住长期执政考验、改革开放考验、市场经济考验、外部环境考验，如何克服精神懈怠危险、能力不足危险、脱离群众危险、消极腐败危险，迫切需要党的创新理论指导。中国共产党"千万不能在一片喝彩声中迷失自我"，必须时刻保持解决大党独有难题的清醒和坚定，把党的伟大自我革命进行到底。习近平新时代中国特色社会主义思想正是在这个背景下应运而生的。

二、"两个结合"的根本途径

"两个结合"是推进马克思主义中国化时代化的根本途径，也是创立习近平新时代中国特色社会主义思想的根本方法。习近平在庆祝中国共产党成立一百周年大会上初步阐释了"两个结合"的命题，在党的二十大报告中系统阐释了"两个结合"的科学内涵。习近平在党的二十大报告中指出，"中国共产党人深刻认识到，只有把马克思主义基本原理同中国具体实际相结合、同中华优秀传统文化相结合，坚持运用辩证唯物主义和历史唯物主义，才能正确回答时代和实践提出的重大问题，才能始终保持马克思主义的蓬勃生机和旺盛活力”[①]。党的二十大闭幕后，习近平在考察殷墟博物馆时再次强调指出，“中华优秀传统文化是我们党创新理论的‘根’，我们推进马克思主义中国化时代化的根本途径是‘两个结合’”[②]，“‘两个结合’是我们取得成功的最大法宝”[③]。我们所走的中国道路是在“两个结合”中开辟和拓展的，我们党的创新理论是在“两个结合”中创立和发展的，我们国家的根本制度、基本制度、重要制度是在“两个结合”中开创和完善的，我们的社会主义先进文化是在“两个结合”中创造和繁荣的。

（一）第一个结合

坚持和发展马克思主义，必须同中国具体实际相结合。一方面，马克思主义不是教条，而是方法。马克思在致卢格的信中重申：“我不主张我们树起任何教条主义的旗帜”[④]；恩格斯也指出：“马克思的整个世界观不是教义，而是方法。它提供的不是现成的教条，而是进一步研究的出发点和供这种研究使用的方法。”[⑤] 虔诚地崇拜马克思的文本，将马克思的著作视为教义顶礼膜拜，把马克思、恩格斯的具体结论和词句当作教条，这不是马克思主义的态度，这种做法不是在抬高马克思，而是贬低马克思。如果马克思还活着的话，他一定会再一次申明“我只知道我自己不是马克思主义者”，“我播下的是龙种，而收获的却是跳蚤”[⑥]，你们“会给我过多的荣誉，同时也会给我过多的侮辱”[⑦]。马克思生活在欧洲，我们是在遥远的东方；马克思生活在19世纪，我们生活在21世纪。解决俄国革命的问题，只能靠列宁；解决中国革命、建设、改革的问题，只能靠中国自己的同

① 习近平：《高举中国特色社会主义伟大旗帜 为全面建设社会主义现代化国家而团结奋斗——在中国共产党第二十次全国代表大会上的报告》，人民出版社2022年版，第17页。

② 鞠鹏：《全面推进乡村振兴 为实现农业农村现代化而不懈奋斗》，《人民日报》2022年10月29日。

③ 习近平：《在文化传承发展座谈会上的讲话》，人民出版社2023年版，第5页。

④ 《马克思恩格斯全集》第47卷，人民出版社2004年版，第64页。

⑤ 《马克思恩格斯选集》第4卷，人民出版社2012年版，第664页。

⑥ 《马克思恩格斯选集》第4卷，人民出版社2012年版，第603页。

⑦ 《马克思恩格斯选集》第3卷，人民出版社2012年版，第730页。

志。我们今天不能够苛求一个19世纪的西方人，为21世纪的中国提供现成的答案。习近平在党的二十大报告中指出："我们坚持以马克思主义为指导，是要运用其科学的世界观和方法论解决中国的问题，而不是要背诵和重复其具体结论和词句，更不能把马克思主义当成一成不变的教条。"① 马克思主义基本原理为我们的事业提供了总的指导原则，但是没有，也不可能给我们提供现成的具体方案，在具体运用中还必须考虑本国的特殊性。

另一方面，马克思主义只有中国化才能发挥"改造世界"的作用。把马克思主义基本原理同中国具体实际相结合，其要义在于"一切从实际出发，着眼解决新时代改革开放和社会主义现代化建设的实际问题，不断回答中国之问、世界之问、人民之问、时代之问，作出符合中国实际和时代要求的正确回答，得出符合客观规律的科学认识，形成与时俱进的理论成果，更好指导中国实践。"② 思想的闪电只有射入人民的园地，才能发挥改造世界的重要作用。党的百年历史就是马克思主义中国化的历史，任何时候都必须牢牢把握不同阶段矛盾的特殊性，以新思想、新观点和新论断丰富马克思主义的理论宝库，创造性地解决自己的问题。比如，破除俄国十月革命"城市中心论"的模式影响，开辟中国特色的新民主主义革命道路；破除苏联剥夺资产阶级的做法，开辟中国特色的社会主义改造道路；破除苏联社会主义建设模式的桎梏，开辟中国特色社会主义道路，无一不是敢于超越前人的结果。今天，中国面临诸多马克思未曾面临过的问题，迫切需要我们以马克思主义为指南，找到破解中国问题、引领中国发展的新理念新思想新战略。

（二）第二个结合

习近平在党的二十大报告、在文化传承发展座谈会上的讲话等一些重要文献中，围绕马克思主义同中华优秀传统文化相结合的问题发表了一系

---

① 习近平：《高举中国特色社会主义伟大旗帜 为全面建设社会主义现代化国家而团结奋斗——在中国共产党第二十次全国代表大会上的报告》，人民出版社2022年版，第17页。

② 习近平：《高举中国特色社会主义伟大旗帜 为全面建设社会主义现代化国家而团结奋斗——在中国共产党第二十次全国代表大会上的报告》，人民出版社2022年版，第17～18页。

列重要论述，全面阐述了“结合”的前提、方法、结果、条件、意义、使命等若干重大理论问题。

（1）为什么能“结合”?“结合”的前提是彼此契合。马克思主义和中华优秀传统文化来源不同、具体内涵不同、基本精神不同、体系结构不同、介入现实的路径不同，但在价值观上存在高度的契合性。相互契合才能有机结合。习近平在党的二十大报告中指出：“中华优秀传统文化源远流长、博大精深，是中华文明的智慧结晶，其中蕴含的天下为公、民为邦本、为政以德、革故鼎新、任人唯贤、天人合一、自强不息、厚德载物、讲信修睦、亲仁善邻等，是中国人民在长期生产生活中积累的宇宙观、天下观、社会观、道德观的重要体现，同科学社会主义价值观主张具有高度契合性。”① 比如天下为公、世界大同与科学社会主义追求的全人类解放，民为邦本与科学社会主义追求的每个人自由全面发展，天人合一、道法自然与马克思主义所讲的人是自然存在物，彼此是契合的。

习近平在文化传承发展座谈会上进一步阐述了中国道路、中国制度与中华文化传统的契合性。他指出：“我们党开创的人民代表大会制度、政治协商制度，与中华文明的民本思想，天下共治理念，‘共和’、‘商量’的施政传统，‘兼容并包、求同存异’的政治智慧都有深刻关联。我们没有搞联邦制、邦联制，确立了单一制国家形式，实行民族区域自治制度，就是顺应向内凝聚、多元一体的中华民族发展大趋势，承继九州共贯、六合同风、四海一家的中国文化大一统传统。”② 在政体设计上，中国搞的是人民代表大会制度，没有搞西方的议会制、两院制；在国家领导制度设计上，中国搞的是中国共产党领导的多党合作和政治协商制度，没有搞西方的两党制、多党制、三权分立制；在民族制度设计上，中国搞的是民族区域自治制度，没有搞西方的民族自决；在国家形式上，中国搞的是单一制国家形式，没有搞西方的联邦制、邦联制。中国自古以来形成了大一统的政治传统，只有现行制度方能有效维系大一统的政治格局。我国广土众

① 习近平：《高举中国特色社会主义伟大旗帜 为全面建设社会主义现代化国家而团结奋斗——在中国共产党第二十次全国代表大会上的报告》，人民出版社2022年版，第18页。

② 习近平：《在文化传承发展座谈会上的讲话》，人民出版社2023年版，第8页。

民，民族多、宗教多、信仰多、文字多，照搬西方的制度必然导致分崩离析，无法维系大一统的格局。因此，从这个意义上说，我国的制度设计正是契合中华文化传统的，中国特色社会主义制度是文化的选择。正如习近平所言："如果没有中华五千年文明，哪里有什么中国特色？如果不是中国特色，哪有我们今天这么成功的中国特色社会主义道路？"① 实际上，没有 5 000 多年文明，就没有中国特色社会主义道路、理论、制度和文化。在中国，社会主义制度不仅是历史的选择、人民的选择，还是文化的选择。

（2）怎么"结合"？"结合"的方法是融通贯通。习近平在党的二十大报告中指出，要"把马克思主义思想精髓同中华优秀传统文化精华贯通起来、同人民群众日用而不觉的共同价值观念融通起来"②。这里告诉我们，结合的方法是思想精髓层面的"贯通"、价值观层面的"融通"，而不是语词的复制，也不是简单复活中国历史传统中的一切方面，更不是推动传统重回王座、定于一尊。习近平在文化传承发展座谈会上进一步指出，"'结合'不是'拼盘'，不是简单的'物理反应'，而是深刻的'化学反应'"③。结合的方法是形而上层次上的融通，是思想精髓层面、价值观念层面的融通贯通，不是形而下层面的复制套用，更不是"马克思主义观点＋中国古语"这种文字游戏。今天，简单类比式的"结合"比较常见，比如以"阴阳比附矛盾"，"道比附规律"，这都是浅层次的结合，远没有达到"融通贯通"的高度。当然，我们也要澄清，强调"第二个结合"不是要复活传统文化的一切方面，不是要推动传统重回王座、定于一尊，不是要回到罢黜百家、独尊儒术的过去，也不是要回到"半部论语治天下"的时代。

（3）为什么要"结合"？"结合"可以彼此互相成就。习近平在文化传承发展座谈会上指出，"'结合'的结果是互相成就"，"造就了一个有机统一的新的文化生命体"，"让马克思主义成为中国的，中华优秀传统文化成

① 习近平：《在文化传承发展座谈会上的讲话》，人民出版社 2023 年版，第 5 页。

② 习近平：《高举中国特色社会主义伟大旗帜 为全面建设社会主义现代化国家而团结奋斗——在中国共产党第二十次全国代表大会上的报告》，人民出版社 2022 年版，第 18 页。

③ 习近平：《在文化传承发展座谈会上的讲话》，人民出版社 2023 年版，第 6 页。

为现代的，让经由'结合'而形成的新文化成为中国式现代化的文化形态"①。从马克思主义与中华文化百年结合史来看，马克思主义和中华优秀传统文化是互相成就、命运与共的关系，是生命共同体。

一方面，马克思主义以其真理力量激活了古老的中华文明，赓续千年的中华文脉得以再度青春化。遇到马克思主义之前，中华文化在19世纪下半叶20世纪初，已经跌入了历史的谷底，走到了历史的至暗时刻。尽管中华优秀传统文化塑造了辉煌的古代中国，使之长期位居世界之巅，但是在近代以后中国跌落了，走到了被开除球籍的边缘。19世纪末20世纪初，各路仁人志士、有志青年纷纷将目光投向了国外，到国外去求学留学，寻找救国救民的良方，试图搬来为我所用。西方各种主义、各种救国方案由此纷至沓来，民粹主义、保守主义、工团主义、社会达尔文主义、实用主义、自由主义尝试了，西方的君主立宪制、资产阶级民主共和制、总统制、议会制、多党制试验了，都以失败而告终。当时国人的基本共识是：古老的中华文明已经无法挽狂澜于既倒、扶大厦之将倾。中国共产党的早期领导人也纷纷将眼光投向了西方，新文化运动，兴新学除旧学；五四运动，高举民主和科学的旗帜，这些都是西学东渐的产物。所以中华文化到了19世纪下半叶20世纪初已经走到了它的至暗时刻，风光不再，有人甚至举出了"打倒孔家店""全盘西化"的旗帜。恰恰在中华文明最危急的时刻，马克思主义传入中国，"马克思"与"孔夫子"在东方古国的土地上相遇，二者一见如故，似曾相识，中国历史几千年的主张与科学社会主义的主张高度契合。正是在这样的背景下，中国共产党人找到了马克思主义，激活了中华民族历经几千年创造的伟大文明，中华文明的优质基因在马克思主义的改造下实现了创造性转化和创新性发展，赓续千年的中华文脉得以再度青春化。

另一方面，在"马克思"走向世界的过程中，中华文明涵养了马克思主义赖以扎根生长的文化沃土，来自异国他乡的马克思主义得以在中国繁荣兴盛。离开这样一片土地，马克思主义绝不可能有今天在中国繁荣兴盛

① 习近平：《在文化传承发展座谈会上的讲话》，人民出版社2023年版，第6页。

的局面。马克思主义诞生在西欧，进入 21 世纪，唯独在中国长成参天大树。在西方的学术森林里，马克思主义学术流派尽管很多，但都湮没在学术丛林之中，很难发挥改造世界的实践功能。国外马克思主义流派更多只是一种学术圈子内的学术思潮，难以成为整个社会面的社会思潮，更谈不上主流的社会思潮。以马克思主义为指导的西方共产党，也大都是边缘化的政党，难以进入议会，实质性地参与国家的理性塑造。马克思主义在拉美、非洲、中亚、东南亚、南亚等发展中国家，也未能长成耸立伟岸的参天大树。在苏联，苏联共产党存在 80 多年，苏联存在 74 年，长出一棵参天大树即列宁主义。但此后并没有斯大林主义，没有赫鲁晓夫主义，没有勃列日涅夫主义，最后长出了反马克思主义——戈尔巴乔夫人道的民主的社会主义。但是，马克思主义在中国生长了 100 多年，长出毛泽东思想、邓小平理论、“三个代表”重要思想、科学发展观、习近平新时代中国特色社会主义思想等五棵参天大树。在中国这片学术丛林里，乃至世界学术森林里，这几棵大树巍然耸立，极大地改变了中国、极大地影响了世界。究其原因，中国拥有其他国家不曾拥有的 5 000 多年文明，这是一块神奇的土地。正是这块土地极其适合马克思主义的生长。

（4）为什么能“结合”得好？“结合”在中国具备两个有利条件。中华优秀传统文化为马克思主义在中国的传播发展奠定了坚实的历史基础、群众基础。习近平在党的二十大报告中指出，只有坚持把马克思主义基本原理同中华优秀传统文化相结合，才能“不断夯实马克思主义中国化时代化的历史基础和群众基础，让马克思主义在中国牢牢扎根”①。马克思主义活在全世界，但在中国活出了高品质。马克思主义在中国的百年发展史，长成了五棵参天大树。这些中国化马克思主义，就其理论体系的完整性、思想的覆盖面、改造世界的能力而言，构成了世界马克思主义思想谱系中的主干形态。可见，马克思主义在中国长成参天大树，文化土壤与马克思主义的强适配性是一个重要原因。中国独一无二的历史传统和文化沃土，构成了马克思主义扎根中国的关键因素，构成了马克思主义基本原理同中

① 习近平：《高举中国特色社会主义伟大旗帜 为全面建设社会主义现代化国家而团结奋斗——在中国共产党第二十次全国代表大会上的报告》，人民出版社 2022 年版，第 18 页。

华优秀传统文化成功结合的重要前提。

马克思主义基本原理为什么同中华优秀传统文化能结合得好，艾思奇、毛泽东、习近平等都有相关重要论述。艾思奇认为，中华民族和它的优秀传统文化中本就有着朴素的社会主义的种子。中国的马克思主义，是以科学共产主义为养料，从中国自己的共产主义种子中成长起来的[①]。毛泽东1958年读三国志的时候也谈到了这个问题，他批注道：中国“历代都有大小规模不同的众多的农民革命斗争，其性质当然与现在马克思主义革命运动根本不相同。但有相同的一点，就是……带有原始社会主义性质”[②]。为什么农民革命带有“原始社会主义性质”呢？因为历史上农民起义、农民革命所打的旗帜和口号，如“等贵贱，均贫富”“耕者有其田”“王侯将相宁有种乎”“有田同耕，有饭同吃，有屋同住，有钱同使”等这些口号都带有原始的、朴素的社会主义性质。这与马克思的追求即消灭私有制、消灭剥削、消灭不平等、建立公平正义的社会主义新社会是契合的。区别在于上述种种追求在中国古代只是一种幻想，底层群众找不到通往现实的道路。而马克思给我们指明了一条通往目的地的现实道路。所以马克思主义来到中国以后，中国人民从心里面是接受的，没有对立、没有排斥，感到似曾相识，故而热烈欢迎。习近平是这么说的，“马克思主义传入中国后，科学社会主义的主张受到中国人民热烈欢迎，并最终扎根中国大地、开花结果，决不是偶然的，而是同我国传承了几千年的优秀历史文化和广大人民日用而不觉的价值观念融通的”[③]。李约瑟、张岱年先生都持有类似的看法，李约瑟说：“现代中国的知识分子所以会共同接受共产主义的思想，其中一个很重要的因素是因为新儒学家和辩证唯物主义在思想上是密切联系的”[④]。张岱年说：“中国人特别是知识分子接受马克思主义，与中国传统文化有密切关系。中国文化中本有悠久的唯物论、无神论、辩证法的传统，有民主主义、人道主义思想的传统，有许多历史唯物

---

① 《艾思奇全书》第2卷，人民出版社2006年版，第682页。

② 《毛泽东读文史古籍批语集》，中央文献出版社1993年版，第144～145页。

③ 《十九大以来重要文献选编》中，中央文献出版社2021年版，第301页。

④ ［英］李约瑟：《四海之内：东方和西方的对话》，劳陇译，生活·读书·新知三联书店1987年版，第61页。

主义的思想因素，有大同的社会理想，如此等等，因而马克思主义很容易在中国的土壤里生根”①。

其实，最先意识到马克思主义与中华文化的天然亲近性，恐怕非马克思这个千年最伟大的思想家莫属。他在1850年1—2月间写了一篇“时评”，他说中国革命将产生“中国社会主义”②，将建立“中华共和国”。之所以作出这一伟大的预言，是因为马克思从德国著名传教士郭士立那里了解了中国底层群众的追求。郭氏于1849年从中国回到了德国，将中国所见所闻传递给西方社会。郭士立说中国的农民在追求等贵贱均贫富，反对一些人富有、一些人贫穷，追求“完全消灭私有制”，要求“重新分配财产”，等等。马克思据此得出结论，中国革命将产生“中国社会主义”，将建立“中华共和国”。当然马克思这里所说的“社会主义”并非科学社会主义之意，大体与毛泽东所说的“原始社会主义”、习近平所说的“朴素的社会主义”是同一个意思。马克思晚年专门研究东方社会，形成了东方社会理论、跨越资本主义卡夫丁峡谷的思想。或许马克思在19世纪50年代初就已经有这样一种认知的雏形：东方是一块完全不同于西方的神奇土地，东方社会有可能以不同于西方的方式通往社会主义。所以，中华文明这块土地为马克思主义在中国的传播、发展、壮大奠定了历史基础、群众基础。

（5）“结合”有什么意义？我们立党立国的指导思想——马克思主义来自西方，但中华民族并未因此导致文脉的中断，沦为失魂落魄的民族；我们国家并未因此失去文化主体性，沦为西方精神上的附庸。根本原因在于我们没有把马克思主义当作教义原封不动地套用于中国，而是把马克思主义基本原理同中华优秀传统文化相结合，创造了中国马克思主义。“第二个结合”的意义正在于：在守住中华文化“根脉”的基础上再铸中华文明的现代传统，在守住马克思主义“魂脉”的基础上开辟马克思主义中国化的理论传统，正所谓“让马克思主义成为中国的，中华优秀传统文化成为现代的”。经由“两个结合”创立的中国马克思主义，不仅属于马克思主义，而且属于中国文化；不仅构成马克思主义发展史的一部分，而且构

① 张岱年、程宜山：《中国文化与文化论争》，中国人民大学出版社1990年版，第186页。

② 《马克思恩格斯全集》第10卷，人民出版社1998年版，第277页。

成中国思想史和中华文明史的一部分。

“第二个结合”的一个重要目的，在于巩固中华民族的文化主体性，实现精神上的独立自主。一个国家，经济、政治上的独立自主固然重要，但如果失去了精神上的独立自主，丧失了文化主体性，不可避免会沦为外来文明的附庸，沦为失魂落魄的民族。任何时候，我们都必须站稳中国立场，旗帜鲜明反对历史虚无主义，反对西方中心史观；站稳中华文化立场，反对文化虚无主义，反对“以洋为尊”、精神依附，绝不做文化洋奴；站稳马克思主义立场，反对“普世主义”、自由主义思潮，决不搞“去思想化”“去价值化”“去历史化”“去中国化”“去主流化”那一套，始终保存文化意义上坚定的自我，巩固中华民族的文化主体性。习近平在文化传承发展座谈会上指出，“‘结合’巩固了文化主体性”①，“创立新时代中国特色社会主义思想就是这一文化主体性的最有力体现”②。创立习近平新时代中国特色社会主义思想，标志着这一思想在马克思主义发展史上开辟了新境界、在中华文明史上达到了新高度，标志着这一思想代表了中华文化和中国精神的时代精华，标志着这一思想为引领人类精神成长和世界文明走向、为丰富人类思想宝库作出了重大贡献。

（6）“结合”的使命是什么？在新的起点上继续推动文化繁荣、建设文化强国，是我们在新时代的文化使命。习近平提出新时代文化使命的重大命题，表明我们党对中国特色社会主义文化建设规律的认识达到了新高度，表明我们党的历史自信、文化自信达到了新高度。中华民族新的文化生命体，是以中华优秀传统文化为根，以马克思主义为魂，以党的创新理论为主体，熔铸古今、汇通中西的文化生命体。“对历史最好的继承就是创造新的历史，对人类文明最大的礼敬就是创造人类文明新形态。”③ 面向未来，我们不能躺在中华文明的历史殿堂里当“啃老族”，而是要奋力建设中华民族新的文化生命体。赓续千年的中华民族不仅需要在经济社会发展上创造新的更大奇迹，也需要在文化建设和文明发展上创造新的更大辉煌。

---

① 习近平：《在文化传承发展座谈会上的讲话》，人民出版社 2023 年版，第 8 页。

② 习近平：《在文化传承发展座谈会上的讲话》，人民出版社 2023 年版，第 9 页。

③ 习近平：《在文化传承发展座谈会上的讲话》，人民出版社 2023 年版，第 12 页。

（三）“两个结合”的内在逻辑

“两个结合”是我们党在探索马克思主义中国化路径的实践中提出的，是不断丰富中国化马克思主义的思想内涵和推动中华优秀传统文化现代转化的现实过程。作为一种外来的理论，马克思主义传入中国，何以能在异国他乡安身立命？何以能转化为改造中国的物质力量？这涉及对“两个结合”内在逻辑的认识。

“第一个结合”具有价值至上性。马克思主义不远万里来到中国，其首要目的不是激活中华文明的生命力，而是解决中国的前途命运问题，这在价值上是至上的。近代以来，中国大地上各种理论思潮风起云涌，无政府主义、改良主义、民粹主义、实用主义、自由主义、保守主义、社会达尔文主义等不同主张之间的论战此起彼伏。这些理论思潮在不同程度上推动了近代中国救亡图存运动的发展，但是都无法解决中国“向何处去”的前途命运问题，不可避免地走向了失败。挽救中华民族于危亡，迫切需要新的思想引领来指明革命的出路。十月革命一声炮响，给中国送来了马克思列宁主义。中国共产党人把马克思主义创造性地运用于分析、解决中国的具体问题，从而为“中国向何处去”的历史之问找到了科学解答。中国共产党一百多年的历史，之所以从胜利走向新的胜利，归根结底在于马克思主义行，中国化时代化的马克思主义行。

“第二个结合”具有逻辑先在性。马克思主义要想读懂中国、融入中国、改造中国，首要的前提是融入中国文化土壤，为马克思主义在中国的发展奠定历史基础和群众基础。作为一种成长于西方文化传统的理论，马克思主义在中国的发展传播必须找到与中国历史文化传统的联结，才能更好地为中国民众所理解和接纳。从马克思主义在中国的传播来看，其能在中国大地落地、生根、茁壮成长，且没有产生强烈的“排斥反应”，并非历史偶然。关键在于，其发展传播找到了适应中国社会文化土壤的途径，这就是与中华优秀传统文化的内在结合。因此，马克思主义在传入中国之初就开始了与中华优秀传统文化的自发融合。中华民族拥有 5 000 多年历史演进中形成的灿烂文明，这是马克思主义传入中国后无法绕开的独特历史语境和文化环境。如果马克思主义与中国的历史语境和文化环境不匹配、不相容，很难在中国扎根，更谈不上有效解决中国实际的种种问题。因此，从逻辑上看，“第二个结合”的发生要先于“第一个结合”。如果没有“第二个结合”，马克思主义不可能在中国扎根生长，更难以长成参天大树。在新时代，自觉实现“第二个结合”，可以推动实现更高层次上的“第一个结合”。

“两个结合”归根结底是“同一事物的两个方面”。马克思主义和中华优秀传统文化，一个是“魂脉”，一个是“根脉”，不存在孰轻孰重，也不存在主次之分。马克思主义基本原理同中国具体实践相结合、同中华优秀传统文化相结合，归根到底是两个文化体系的结合，是主体间的结合，不能将中华优秀传统文化降低到客体的地位，不能将二者视为主客体关系。中国革命、建设、改革的实际，中国历史和文化的实际，都是中国实际的组成部分，也都是马克思主义需要结合的对象。中国具体实际涵盖了中国社会的方方面面，是马克思主义普遍真理在中国得以产生作用的特殊语境。习近平提出“第二个结合”，大大深化了我们党对马克思主义中国化时代化的规律性认识，是夯实当代中国马克思主义文化底蕴的必然要求，是增强中国共产党文化自信与文化自觉的必然要求，是赓续中华千年文脉、推动中华优秀传统文化创造性转化和创新性发展的必然要求。

三、“四个板块”的体系结构

习近平新时代中国特色社会主义思想内容丰富、博大精深，是一个系统完整的科学理论体系。习近平在党的二十大报告中指出，“十九大、十九届六中全会提出的‘十个明确’、‘十四个坚持’、‘十三个方面成就’概括了这一思想的主要内容”①。“‘十个明确’、‘十四个坚持’、‘十三个方面成就’、‘六个必须坚持’内在贯通、有机统一，凝结着我们党认识世界、

① 习近平：《高举中国特色社会主义伟大旗帜 为全面建设社会主义现代化国家而团结奋斗——在中国共产党第二十次全国代表大会上的报告》，人民出版社2022年版，第17页。

改造世界的宝贵经验和重大成果……共同构成了习近平新时代中国特色社会主义思想的科学体系。”①

“十个明确”。这是支撑习近平新时代中国特色社会主义思想这座理论大厦的主体部分，构成了这一重要思想的“四梁八柱”。把握了“十个明确”，就掌握了这一思想的主要观点和基本精神。

“十四个坚持”。这是对新时代我们党治国理政重大方针原则的高度凝练和科学概括，是对我们党不同时期形成的基本纲领、基本经验、基本要求的整合与发展，构成新时代坚持和发展中国特色社会主义的基本方略，是习近平新时代中国特色社会主义思想的重要组成部分。

“十三个方面成就”。党的第三个《历史决议》从十三个方面全景展示了以习近平同志为核心的党中央治国理政理念、成就与经验，既是习近平新时代中国特色社会主义思想指导的结果，又以一系列重要原创性成果丰富发展了这一重要思想。十三个方面成就既包括实践上的成就，也包括理论上的成就。

“六个必须坚持”。这是习近平新时代中国特色社会主义思想的世界观和方法论，是贯穿其中的立场观点方法。

“10＋14＋13＋6”内容丰富、博大精深，但也需要把握其中的内在逻辑、科学体系。我们认为，大致可以分为四大板块来把握。

（一）主题主线

这一板块重点把握新时代坚持和发展中国特色社会主义的主题主线、原则要求，包括政治保证、理论主题、价值主线。

（1）政治保证，回答“领导力量”的问题。习近平在党的二十大报告中用四个“最”来表述：“中国特色社会主义最本质的特征是中国共产党领导，中国特色社会主义制度的最大优势是中国共产党领导，中国共产党是最高政治领导力量，坚持党中央集中统一领导是最高政治原则”②。党的领导是全

---

① 《习近平新时代中国特色社会主义思想学习纲要（2023年版）》，学习出版社、人民出版社2023年版，第12页。

② 习近平：《高举中国特色社会主义伟大旗帜 为全面建设社会主义现代化国家而团结奋斗——在中国共产党第二十次全国代表大会上的报告》，人民出版社2022年版，第6页。

面的、系统的、整体的。党的领导制度是中国的根本领导制度，在中国特色社会主义制度体系中居于统领地位。

（2）理论主题，回答“举什么旗、走什么路、往哪里去”的问题。新时代坚持和发展中国特色社会主义，以中国式现代化全面推进强国建设、民族复兴伟业，是习近平新时代中国特色社会主义思想的核心主题。这一主题体现了旗帜、道路、方向和目标、使命、任务的有机统一。

中国特色社会主义是当代中国发展进步的根本方向。中国特色社会主义是党和人民历尽千辛万苦、付出巨大代价取得的根本成就，是实现中华民族伟大复兴的正确之路。中国特色社会主义是社会主义，不是别的什么主义。中国特色社会主义道路、理论、制度、文化，是经过长期实践检验的科学的产物。坚持和发展中国特色社会主义，必须坚定道路自信、理论自信、制度自信、文化自信。经过长期努力，中国特色社会主义进入了新时代，这是中国发展新的历史方位。新时代坚持和发展中国特色社会主义要一以贯之。

实现中华民族伟大复兴，是中国共产党的历史使命，是中国人民和中华民族近代以来最伟大的梦想。中国梦的本质是国家富强、民族振兴、人民幸福。中国梦把国家的追求、民族的向往、人民的期待融为一体，是国家的梦、民族的梦，也是每一个中国人的梦。实现中国梦必须走中国道路，必须弘扬中国精神，必须凝聚中国力量。中国梦归根到底是人民的梦、必须紧紧依靠人民来实现。

（3）价值主线，也即政治立场，回答“依靠谁、为了谁、我是谁”的问题。为什么人的问题，是一个根本的问题，“是检验一个政党、一个政权性质的试金石”①。人民立场是中国共产党的根本政治立场，是马克思主义政党区别于其他政党的显著标志。以人民为中心，坚持人民至上，是贯穿习近平新时代中国特色社会主义思想的一根红线，也是贯穿以习近平同志为核心的党中央治国理政的一根红线。

---

① 《习近平著作选读》第2卷，人民出版社2023年版，第37页。

（二）战略规划和部署

这一板块重点把握新时代坚持和发展中国特色社会主义的战略规划和部署，包括战略安排、总体布局、战略布局。

（1）发展步骤，回答“战略安排”的问题。制定和实施战略规划，是中国共产党治国理政一以贯之的领导方法。全面建成社会主义现代化强国，总的战略安排是分两步走：从 2020 年到 2035 年基本实现社会主义现代化；从 2035 年到 21 世纪中叶把中国建成富强民主文明和谐美丽的社会主义现代化强国。

（2）“五位一体”，回答“总体布局”的问题。中国特色社会主义事业总体布局是“五位一体”。“五位一体”总体布局，涉及经济建设、政治建设、文化建设、社会建设、生态文明建设等各个方面，是党中央在新时代治国理政的整体布局。

关于新时代中国特色社会主义经济建设。高质量发展是全面建设社会主义现代化国家的首要任务。发展是党执政兴国的第一要务。没有坚实的物质技术基础，就不可能全面建成社会主义现代化强国。必须完整、准确、全面贯彻新发展理念，坚持发展先进生产力，坚持社会主义市场经济改革方向，坚持高水平对外开放，加快构建以国内大循环为主体、国内国际双循环相互促进的新发展格局，建设现代化经济体系，着力推动高质量发展。

关于新时代中国特色社会主义政治建设。人民民主是社会主义的生命，是全面建设社会主义现代化国家的应有之义。全过程人民民主是社会主义民主政治的本质属性，是最广泛、最真实、最管用的民主。必须坚定不移走中国特色社会主义政治发展道路，坚持党的领导、人民当家作主、依法治国有机统一，坚持人民主体地位，健全人民当家作主制度体系。坚持铸牢中华民族共同体意识，坚持我国宗教中国化方向，坚持巩固和发展最广泛爱国统一战线。

关于新时代中国特色社会主义文化建设。文化兴国运兴，文化强民族强。全面建设社会主义现代化国家，必须坚持中国特色社会主义文化发展道路。坚持马克思主义在意识形态领域指导地位的根本制度，坚持把马克思主义基本原理同中华优秀传统文化相结合，推动中华优秀传统文化创造性转化、创新性发展，培育和践行社会主义核心价值观，构建中国自主知识体系。

关于新时代中国特色社会主义社会建设。治国有常，利民为本。为民造福是立党为公、执政为民的本质要求。必须坚持在发展中保障和改善民生，鼓励共同奋斗创造美好生活，不断实现人民对美好生活的向往。我们要实现好、维护好、发展好最广大人民根本利益，紧紧抓住人民最关心最直接最现实的利益问题，坚持尽力而为、量力而行，着力解决好人民群众急难愁盼问题，健全基本公共服务体系，提高公共服务水平，增强均衡性和可及性，扎实推进共同富裕。

关于新时代中国特色社会主义生态文明建设。大自然是人类赖以生存发展的基本条件。尊重自然、顺应自然、保护自然，是全面建设社会主义现代化国家的内在要求。必须牢固树立和践行绿水青山就是金山银山的理念，站在人与自然和谐共生的高度谋划发展。我们要推进美丽中国建设，坚持山水林田湖草沙一体化保护和系统治理，统筹产业结构调整、污染治理、生态保护、应对气候变化，协同推进降碳、减污、扩绿、增长，推进生态优先、节约集约、绿色低碳发展。积极参与应对气候变化全球治理，共建地球生命共同体。

（3）“四个全面”，回答“战略布局”的问题。战略布局，主要涉及党和国家事业发展的重点工作。中国特色社会主义事业战略布局是“四个全面”。“四个全面”战略布局，涉及全面建设社会主义现代化国家、全面深化改革、全面依法治国、全面从严治党等四大重点任务，“是当前党和国家事业发展中必须解决好的主要矛盾”①，是党中央治国理政的战略重点。

全面建设社会主义现代化国家是新时代坚持和发展中国特色社会主义的目标任务。中国式现代化是强国建设、民族复兴的唯一正确道路。中国式现代化是中国共产党领导的社会主义现代化。中国式现代化的中国特色、本质要求和重大原则，是推进中国式现代化的最高顶层设计。中国式

① 《习近平谈治国理政》第 2 卷，外文出版社 2017 年版，第 22 页。

现代化是一种全新的人类文明形态。推进中国式现代化是一个系统工程，需要正确处理一系列重大关系。

全面深化改革是新时代坚持和发展中国特色社会主义的根本动力。改革开放是中国共产党的一次伟大觉醒，是决定当代中国命运的关键一招。新时代坚持和发展中国特色社会主义，根本动力仍然是全面深化改革开放。全面深化改革是有方向、有立场、有原则的。全面深化改革总目标是完善和发展中国特色社会主义制度、推进国家治理体系和治理能力现代化。全面深化改革是前无古人的崭新事业，必须坚持正确方法论。

全面依法治国是新时代坚持和发展中国特色社会主义的法治保障。全面依法治国是国家治理的一场深刻革命，关系党执政兴国，关系人民幸福安康，关系党和国家长治久安。必须更好发挥法治固根本、稳预期、利长远的保障作用，在法治轨道上全面建设社会主义现代化国家。我们要坚持走中国特色社会主义法治道路，建设中国特色社会主义法治体系、建设社会主义法治国家，围绕保障和促进社会公平正义，坚持依法治国、依法执政、依法行政共同推进，坚持法治国家、法治政府、法治社会一体建设，全面推进科学立法、严格执法、公正司法、全民守法，全面推进国家各方面工作法治化。

全面从严治党是新时代坚持和发展中国特色社会主义的政治保证。全面建设社会主义现代化国家、全面推进中华民族伟大复兴，关键在党。中国共产党作为世界上最大的马克思主义执政党，要始终赢得人民拥护、巩固长期执政地位，必须时刻保持解决大党独有难题的清醒和坚定。全面从严治党永远在路上，党的自我革命永远在路上，决不能有松劲歇脚、疲劳厌战的情绪，必须持之以恒推进全面从严治党，深入推进新时代党的建设新的伟大工程，以党的自我革命引领社会革命。要落实新时代党的建设总要求，健全全面从严治党体系，全面推进党的自我净化、自我完善、自我革新、自我提高，使中国共产党始终坚守初心使命，始终成为中国特色社会主义事业的坚强领导核心。

（三）战略支撑和保障

这一板块重点把握新时代坚持和发展中国特色社会主义的战略支撑和

保障，包括安全保障、军事保障、祖国统一保障、外部环境保障。

（1）安全战略，回答“安全保障”的问题。

党的二十大报告指出，“国家安全是民族复兴的根基，社会稳定是国家强盛的前提。必须坚定不移贯彻总体国家安全观，把维护国家安全贯穿党和国家工作各方面全过程，确保国家安全和社会稳定”①。

我们要坚持以人民安全为宗旨、以政治安全为根本、以经济安全为基础、以军事科技文化社会安全为保障、以促进国际安全为依托，统筹外部安全和内部安全、国土安全和国民安全、传统安全和非传统安全、自身安全和共同安全，统筹维护和塑造国家安全，夯实国家安全和社会稳定基层基础，完善参与全球安全治理机制，建设更高水平的平安中国，以新安全格局保障新发展格局。

（2）强军战略，回答“军事保障”的问题。

如期实现建军一百年奋斗目标，加快把人民军队建成世界一流军队，是全面建设社会主义现代化国家的战略要求。

习近平强军思想涵盖新时代军队建设、改革和军事斗争准备各领域各方面，为新时代国防和军队建设提供了科学指南和行动纲领。必须贯彻习近平强军思想，贯彻新时代军事战略方针，坚持党对人民军队的绝对领导，健全贯彻军委主席负责制体制机制，坚持政治建军、改革强军、科技强军、人才强军、依法治军，坚持边斗争、边备战、边建设，坚持机械化信息化智能化融合发展，加快军事理论现代化、军队组织形态现代化、军事人员现代化、武器装备现代化，提高捍卫国家主权、安全、发展利益战略能力，有效履行新时代人民军队使命任务。

（3）统一战略，回答“祖国统一保障”的问题。

“一国两制”是中国特色社会主义的伟大创举，是香港、澳门回归后保持长期繁荣稳定的最佳制度安排，必须长期坚持。解决台湾问题、实现祖国完全统一，是党矢志不渝的历史任务，是全体中华儿女的共同愿望，

---

① 习近平：《高举中国特色社会主义伟大旗帜 为全面建设社会主义现代化国家而团结奋斗——在中国共产党第二十次全国代表大会上的报告》，人民出版社2022年版，第52页。

是实现中华民族伟大复兴的必然要求。坚持贯彻新时代党解决台湾问题的总体方略，牢牢把握两岸关系主导权和主动权，坚定不移推进祖国统一大业。

正确处理“一国”与“两制”的关系，“一国”是实行“两制”的前提和基础，“两制”从属和派生于“一国”，并统一于“一国”之内。坚持和完善“一国两制”制度体系，落实中央全面管治权，落实“爱国者治港”“爱国者治澳”原则，落实特别行政区维护国家安全的法律制度和执行机制。正确处理全面管治权与高度自治权的关系。中国是单一制国家，中央对包括香港、澳门特别行政区在内的所有地方行政区域拥有全面管治权。香港、澳门两个特别行政区的高度自治权不是固有的，其唯一来源是中央授权。高度自治不是完全自治，中央对高度自治权的行使具有监督的权力，绝不允许以“高度自治”为名对抗中央的权力。坚持一个中国原则、坚持“九二共识”，坚定反对“台独”。一个中国原则是两岸关系的政治基础。“台独”分裂势力是两岸关系和平发展的最大现实威胁。中国人民有坚定的意志、充分的信心、足够的能力挫败一切分裂国家的活动。我们绝不允许任何人、任何组织、任何政党、在任何时候、以任何形式、把任何一块中国领土从中国分裂出去。

（4）外交方略，回答“外部环境保障”的问题。

当前，世界之变、时代之变、历史之变正以前所未有的方式展开。必须坚持以习近平外交思想为指导，发展中国特色大国外交，推动构建新型国际关系，推动构建人类命运共同体。

当前，世界又一次站在历史的十字路口，何去何从取决于各国人民的抉择。中国始终坚持维护世界和平、促进共同发展的外交政策宗旨，致力于推动构建人类命运共同体。中国坚定奉行独立自主的和平外交政策，维护国际关系基本准则，维护国际公平正义。中国坚持在和平共处五项原则基础上同各国发展友好合作，推动构建新型国际关系。中国坚持对外开放的基本国策，坚定奉行互利共赢的开放战略。中国积极参与全球治理体系改革和建设，践行共商共建共享的全球治理观，坚持真正的多边主义，推进国际关系民主化。中国呼吁世界各国弘扬和平、发展、公平、正义、民主、自由的全人类共同价值，尊重世界文明多样性，以文明交流超越文明隔阂、文明互鉴超越文明冲突、文明共存超越“文明优越”。

（四）贯穿其中的立场观点方法

“万物得其本者生，百事得其道者成。”掌握马克思主义的看家本领，关键是掌握贯彻其中的立场观点方法，把握其精髓要义和活的灵魂。毛泽东思想系统总结了中国革命和建设的正确理论原则和成功经验，但贯穿其中的活的灵魂，就是实事求是、群众路线、独立自主。邓小平理论科学回答了“什么是社会主义、怎样建设社会主义”这一根本问题，概括其精要就是解放思想、实事求是。习近平把马克思主义世界观方法论运用于党治国理政的各个领域、全部工作，在新时代中国特色社会主义的伟大实践中形成了具有中国共产党人特色的立场观点方法，即必须坚持人民至上、必须坚持自信自立、必须坚持守正创新、必须坚持问题导向、必须坚持系统观念、必须坚持胸怀天下，极大丰富和发展了马克思主义。

“六个必须坚持”构成内在统一的有机整体，贯穿习近平的全部著作，贯穿习近平新时代中国特色社会主义思想的全部内容，贯穿习近平治国理政的全部活动，贯穿新时代党的理论创新的全部过程，集中体现了习近平治国理政的实践品格和鲜明特征。“六个必须坚持”是习近平新时代中国特色社会主义思想的精髓和活的灵魂，是新时代中国共产党人的世界观方法论，是贯穿党的创新理论的立场观点方法。当前，学习习近平新时代中国特色社会主义思想，首先是学习“六个必须坚持”的世界观方法论；运用习近平新时代中国特色社会主义思想，首先是运用“六个必须坚持”的世界观方法论。

四、“六个必须坚持”的世界观方法论

科学的世界观方法论是我们研究问题、解决问题的“总钥匙”。

习近平在党的二十大报告中指出，“实践没有止境，理论创新也没有止境”①，“推进实践基础上的理论创新，首先要把握好新时代中国特色社会主义思想的世界观和方法论，坚持好、运用好贯穿其中的立场观点方法”②。这一世界观方法论，党的二十大报告将其概括为“六个必须坚持”。“六个必须坚持”是新时代中国共产党人立场观点方法的集中概括，是马克思主义世界观方法论的时代表达、中国形态，是习近平新时代中国特色社会主义思想的精髓和活的灵魂，是推进马克思主义中国化时代化的重要原则和科学方法。

（一）马克思主义世界观方法论的时代表达、中国形态

“六个必须坚持”不是别的什么世界观方法论，而是马克思主义世界观方法论，是马克思主义世界观方法论的当代表达、中国形态。“六个必须坚持”的世界观方法论与马克思主义的世界观方法论，在本质上不是矛盾的，更不是对立的，而是辩证统一、高度一致的。

人民性是马克思主义的本质属性。早在《莱茵报》时期，马克思就开始遭遇“物质利益难事”。在《关于林木盗窃法的辩论》中，围绕贫民捡枯枝受罚一事，他站在贫民的立场上，坚决捍卫贫民的物质利益。在《德意志意识形态》中，他指出“全部人类历史的第一个前提无疑是有生命的个人的存在”③。在《共产党宣言》中，马克思阐明了共产党人的人民立场，指出共产党人“没有任何同整个无产阶级的利益不同的利益”④。习近平强调，“江山就是人民，人民就是江山”⑤，把江山与人民统一起来，这是新时代中国共产党人对马克思主义人民观的原创性贡献，以人民为中心、坚持人民至上是马克思主义人民立场的中国表达。

自信自立源于对马克思主义历史规律的信仰与遵循。实践观点是马克

① 习近平：《高举中国特色社会主义伟大旗帜 为全面建设社会主义现代化国家而团结奋斗——在中国共产党第二十次全国代表大会上的报告》，人民出版社2022年版，第18页。

② 习近平：《高举中国特色社会主义伟大旗帜 为全面建设社会主义现代化国家而团结奋斗——在中国共产党第二十次全国代表大会上的报告》，人民出版社2022年版，第18～19页。

③ 《马克思恩格斯选集》第1卷，人民出版社2012年版，第146页。

④ 《马克思恩格斯选集》第1卷，人民出版社2012年版，第413页。

⑤ 《习近平著作选读》第1卷，人民出版社2023年版，第38页。

思主义哲学首要的、基本的观点。在《关于费尔巴哈的提纲》中，马克思指出，旧唯物主义的主要缺点在于，没有把对象、现实和感性“当做实践去理解”，不同于旧唯物主义者，马克思认为“全部社会生活在本质上是实践的”①。实践活动的展开过程，也是主体对社会发展规律认识的深化过程。中国共产党人的自信自立来自对社会历史发展客观规律的科学认识、主动把握，也来自对反映自然、社会和人类思维发展规律科学的马克思主义的坚定信仰。

守正创新是贯通马克思主义发展史的光荣传统。马克思主义诞生以来，坚持和发展马克思主义始终是一条主线。为了维护马克思主义的根本立场，马克思和恩格斯同各种曲解马克思主义的观点进行了不懈的斗争。在一定意义上，一部马克思主义发展史，也是一部同各种曲解马克思主义的观点斗争的历史，也是一部在守正前提下创新的历史。19世纪70年代末马克思针对法国工人党思想混乱的状况说过，“我只知道我自己不是马克思主义者”②。真正的马克思主义者一定是坚持和发展马克思主义的典范。在马克思主义指导下产生的中国共产党，始终高扬马克思主义的思想旗帜，秉承马克思主义的立场观点方法，在为人类求解放的道路上迈出了坚实的步伐。习近平强调守正创新，守的是马克思主义基本原理，守的是中国共产党的全面领导地位，守的是中国特色社会主义的旗帜、道路和方向，守的是人民民主专政的国体，守的是以人民为中心的政治立场，在这个基础上进行创新，敢于说前人没有说过的新话，敢于干前人没有干过的事情，以新的理论指导新的实践。

问题是时代的声音，解答问题是理论研究的根本任务。什么叫问题？毛泽东说过：“问题就是事物的矛盾。哪里有没有解决的矛盾，哪里就有问题。”③“矛盾”、“问题”与“理论”，总是难分难解地“纠缠”在一起。真正的理论是源自“问题”的理论。围绕“问题”而发展是理论发展的内在逻辑；准确捕捉和回答时代性“问题”是理论发展的根本途径，马克思

---

① 《马克思恩格斯选集》第1卷，人民出版社2012年版，第135页。
② 《马克思恩格斯选集》第4卷，人民出版社2012年版，第599页。
③ 《毛泽东选集》第3卷，人民出版社1991年版，第839页。

主义发展史集中表现为问题史。离开“问题”的理论，就变成了书斋之中的呓语，世界之外的遐想，时代之外的独白，注定缺乏改造现实世界的力量。习近平提出问题导向，就是要善于捕捉社会发展进程中存在的现实矛盾和客观问题，不断提出解决问题的新理念新思路新办法。

系统观念是对事物发展规律的揭示，也是认识和解决问题的重要思想方法。马克思主义认为世界是在普遍联系中发展的。马克思把社会作为一个“有机体”来看待。在《哲学的贫困》中，马克思提出“每一个社会中的生产关系都形成一个统一的整体”①，形成“一切关系在其中同时存在而又相互依存的社会机体”②。在《〈政治经济学批判〉导言》中，马克思把生产、分配、交换、消费看作构成有机体的不同要素，这些“不同要素之间存在着相互作用”③。习近平提出系统观念，就是要用普遍联系的、全面系统的、发展变化的观点观察事物。

胸怀天下是马克思主义世界历史观点的具体运用。马克思曾深刻指出：“各个相互影响的活动范围在这个发展进程中越是扩大，各民族的原始封闭状态由于日益完善的生产方式、交往以及因交往而自然形成的不同民族之间的分工消灭得越是彻底，历史也就越是成为世界历史”④。他认为，无产阶级和共产主义是作为“世界历史性”的阶级和“世纪历史性”的事业而存在的，个人的解放程度是与历史向世界历史转变的程度相一致的。大道之行，天下为公。胸怀天下是中国共产党人观察中国和世界关系的“世界”观。习近平始终强调胸怀天下，关怀人类前途命运，坚持开放、不搞封闭，坚持互利共赢、不搞零和博弈，坚持主持公道、伸张正义，站在历史正确的一边，站在人类进步的一边。

（二）习近平新时代中国特色社会主义思想的精髓和活的灵魂

“六个必须坚持”的世界观方法论，贯穿习近平的全部著作，贯穿习近平新时代中国特色社会主义思想的全部内容，贯穿习近平治国理政的全

① 《马克思恩格斯选集》第 1 卷，人民出版社 2012 年版，第 222 页。
② 《马克思恩格斯选集》第 1 卷，人民出版社 2012 年版，第 223 页。
③ 《马克思恩格斯选集》第 2 卷，人民出版社 2012 年版，第 699 页。
④ 《马克思恩格斯选集》第 1 卷，人民出版社 2012 年版，第 168 页。

部活动，贯穿新时代党的理论创新创造的全部过程。

坚持人民至上，是以习近平同志为核心的党中央治国理政的根本出发点和立足点，“以人民为中心”是贯穿习近平新时代中国特色社会主义思想的一根红线。党的十八大以来，习近平反复强调，江山就是人民，人民就是江山，把人民摆在心中最高位置，不断实现人民对美好生活的向往。比如，经济建设上，强调坚持以人民为中心的发展思想；政治建设上，强调发展全过程人民民主；文化建设上，强调丰富人民精神世界；社会建设上，强调实现全体人民共同富裕；生态文明建设上，强调实现人与自然和谐共生。又如，强调追梦途中“共同享有人生出彩的机会”，全面建设社会主义现代化国家，“一个民族都不能少”，乡村振兴路上“一个也不能少”，抗疫面前“人民至上、生命至上”，反腐败斗争“得罪千百人，不负十三亿”，全面依法治国要“让人民群众在每一个司法案件中感受到公平正义”，这些都彰显了人民至上的根本价值追求。中国共产党在任何时候、任何情况下都始终站在最大多数人一边，代表最广大人民的根本利益，从来不代表任何利益集团、任何权势团体、任何特权阶层的利益。

坚持自信自立，是我们党在长期斗争中练就的精神气质，是立党立国的重要原则。习近平新时代中国特色社会主义思想生动体现着独立自主的精神气质，贯穿着坚持走自己的路的坚定决心和信心。现代化的中国道路是我们自己走出来的，人类文明的中国新形态是我们自己创造出来的，马克思主义的中国篇章是中国共产党人谱写出来的，贯穿其中的一个基本点就是中国的问题必须从中国基本国情出发，由中国人自己来解答。习近平深刻总结古今中外治乱兴衰的历史规律，指出，“人类历史上没有一个民族、一个国家可以通过依赖外部力量、照搬外国模式、跟在他人后面亦步亦趋实现强大和振兴”①。面向未来，我们必须要把国家和民族发展放在自己力量的基点上，坚持中国的事情必须由中国人民自己作主、自己来处理，坚持独立自主、自力更生，既虚心学习借鉴国外的有益经验，又坚定民族自尊心和自信心，不信邪、不怕压，只要这样，就一定能够把中国发

① 《中共中央关于党的百年奋斗重大成就和历史经验的决议》，人民出版社 2021 年版，第 67 页。

展进步的命运始终牢牢掌握在自己手中。

坚持守正创新，是中国特色社会主义新时代的鲜明气象，也是习近平新时代中国特色社会主义思想的重要品格。我们从事的是前无古人的伟大事业，守正才能不迷失方向、不犯颠覆性错误，创新才能把握时代、引领时代。守正，就是要守住方向、守住原则、守住立场、守住命脉。脱离“守正”，创新就会沦为“离经叛道”“改旗易帜”，犯不可挽回的颠覆性错误。苏联解体、东欧剧变深刻地说明了这一点。在新时代，“守正”就是“坚持党的全面领导、坚持马克思主义、坚持中国特色社会主义、坚持人民民主专政，以促进社会公平正义、增进人民福祉为出发点和落脚点”①，这五个方面都是管根本、管长远、管方向的，体现党的性质和宗旨，符合我国国情，符合人民根本利益，任何时候任何情况下都不能有丝毫动摇。创新就是在坚持老祖宗的前提下敢于讲前人没有讲过的话，敢于干前人没有干过的事。习近平强调，“我们所进行的一切完善和改进，都是在既定方向上的继续前进，而不是改变方向，更不是要丢掉我们党、国家、人民安身立命的根本。”② 守正“不是刻舟求剑，还要往前发展、与时俱进，否则就是僵化的、陈旧的、过时的”③。比如，党的十八大以来，习近平创造性地提出了“以党的自我革命引领社会革命”“全过程人民民主”“中国式现代化”“人类命运共同体”“人类文明新形态”“全人类共同价值”等一系列标识性重大概念、原创性重大观点，以全新的视野深化了对共产党执政规律、社会主义建设规律、人类社会发展规律的认识，为发展马克思主义作出了原创性贡献。面向未来，我们要以科学的态度对待科学、以真理的精神追求真理，不断开辟马克思主义中国化时代化新境界。

坚持问题导向，是党的十八大以来党治国理政的突出特点，也是习近平新时代中国特色社会主义思想的鲜明特点。党的十八大以来，我们党团结带领人民，攻克了许多长期没有解决的难题，办成了许多事关长远的大

---

① 《习近平在省部级主要领导干部学习贯彻党的二十届三中全会精神专题研讨班开班式上发表重要讲话强调 深入学习贯彻党的二十届三中全会精神 凝心聚力推动改革行稳致远》，《人民日报》2024 年 10 月 30 日。

② 《习近平谈治国理政》第 2 卷，外文出版社 2017 年版，第 52 页。

③ 习近平：《论党的青年工作》，中央文献出版社 2022 年版，第 185 页。

事要事，推动党和国家事业取得举世瞩目的重大成就。比如，我们党深入落实中央八项规定精神，持之以恒纠正“四风”，坚持啃硬骨头涉险滩，着力防范和化解重大风险，着力解决发展不平衡不充分的问题，等等，都充分彰显了鲜明的问题意识、问题导向，彰显了强烈的担当精神、斗争精神。面向未来，我们要增强问题意识，时刻保持清醒头脑和敏锐眼光，敢于正视问题、善于发现问题，不回避、不躲闪，瞄着问题去、迎着问题上，不断提出真正解决问题的新理念新思路新办法，不断开创事业发展的新局面。

坚持系统观念，是具有基础性的思想方法和工作方法，是习近平新时代中国特色社会主义思想的重要方法论。比如，在发展布局上，习近平提出要统筹推进“五位一体”总体布局、协调推进“四个全面”战略布局；在经济建设上，习近平强调要坚持系统观念，统筹处理好若干重大关系；在全面深化改革上，习近平强调“更加注重改革的系统性、整体性、协同性”；在全面从严治党上，习近平强调“切实增强全面从严治党的系统性创造性实效性”、“健全全面从严治党体系”；在国家安全上，习近平强调贯彻“总体国家安全观”；在疫情肆虐关头，习近平强调“统筹疫情防控和经济社会发展”，“全面落实疫情要防住、经济要稳住、发展要安全”，等等，这些都体现了党总揽全局的系统谋划和战略擘画。面向未来，我们要不断增强各项工作的原则性、系统性、预见性、创造性，为前瞻性思考、全局性谋划、整体性推进党和国家各项事业提供科学思想方法。

坚持胸怀天下，是中华民族的伟大传统，是中国共产党世界使命的重要彰显，是习近平新时代中国特色社会主义思想的突出特色。面对百年未有之大变局，习近平从人类前途命运出发，提出构建人类命运共同体的中国主张，提出正确义利观、全球治理观、全人类共同价值，提出发展观、合作观、文明观、新安全观，提出新型国际关系、新型大国关系格局、新型全球化方案，提出全球发展倡议、全球安全倡议、全球文明倡议，推动共建“一带一路”高质量发展，为维护世界和平与促进共同发展提供了中国智慧、中国方案。面向未来，我们要深刻洞察人类发展进步潮流，积极回应各国人民普遍关切，始终站在历史正确的一边，站在人类文明进步的一边，为世界发展和人类进步事业作出新的贡献，推动建设更加美好的世界。

（三）马克思主义中国化时代化的科学方法、根本要求

习近平指出：“不断谱写马克思主义中国化时代化新篇章，是当代中国共产党人的庄严历史责任。继续推进实践基础上的理论创新，首先要把握好新时代中国特色社会主义思想的世界观和方法论，坚持好、运用好贯穿其中的立场观点方法”①。“六个必须坚持”是推进党的理论创新，谱写马克思主义中国化时代化新篇章的根本要求。

“坚持人民至上”明确了理论创新的价值取向。世界上没有纯而又纯的哲学社会科学。世界上伟大的哲学社会科学成果都是在回答和解决人与社会面临的重大问题中创造出来的。马克思主义是人民的理论，推动马克思主义中国化时代化，必须站稳人民立场、把握人民愿望、尊重人民创造、集中人民智慧，形成为人民所喜爱、所认同的理论，使之成为指导人民认识世界和改造世界的强大思想武器。我们党的创新理论必须为人民立论、为人民代言，始终站在大多数人一边，绝不能沦为少数利益集团、少数权势团体、少数特权阶层的利益代言人。

“坚持自信自立”明确了理论创新的基本立足点。社会发展从来就没有教科书，更没有现成答案。自信自立、走自己的路，是党的全部理论和实践立足点，更是党百年奋斗得出的历史结论。如今，我们书写了经济快速发展和社会长期稳定两大奇迹，我国发展具备了更为完善的制度保证、更为坚实的物质基础、更为主动的精神力量，实现中华民族伟大复兴进入了不可逆转的历史进程，自信自立有了更为强大的底气。新发展阶段，我们必须坚持对马克思主义的坚定信仰、对中国特色社会主义的坚定信念，坚定道路自信、理论自信、制度自信、文化自信，以更加积极的历史担当和创造精神为发展马克思主义作出新的贡献。

“坚持守正创新”明确了理论创新的重大原则。守正与创新相辅相成。

---

① 习近平：《高举中国特色社会主义伟大旗帜 为全面建设社会主义现代化国家而团结奋斗——在中国共产党第二十次全国代表大会上的报告》，人民出版社 2022 年版，第 18～19 页。

守正是创新的根基和源泉，创新是守正的动力和希望。守正因创新而充满活力，创新因守正而富有底气。守正和创新并不矛盾，关键是把握好“变”与“不变”、继承与发展、原则性与创新性的辩证关系，将其贯穿于理论创新的全过程。光讲守正不讲创新，守正就会陷入故步自封、脱离实际、脱离时代的误区，就会阻碍马克思主义的创新发展；光讲创新而不讲守正，创新就会成为无源之水、无本之木，就容易陷入盲目与无序之中，出现各种“伪马克思主义”“假马克思主义”，甚至走到邪路上去。中国共产党的百年奋斗史就是守正创新的探索史。新民主主义革命时期，“守”无产阶级革命之“正”，“创”新民主主义革命道路和理论之“新”；社会主义革命和建设时期，“守”社会主义方向之“正”，“创”中国社会主义建设理论与实践之“新”；改革开放和社会主义现代化建设新时期，“守”四项基本原则之“正”，“创”中国特色社会主义理论与实践之“新”；中国特色社会主义新时代，“守”道路、理论、制度、文化之“正”，“创”习近平新时代中国特色社会主义思想及其变革性实践之“新”。这无不证明了马克思主义中国化时代化永远在路上，守正和创新是实践中的动态统一。

“坚持问题导向”“坚持系统观念”明确了理论创新的根本方法。问题是创新的起点，也是创新的源头活水。“问题就是公开的、无畏的、左右一切个人的时代声音。问题就是时代的口号，是它表现自己精神状态的最实际的呼声。”① 只有聆听时代的声音，认真研究解决重大而紧迫的问题，才能真正把握历史脉搏，找到发展规律，推动理论创新。推动马克思主义中国化时代化，必须落到研究我国发展和我们党执政面临的重大理论和实践问题上来，落到提出问题的正确思路和有效办法上来。推动马克思主义中国化时代化，要坚持系统思维，要善于通过历史看现实、透过现象看本质，把握好全局和局部、当前和长远、宏观和微观、主要矛盾和次要矛盾、特殊和一般的关系，不断提高战略思维、历史思维、辩证思维、系统思维、创新思维、法治思维、底线思维能力。

“坚持胸怀天下”明确了理论创新的世界视野。马克思主义不是为了

---

① 《马克思恩格斯全集》第 40 卷，人民出版社 1982 年版，第 289～290 页。

某个国家或民族的解放，而是为了全人类的解放；不是揭示了某个地区或社会的发展规律，而是揭示了整个人类社会发展规律。世界历史视野既是马克思主义理论建构的根本特点，也是马克思主义实现自身理论主张的必然要求。在马克思主义的指导下，中国共产党始终以世界眼光关怀人类前途命运，形成了以构建人类命运共同体、全人类共同价值为标识的新时代世界历史观。新时代，推动马克思主义中国化时代化，必须拓展世界眼光，深刻洞察人类发展进步潮流，积极回应各国人民普遍关切，为解决人类面临的共同问题提出中国的理论方案，为人类文明进步作出更大的中国贡献。

概言之，“六个必须坚持”是内在统一的有机整体，贯穿习近平的全部著作，贯穿习近平新时代中国特色社会主义思想的全部内容，贯穿习近平治国理政的全部活动，贯穿新时代党的理论创新的全部过程，集中体现了习近平总书记治国理政的实践品格和鲜明特征。

五、马克思主义中国化时代化新的飞跃

习近平新时代中国特色社会主义思想是当代中国马克思主义、21 世纪马克思主义，是中华文化和中国精神的时代精华，实现了马克思主义中国化时代化新的飞跃。这一思想既坚持老祖宗，又讲了很多新话，为丰富发展马克思主义作出了原创性贡献，为传承发展中华优秀传统文化作出了历史性贡献，为推动人类文明进步事业作出了世界性贡献。

（一）为丰富发展马克思主义作出原创性贡献

习近平新时代中国特色社会主义思想，把马克思主义基本原理同中国具体实际相结合、同中华优秀传统文化相结合，是中华民族文化主体性最有力的体现，是中华文化和中国精神的时代精华，实现了马克思主义中国化时代化新的飞跃。

坚持和发展马克思主义，必须同中国具体实际相结合。马克思主义的

整个世界观不是教义，而是方法。它提供的不是现成的教条，而是进一步研究的出发点和供这种研究使用的方法。同时，马克思主义只有中国化才能发挥“改造世界”的作用。新时代，习近平提出了一系列标识性重大概念、原创性思想观点和原理性理论成果，比如在总体上，提出“中华民族伟大复兴的中国梦”“中国特色社会主义新时代”“中国式现代化”“统筹推进‘五位一体’总体布局”“协调推进‘四个全面’战略布局”“‘两步走’战略安排”“建成社会主义现代化强国”等；在经济建设上，提出“坚持以人民为中心的发展思想”“贯彻新发展理念”“构建新发展格局”“推动供给侧结构性改革”“发展新质生产力”“实现高质量发展”“建设现代化经济体系”等；在政治建设上，提出“党是最高政治领导力量”“发展全过程人民民主”“全面发展社会主义协商民主”“铸牢中华民族共同体意识”“坚持我国宗教中国化方向”等；在文化建设上，提出“坚持党的文化领导权”“坚持两个结合”“培育和践行社会主义核心价值观”“建设新的文化生命体”“创造人类文明新形态”“巩固中华民族的文化主体性”等；在社会建设上，提出“推进国家治理体系和治理能力现代化”“实现全体人民共同富裕”“构建共建共治共享社会治理新格局”等；在生态文明建设上，提出了“绿水青山就是金山银山”“人与自然是生命共同体”“人与自然和谐共生”“共建地球生命共同体”等；在国家安全上，提出“总体国家安全观”等；在“一国两制”和祖国统一上，提出“中央全面管治权”“爱国者治港（澳）”“新时代党解决台湾问题总体方略”等；在外交和国际关系上，提出“构建人类命运共同体”“推动构建新型国际关系”“落实全球发展倡议、全球安全倡议、全球文明倡议”“高质量共建‘一带一路’”“弘扬全人类共同价值”“全球治理观”“正确义利观”等。这一系列标识性概念和话语，都是马克思主义中国化发展史上具有重大原创性贡献的理论成果。

（二）为传承发展中华优秀传统文化作出历史性贡献

坚持和发展马克思主义，必须同中华优秀传统文化相结合。马克思主义诞生于西方，却在中国长成参天大树，这绝不是偶然的，恰是因为马克思主义与中华优秀传统文化的精神基因是融通的，恰是因为“中国民族和它的优秀传统中本来早就有着马克思主义的种子”①，恰是因为科学社会主义的主张“同我国传承了几千年的优秀历史文化和广大人民日用而不觉的价值观念融通”②。马克思主义与中华文明相遇百余年来，二者结成了命运与共的生命共同体，马克思主义以真理的力量激活了古老的中华文明，赓续千年的中华文脉得以永续传承；中华文明涵养了马克思主义赖以扎根生长的文化沃土，来自异国他乡的马克思主义得以在中国繁荣兴盛。正如习近平指出，“只有植根本国、本民族历史文化沃土，马克思主义真理之树才能根深叶茂”③。中华文明是马克思主义中国化时代化的源头活水。冯友兰曾经指出：中国的马克思主义有两个哲学的来源，“一个是从西方传来的马克思主义，一个就是中国的古典哲学。正因为它有中国古典哲学的来源，它的中国特色才有着落。”④ 习近平新时代中国特色社会主义思想是马克思主义与中华文化融通汇合的理论结晶，是中华文化的时代精华。比如，坚持以人民为中心，汲取了“民惟邦本，本固邦宁”“以百姓心为心”的民本理念；全面深化改革，体现了“革故鼎新”“周虽旧邦，其命维新”“苟日新，日日新，又日新”的变革思想；人与自然和谐共生，人与自然是生命共同体，秉承了“天人合一”“道法自然”“天地与我并生，而万物与我为一”的天人之道；推动构建人类命运共同体，吸收了“协和万邦”“天下一家”的和合智慧；实现共产主义的远大理想，融通了古人“世界大同”“天下为公”的理想社会追求；坚持以德治国的治理逻辑，汲取了儒家“为政以德”的执政理念；坚持德才兼备的选人用人标准，契合了古代“任人唯贤”的吏治原则；树立正确义利观，与古人追求的“厚德载物”相贯通；倡导合作共赢、真实亲诚理念，与先人追求的“讲信修睦”“亲仁善邻”相一致，等等，习近平提出的若干重大理论命题和原创性、

① 《艾思奇全书》第2卷，人民出版社2006年版，第682页。

② 《十九大以来重要文献选编》中，中央文献出版社2021年版，第301页。

③ 习近平：《高举中国特色社会主义伟大旗帜 为全面建设社会主义现代化国家而团结奋斗——在中国共产党第二十次全国代表大会上的报告》，人民出版社2022年版，第18页。

④ 张跃：《立足现在 发扬过去 展望未来——访冯友兰先生》，载汤一介主编：《中国文化与中国哲学1987》，生活·读书·新知三联书店1988年版，第472页。

标识性概念，背后都有厚重的传统文化根基。“第二个结合”为马克思主义中国化时代化新的飞跃奠定了更为厚重的历史底蕴、更为坚实的文明支撑、更为广泛的群众基础。植根本国、本民族历史文化沃土，习近平新时代中国特色社会主义思想才能贴近中国的历史传统、贴近百姓的精神世界。

（三）为推动人类文明进步事业作出世界性贡献

建设美好世界是全人类的共同责任。过去500年来，西方作为世界舞台上的绝对主角，在全球治理中创造了“高尚”的原则，却并未有效实践这些原则，也未能建构出美好的世界。比如，《威斯特伐利亚和约》确立了平等和主权原则，西方大国却公然奉行本国第一的外交方针；《联合国宪章》确立了维护国际和平及安全的宗旨，西方少数大国却保留“单方面使用军事力量”的特权；联合国作为全球治理平台，西方大国合则用之、不合则弃之；WTO倡导自由贸易，西方在农业领域、高科技领域、后发产业（比如新能源汽车）却总是搞例外；西方高擎民主的旗帜，但全球治理往往是大国的专利；西方的人权说教对社会主义国家是个问题，对自己和盟友则不然；不干涉内政是国际关系基本准则，美国抛出所谓的“台湾保证法”“香港人权与民主法案”等却公然干涉中国内政；多边主义早已载入国际文件，然而美国“只要必要，就奉行单边主义”；《不扩散核武器条约》针对伊朗和朝鲜有用，以色列则不受此限；美国主导成立了一系列国际组织、订立了一系列国际协议，却赋予自己任意退群、废约的自由。双重标准是西方的首要标准，霸道逻辑是西方掌握世界的重要逻辑，这怎能建成美好的世界呢?

今日之中国，不仅是中国之中国，而且是亚洲之中国、世界之中国，应当以更大的文明成就贡献于世界。党的十八大以来，习近平深刻把握21世纪的世界历史走向，深刻回答21世纪的世界历史难题，围绕“建设一个什么样的世界、怎样建设这个世界”这一关乎人类前途命运的重大课题，提出了构建人类命运共同体的中国方案，为建设更加美好的世界贡献了中国智慧。中国致力于削减全球“四大赤字”，提供全球减赤的公共产品。

新时代以来，随着中国对全球事务的参与度不断提升和影响力不断增加，中国的角色发生重要转变，已经从全球公共产品的“消费者”转变为积极的“供应方”。

其一，在削减和平赤字方面，中国坚持走和平发展道路，构建“和平共处、总体稳定、均衡发展”的新型大国关系格局，反对国强必霸、大国必战，反对修昔底德陷阱。中国是安理会常任理事国中派遣维和人员最多的国家，是维和行动的第二大出资国，推出了面向发展中国家的维和培训计划；2023年，中国促成沙特伊朗历史性和解，促进缅北达成停火协议；2023年，中国在俄乌冲突一周年之际发布了《关于政治解决乌克兰危机的中国立场》，这被认为是中国版和平方案。巴以冲突牵动中东全局，中国推动安理会通过冲突爆发以来的首份决议，发布《中国关于解决巴以冲突的立场文件》，得到国际社会高度赞赏。中方发布《关于阿富汗问题的中国立场》文件，支持阿富汗包容建政、温和施政、和平重建。新中国成立70多年来，中国从未主动挑起过一场战争，从未侵略过别国一寸土地；中国是世界上唯一将“坚持和平发展道路”载入宪法的国家，是安理会五个常任理事国中唯一承诺不首先使用核武器的国家，也是联合国安理会常任理事国中军费占比最低的国家；中国积极参与国际军控与裁军进程，加入《不扩散核武器条约》等数十个国际军控条约和机制……今天，越来越多国家认识到，中国始终是守护人类和平安宁的中坚力量，中国实现现代化是世界和平力量的增长，是国际正义力量的壮大。

其二，在削减发展赤字方面，中国坚定不移推进高质量共建“一带一路”，推动包容性发展理念；提出全球发展倡议，推动南南合作；发起设立“亚投行”“新开发银行”“丝路基金”等多个新型国际金融组织，为广大发展中国家注入中国动力。“一带一路”合作从亚欧大陆延伸到非洲和拉美，150多个国家、30多个国际组织签署共建“一带一路”合作文件。“一带一路”合作从“大写意”进入“工笔画”阶段，把规划图转化为实景图，一大批标志性项目和惠民生的“小而美”项目落地生根。“一带一路”合作推动绵亘千年的古丝绸之路在新时代焕发新活力。比如：中欧班列实现高质量发展，2013年全年开行数量仅为80列，2024年全年开行数量达到1.9万列；在马来西亚，关丹产业园建设产生了巨大溢出效应，对当地经济发展发挥了关键作用；在印尼，第一条高速铁路雅万高铁已正式开通运营；在柬埔寨，暹粒吴哥国际机场通航运营；在老挝，中老铁路开通，老挝"变陆锁国为陆联国"；在巴基斯坦，中巴经济走廊为中巴友谊和两国经济合作奠定了坚实基础；在马尔代夫，历史上首座跨海大桥中马友谊大桥结束了从首都马累与胡鲁马累之间轮渡往来的历史；在塞尔维亚，E763高速新贝尔格莱德-苏尔钦段通车，塞西南部大中城市纳入首都贝尔格莱德1小时经济圈；在希腊，比雷埃夫斯港已成为地中海地区最大港口和全球发展最快的集装箱码头之一；在匈牙利，考波什堡100兆瓦光伏电站为东欧发展注入绿色动力；在肯尼亚，连接蒙巴萨港和首都内罗毕的蒙内铁路通车运营，是肯尼亚独立以来建设的首条铁路；在莫桑比克，马普托大桥建成通车，莫桑比克人多年夙愿终于实现；在非洲东北部，连接埃塞俄比亚和吉布提的亚吉铁路2018年进入商业运营，运营成效持续改善；在巴西，美丽山特高压输电工程打造了一条贯穿巴西南北大陆的"电力高速公路"，惠及数千万巴西人；在阿根廷，高查瑞300兆瓦光伏发电项目投入商业运营，阿北部高原地区长期缺电的历史得以改变；等等。这样的标志性工程还有很多很多。

其三，在削减安全赤字方面，中国提出全球安全倡议，呼吁转变冷战思维，维护世界和平稳定；坚持共同、综合、合作、可持续的安全观，反对排他性安全观、结盟安全观。主办多场地区安全论坛，推动地区安全对话的发展。习近平提出的全球安全倡议获得100多个国家和国际地区组织的支持，写入多份双多边文件，影响与日俱增；习近平提出的共同、综合、合作、可持续的新安全观，日益深入人心。中国提出《全球人工智能治理倡议》，探索全球人工智能治理共识机制，维护各国人工智能发展与治理的权利平等、机会平等、规则平等，携手推动人工智能安全发展。中国还积极致力于同各方开展反恐、生物、网络、粮食、气候变化等非传统安全领域合作，已经成为维护世界和平安宁不可或缺的建设性力量。

其四，在削减治理赤字方面，中国坚持以联合国为核心的国际体系，以国际法为基础的国际秩序以及以联合国宪章宗旨和原则为基础的国际关系基本准则；推动构建相互尊重、公平正义、合作共赢的新型国际关系，践行真正的多边主义并引领全球治理变革，呼吁实现各国共商共建共享的全球治理观；推动构建人类命运共同体，积极参与应对公共卫生、气候变化、网络安全等非传统安全治理。比如，在气候治理方面，习近平在 G20 峰会、亚太经合组织（APEC）领导人非正式会议等场合，提出中国应对气候变化的倡议和方案，凝聚国际社会推进全球生态文明建设的强大合力。在《生物多样性公约》第十五次缔约方大会第二阶段会议开幕式致辞中，习近平呼吁各国携手努力，共同建设地球生命共同体，会议通过的“昆明—蒙特利尔全球生物多样性框架”为全球生物多样性治理擘画了新蓝图。在《联合国气候变化框架公约》第二十七次缔约方大会期间，中国提交《中国落实国家自主贡献目标进展报告（2022）》，展现了中国践信守诺、致力于应对全球气候变化的决心。2022 年，中国-太平洋岛国应对气候变化合作中心成立，2021 年启动的中非应对气候变化三年行动计划专项顺利开展。中国为推动全球可持续发展、促进人与自然和谐共生的努力得到各方高度肯定。

第四章　21世纪马克思主义的世界贡献

——习近平新时代中国特色社会主义思想的世界意义

一、“世界之问”的多重面相

这是最好的时代，也是最坏的时代。英国文学家狄更斯对工业革命后世界景象的描述似乎仍然适应于当今时代。根据习近平的论述，人类面临的重大问题不外乎以下几个方面。

（一）和平赤字与安全赤字

当今世界，既不和平，也不安全。资本主义主导世界秩序的时代，国际安全秩序服从三大原则：一是实力原则，即国强必霸的历史逻辑；二是对抗原则，即修昔底德陷阱；三是排他性原则，即抱团结盟机制。西方奉行的霸权逻辑、结盟机制与全球正义的原则相背离，与和平发展的基调相冲突，与普遍安全的追求相对立，已经成为当今世界上诸多纷争、战乱的深层次根源。

当前，国际局势不确定性突出，地区热点持续动荡，兵戎相见时有发生，冷战思维和强权政治阴魂不散，恐怖主义蔓延肆虐，传统安全和非传统安全威胁相互交织，安全问题的内涵和外延都在进一步拓展。无论是实力至上基础上的自卫，还是联盟式的抱团取暖，都已经无法解决人类面临的全球安全问题。事实证明，“民主和平论”期待通过民主输入、政权改造来化解战争威胁，反而成了世界动乱的导火索。“颜色革命”、阿拉伯之春给一些国家输送了西式民主，但并没有带来和平。事实也证明，排他性安全观已经不合时宜。西方国家间的军事同盟，不管是北约，还是美日、美菲、美韩等军事同盟，在确保成员国安全的同时，带给世界巨大的安全风险。今天，尽管“和平与发展已经成为时代主题，但世界仍很不太平，战争的‘达摩克利斯之剑’依然悬在人类头上”①，消解和平赤字依然任重道远。

（二）发展赤字

20世纪中叶，美国主导塑造了二战以后的世界经济体系。在这个体系中，发达国家是中心国家，而发展中国家则处于边缘地带，西方发达国家在全球产业分工和工业链条上占领制高点，扮演技术创新引领者、高端产品供应地的角色；发展中国家则处于低端，扮演资源来源地、产品倾销地、低端产品制造地的角色。西方发达国家通过不合理的国际分工掠夺发展中国家的资源、资产和市场，霸占发展空间，独享发展权益，发展中国家的经济增长空间被极大地压缩，贫富差距、南北差距问题日益突出。

进入21世纪，发展中国家的发展赤字尚未解决，发达国家又陷入了新的经济危机之中。今天，尽管美国等少数发达国家经济复苏，但全球依然增长动力不足、需求不振、金融市场反复动荡，国际贸易和投资面临严峻挑战，逆全球化动向拖累世界经济，发展赤字更加凸显，南北差距更加突出。正如习近平2017年1月在达沃斯论坛的主旨演讲中所道明的，当今世界，经济领域三大突出矛盾一个都没有得到有效解决。“一是全球增长动能不足，难以支撑世界经济持续稳定增长。……二是全球经济治理滞后，难以适应世界经济新变化。……三是全球发展失衡，难以满足人们对美好

① 《习近平谈治国理政》第2卷，外文出版社2017年版，第446页。

生活的期待。"[1] 这些问题是回避不了的，你承认还是不承认，都在那儿。

发展离不开信任。发展赤字与信任赤字相伴随。全球化意味着整个世界形成了一个地球村，客观上产生了作为整体的公共空间，形成了关乎全人类的公共利益。如果各个国家要保全这个整体，维护公共空间的正常秩序，必须让渡一部分自身利益，以服从整体利益。然而，当今世界的悖论在于，"世界越来越全球化，世界主义却越来越淡化"[2]。应当说，自黑格尔主义以来，世界主义通常是主流传统。只不过随着国际金融危机的爆发，全球化二重效应彰显特别是负效应被放大，西方世界民族主义、民粹主义高涨，压制世界主义，强调国家利益至上，准确地说是西方大国利益至上，"只有永恒的利益，没有永恒的朋友"被西方视作国际关系的通行法则。"在资产阶级的世界里，'生存竞争'是其经济思想、政治思想、社会思想及生物思想的基本隐喻。在'生存竞争'中，唯有'适者'能够生存。适者不仅有权生存，而且有权统治。占世界绝大多数的其余部分，便成了他们的盘中餐。遭资本主义世界践踏的社会和国家，在与资本主义世界取得妥协这点上，是失败的。'欠发达国家'的地区，在当时只能听任西方摆布，成了无可奈何的牺牲品。"[3] 西方大国以大欺小，只讲利益不讲规矩，只求利己不顾利他，国际竞争摩擦呈上升之势，严重侵蚀国际社会信任基础。特朗普公然宣称，"美国第一"是我的政府的主要的和高于一切的主题，是我作出任何一项决策的基石。特朗普第一任期，美国退出了《跨太平洋伙伴关系协定》、《巴黎气候协定》、《伊朗核协议》、《中导条约》、《维也纳外交关系公约》等，退出了联合国人权理事会、联合国教科文组织、世界卫生组织、万国邮政联盟等，全球治理体系、国际法规体系遭遇重大信任危机。法国极右翼国民阵线主席玛丽娜·勒庞，以爱国主义之名大行民族主义之实，以"法国人优先"抵抗全球化、多元化和欧洲一体化，以"人民的名义"冲击爱丽舍宫，期待在法国复制"特朗普式的成

---

① 《习近平谈治国理政》第2卷，外文出版社2017年版，第479～480页。

② 曾明珠整理：《当前学术状况的回顾与展望——许纪霖、黄万盛、杜维明三人谈》，载哈佛燕京学社主编：《全球化与文明对话》，江苏教育出版社2004年版，第173页。

③ ［英］霍布斯鲍姆：《资本的年代：1848—1857》，张晓华译，中信出版社2014年版，第136页。

功”。今天，“本国优先”“本国第一”已经上升为个别西方大国的执政理念，以本国利益为轴心，以牺牲他国利益为代价，任意退群、肆意毁约，罔顾全球公义，单边主义挑战外交共识，制造信任危机，维系国际交往关系的全球信任体系濒临崩塌。在这样的游戏规则之下，整个世界或将退回康德所描述的自然状态，甚至是弱肉强食的丛林世界。这是全人类难以承受之重。

（三）治理赤字

民族历史转变为世界历史，地域性的问题也转变为世界性的共同难题，需要全人类共同面对、协同治理、一道解决。然而，传统的西方治理逻辑，要么强调大国共治，挤压小国施展的空间；要么强调霸权稳定，主张单极世界。这既与国际格局的新变化不相适应，也难以解决当今世界面临的治理难题。

自第二次世界大战结束以来，西方凭借其强大的军事力量、资本力量和价值观力量，建立起覆盖经济、政治、文化、安全、法治等各个领域的全球治理体系。个别国家视全球治理机制为私器，机构由西方大国把持，规则由西方大国制定，议程由西方大国主导，争议由西方大国裁判，是非公义早已弃之不顾。在政治领域，联合国作为首要的全球治理平台，由西方国家掌握优势话语权，更为重要的是，西方大国对于联合国也是合则用之，不合则弃之；在经济领域，布雷顿森林体系虽经几十年的发展演化而解体，但西方大国在世界银行、国际货币基金组织的绝对话语权没有改变，美元的国际货币地位没有改变，曾经风光无限的 G7 更是西方大国专属的富人俱乐部；在文化领域，普世价值观上升为全球性的文明标准，在相当多的发展中国家深度殖民；在安全领域，西方大国主导的安全体系，如北约体系、结盟机制，在确保成员国安全的同时，带给世界巨大的安全风险。

传统全球治理体系的治理主体缺乏代表性、包容性，未能反映新兴国家群体性崛起的事实；治理规则和机制很大程度上体现的是发达国家的意图，服务于少数大国的利益；治理的结果是世界层面的制度失灵和秩序失范，是全球层面的正义缺失。习近平指出，“过去数十年，国际经济力量对比深刻演变，而全球治理体系未能反映新格局，代表性和包容性很不够”①。比如，美国主导的北大西洋公约组织以价值观划界，抱团结盟，奉行霸权主义和冷战思维，与和平发展合作共赢的时代潮流背道而驰；美国领导的G7是富人俱乐部，缺乏代表性，早已失去执全球经济牛耳的合理性、合法性；世界银行、国际货币基金组织奉行双重标准，单一国家掌控绝对话语权，未能反映国际力量对比的新变化。这套治理体系已经无力解决当今世界面临的诸多全球性问题，有的甚至已经沦为全球治理体系改革的阻滞力，沦为全球治理困局的直接根源。

（四）文化霸权

传统全球化时代，国际交往理性、世界文明格局（“普世价值论”“西方中心论”“文明优越论”“历史终结论”等）本质上是西方精神的世界化，是地域性知识的普世化，是守护西方利益的卫道士，是西方文化霸权和文化殖民的结果。当今世界的文明规则和文化价值观与人类社会的发展逻辑、全球化的演进逻辑、世界历史的正义原则相背离，是世界上诸多矛盾的深层次根源。

伴随着西方资本力量的强势扩张，西方文明也摆脱了地域性知识的身份，上升为世界性知识，殖民于全世界。大多数非西方文明在西方文明的夹击下，节节败退，沦为边缘性的存在。“西方中心论”者和“文明优越论”者认为，西方文明是最先进的文明，是不可超越的终极存在，具有其他文明无可比拟的优越性，代表着人类文明发展的方向。西方国家极力宣扬“文明优越论”，无非是想要用西方的价值体系来统领、替代其他文明，其真正意图在于实现西方文明对世界的永恒主宰。美国前总统克林顿公开宣称要开辟一个新的战场，其目标就是西方价值观统治世界，实现思想的征服。然而，如果西方文明真的统治全球，非西方文明从此退出历史舞台，这绝不是西方之幸，更不是全人类之幸，而是世界性的文化危机和文明灾难。面对此情此景，我们真的应该在西方圈定的文明格局中沉沦吗？

---

① 《习近平谈治国理政》第2卷，外文出版社2017年版，第479页。

（五）制度霸权

世界200多个国家和地区，文化传统、历史命运和现实国情各不相同，然而，社会制度供给却严重不足，西方制度定于一尊，地域性的发展道路和制度模式上升为普世的标准和模板，“历史终结论”“世界趋同论”一度甚嚣尘上就反映了制度供给缺失的现实。

历史终结论者认为，西式自由民主制度是“人类意识形态发展的终点”和“人类最后一种统治形式”①，也构成历史的终结。世界趋同论者认为，社会主义与资本主义都在变形，差异日益减少，整个世界最终将趋同于完全的资本主义。在他们看来，苏联解体、东欧剧变、冷战结束以及社会主义国家的新变化，都是通往共产主义终结之路的一大步，人类历史的未来前景只有一个方向、一条道路，那就是资本主义的市场经济和民主政治，西式自由民主将是人类社会进化的终点，是最美好也是最后的统治形式。这不仅违背了人类历史发展的规律，而且与历史基本事实不符，只能是西方的一厢情愿和故步自封。

历史终结论、世界趋同论不过是西方编织的“制度神话”和“话语陷阱”。事实胜于雄辩，21世纪初以来，西方大搞“颜色革命”、模式输出、制度输出、民主输出，肆意颠覆主权国家政府。然而事与愿违，“一些发展中国家照搬西方政治制度和政党制度模式，结果如何呢？很多国家陷入政治动荡、社会动乱，人民流离失所”②。这些迷信西方的发展中国家，在拥抱西方政治制度和政党模式之后，并没有带来期盼中的民主自由、繁荣富足、社会和谐、政局稳定，不过是以牺牲自己的发展、安全、稳定、国家统一和领土完整等核心利益为代价，为西方制度增添了一块又一块失败的试验田。习近平在批评西方制度霸权时指出，“条条大路通罗马。谁都不应该把自己的发展道路定为一尊，更不应该把自己的发展道路强加于人”③。

---

① ［美］弗朗西斯·福山：《历史的终结及最后之人》，黄盛强、许铭原译，中国社会科学出版社2003年版，第1页。

② 《习近平关于社会主义政治建设论述摘编》，中央文献出版社2017年版，第19页。

③ 《习近平谈治国理政》第2卷，外文出版社2017年版，第482页。

二、"世界之问"，制度是表象

世界之问，不合理的全球治理体系是重要原因。第二次世界大战结束以来，西方主导的全球治理体系为维系战后几十年总体稳定的世界格局发挥了重要作用，但在一定程度上也构成了世界诸多矛盾和问题的制度根源。

（一）合则用之、不合则弃之的国际政治秩序

建立公正合理的国际秩序是人类孜孜以求的目标。1648 年签订的《威斯特伐利亚和约》确立了平等和主权原则，奠定了近现代国际关系的基石，开启了欧洲主导世界秩序的时代。此后，维也纳体系、凡尔赛-华盛顿体系、雅尔塔体系都遵循《威斯特伐利亚和约》确立的基本原则。19 世纪 60 年代，《日内瓦公约》确立了国际人道主义精神。1945 年，《联合国宪章》明确了四大宗旨和七项原则，国际关系演变积累了一系列国际公认的宗旨原则，为维护世界总体和平稳定作出了有目共睹的贡献，以联合国宪章为原则的全球政治体系仍在发挥作用。总体而言，现行国际秩序是强权国家设计和推行的秩序，隐藏着强权政治、丛林法则、霸权逻辑，但有秩序毕竟是历史的进步。现在的问题在于，联合国作为首要的全球治理平台，西方大国合则用之、不合则弃之。1993 年，美国总统克林顿告诉联合国说，美国"只要可能，就奉行多边主义；只要必要，就奉行单边主义"①，美国过去是这样，今天是这样，今后一个时期还会是这样。时任美国常驻联合国代表奥尔布赖特一再重申这一立场。美国国防部前部长科恩曾说，当美国"确信其市场、能源供应和战略资源受到威胁"的时候，美国将坚持"单方面使用军事力量"，以捍卫那些至关重要的利益。联合国及所属机构达成的一系列国际公约和法律文书，无法得到平等统一适用，

---

① 转引自［美］诺姆·乔姆斯基：《"9·11"》，载哈佛燕京学社主编：《全球化与文明对话》，江苏教育出版社 2004 年版，第 64 页。

少数国家搞双重标准，难以做到“无偏无党，王道荡荡”，这已成为危及世界秩序稳定的一大公害。

（二）大国操控的国际经济金融秩序

1816 年，世界霸主大英帝国通过《金本位制度法案》，在全球推行金本位制，金本位制实际上是英镑本位制，英镑成为世界货币，以英镑为中心的国际金融体系正式确立。进入 20 世纪，受两次世界大战的拖累，英国衰落，英国主导的国际金融体系正式落幕。1944 年，布雷顿森林体系建立，其核心是美元与黄金挂钩，美元取代英镑成为新的世界货币，建立以美元为中心的固定汇率制度，美国主导的国际金融体系正式确立。20 世纪 70 年代，布雷顿森林体系经过几十年发展演化走向瓦解，金本位制度退出历史舞台，固定汇率制度宣告终结。但截至今天，美国对国际金融体系的绝对控制权没有根本改变，在世界银行、国际货币基金组织的绝对话语权没有根本改变，美元的世界霸权地位没有根本改变，世界贸易组织的权力格局没有根本改变，G7 的地位有所下降但仍是西方大国专属俱乐部。

（三）一元主导的世界文明格局

世界历史从来不是用单一颜料绘成的蹩脚画，而是一幅多姿多彩的巨幅画卷。世界上有 200 多个国家和地区、2 500 多个民族、多种宗教，人类文明多样性是世界的基本特征。然而，西方长期秉持“文明优越论”、“西方中心论”、“普世价值论”，以西方文明为模板，塑造一元化的价值世界、话语世界、文明世界。美国是西方价值观的主要吹鼓手，大肆宣扬文明冲突论，制造对抗气氛。为了配合文明和价值观输出，西方大国不惜动用一切手段，大搞价值观外交、“颜色革命”乃至武力颠覆，为宁静的世界埋下了不和谐、不安宁的隐患。有着 5 000 多年文明史的中国也未能幸免，宗教干涉、价值观外交、全球民主联盟、C 型包围圈、“自由与繁荣之弧”，都是西方大国用来对付中国的策略。

（四）抱团结盟的国际安全秩序

联合国作为维系世界和平与安全的重要机构，却无力担当本应担起的安全责任。根本原因在于，在国际安全上，美国倚重的是自己领导的同盟体系，以北约为基础，以结盟机制为保障，以牺牲他国安全为代价维护自身所谓绝对安全。美国主导的军事同盟体系是排他性、对抗性、单向性的，是以俄罗斯、中国、伊朗、朝鲜、古巴等国家为假想敌的。这套军事同盟体系就好比一座房子，中国、俄罗斯这些国家是不能进去的。今天，笼罩在世界上空的战争阴霾，无论是政权颠覆、军事围堵，还是战争恫吓，最根本的还是霸权思维、强权政治支配下的单边主义安全追求在作祟。当今世界，各国命运紧密相连，联盟间抱团取暖无法从根本上解决安全问题。没有一个国家能够凭借一己之力谋求自身的绝对安全，也没有一个国家可以从别国的动荡中收获稳定。一个国家安全而其他国家不安全，一部分国家安全而另一部分国家不安全，无法构建稳固持久的安全世界。

（五）公器私用的国际法治体系

国际法治体系主要由联合国相关机构通过的各类公约以及海牙国际法院、海牙国际刑事法院、海牙常设仲裁法院构成。依据《国际法院规约》设立的国际法院（ICJ），依据《罗马规约》设立的国际刑事法院（ICC），依据《海牙规约》设立的常设仲裁法院（PCA），奉行的是西方法治理念和价值标准，很大程度上沦为了少数西方国家达成某种政治图谋的私器。比如，国际刑事法院对种族灭绝罪、危害人类罪、战争罪、侵略罪行使管辖权，但实际上奉行双重标准，目前无法对某些西方大国领导人以莫须有罪名发起的伊拉克战争提起诉讼。

三、“世界之问”，根子在哲学

“世界之问”，制度是表象，根子在哲学。现行国际秩序中隐藏着反映西方利益的文明理性和价值原则，笔者将其归纳为八个方面。

（一）线性进化的发展逻辑

第二次世界大战结束以后，美国主导塑造了当今世界经济秩序。这一经济秩序遵循梯度发展、线性进化的发展逻辑，认为现代化是一个由传统向现代、由低端向中高端的单线演变进程，西方模式是走向现代化的唯一选择，其他国家除了遵循西方的发展道路梯度发展、线性进化，没有别的选择。按照线性进化逻辑，西方发达国家在全球产业分工和工业链条上占领制高点，扮演技术创新引领者、高端产品供应地的角色；发展中国家则处于低端，扮演资源来源地、产品倾销地、低端产品制造地的角色。2020 年 2 月 6 日，美国司法部部长巴尔在华盛顿智库“战略与国际研究中心”演讲时指出，19 世纪以来，美国在创新和技术上的每一个领域都处于世界领先地位，中国的领先会让美国失去主导世界的权力，“中国制造 2025”旨在取代美国成为技术超级大国。这是赤裸裸的经济霸权主义。

梯度发展、线性进化的发展逻辑有违当今世界多极化的发展潮流，无助于消解全球发展赤字。21 世纪以来，随着经济全球化的深入发展，各国经济联系日益紧密，相互依赖程度日益加深，没有一个国家或地区能够离开外部的资源、资本、技术、市场而独自发展。那种以掠夺别国为前提、垄断发展权利、独享发展权益为目的的时代已经一去不复返。与此同时，发展中国家和新兴经济体群体性崛起，全球经济体系的基本结构发生重大变化，各国产业体系高度融合，国际分工与合作日益加深，跨国产业链和跨国公司成为经济全球化的重要载体和实现形式，各国不过是全球经济网中的一个网结。

（二）利己主义的经济哲学

利己主义的经济理性在国际交往中表现为零和博弈，即非合作博弈，博弈中一方所得必然意味着另一方所失，双方不存在合作共赢的可能。西方国家的发展史就是一部资本扩张史，历来遵循弱肉强食的生存逻辑，视世界为你输我赢的竞技场，视零和博弈为永恒的游戏规则，视赢者通吃为当然的游戏结果。它崇尚胜利，敬重强者，奉行自身利益至上的原则。美国学者弗雷德·桑德曼对此作过论述：“国家是世界政治生活中的主要单位，要在一个难以捉摸和充满威胁的环境中行动，他们除了将自己的利益置于他国及国际体系的利益之上外，别无他法。”[①] 基于此，近代以来，“利益至上”“只有永恒的利益，没有永恒的朋友”等西方理念被视作国际关系的通行法则，“本国优先”“本国第一”公然上升为某些西方大国的执政理念。在这种理念支配下，西方大国结盟对抗，成为制约世界各国共同发展的文化阻滞力。

零和博弈、丛林法则已为历史证明是行不通的，最后达成的效果往往不是“帕累托最优”，而是“囚徒困境”；不是公义的增多，而是利益的两极分化；不是“公利”战胜“私利”，而是“私利”破坏公平；不是为未来开辟道路，而是以牺牲可持续发展为代价。西方国家自以为深谙利益攫取之道，其实是在狭隘的道路上越走越远。殊不知，“最大的利益不一定是专有利益，因为最大利益往往只能存在于与人共有的关系中，而不可能个人占有，一旦试图独占，这种利益就反而消失了”[②]。

（三）历史终结的制度哲学

历史终结论认为，西式自由民主已发展到顶峰，构成历史的终结。福山指出，资本主义的自由民主已成为“人类意识形态进步的终点与人类统治的最后形态，也构成历史的终结”[③]。世界趋同论认为，西方的繁荣是西式自由民主的产物，非西方国家要实现现代化，除了资本主义，别无选择。显然，这两种论调都在极力鼓吹西式自由民主制度，它们利用话语霸权，“将‘民主’包装成点石成金的‘魔杖’，制造‘西方的繁荣乃拜民主所赐’的神话，渲染‘民主高于一切’的价值观念。实际上是使‘民主’成了西方大国政治和外交干涉的遮羞布，成了西方世界追逐经济利益和思想霸权的有力武器”[④]。西方一些国家正是凭借对“民主”概念的垄断，将“西式民主”上升为政治宗教和政治圣经，不遗余力地向全世界传经布道，

---

① ［美］威廉·奥尔森：《国际关系的理论与实践》，王沿、孔宪倬译，中国社会科学出版社1987年版，第118页。

② 赵汀阳：《坏世界研究——作为第一哲学的政治哲学》，中国人民大学出版社2009年版，第362页。

③ ［美］弗朗西斯·福山：《历史的终结与最后的人》，陈高华译，广西师范大学出版社2014年版，第9页。

④ 陈曙光：《论马克思主义民主观》，《马克思主义研究》2015年第5期。

其目的是让其他国家向西方靠拢，向西方看齐。共产主义失败论认为，共产主义现象是一场历史悲剧，共产主义在发达国家和发展中国家都已遭到失败，进入“最后危机”。20世纪90年代，美国国家安全事务助理布热津斯基指出，“21世纪，共产主义将不可逆转地在历史上衰亡，它的实践与信条将不再与人类的状况有什么关系。”西方秉持历史终结的制度理性，20世纪下半叶热衷于和平演变、和平解放，21世纪热衷于制度输出、政权颠覆和“颜色革命”，已经成为诸多世界乱象的重要根源。

其实，“历史终结论”“世界趋同论”“共产主义失败论”不过是西方编造的“制度神话”和“话语陷阱”。自这些论调问世以来，盲目复制西方制度的发展中国家，要么惨淡经营，要么陷入内战，要么重回专制，鲜有成功的个案。历史与现实都告诉我们，“向西方学习，我们永远要牢记邯郸学步的教训。学步不成，忘其故步，结果匍匐而归。”① 发展中国家盲目照搬西方制度模式，其结果如何，实践已经给出了答案。改革开放以来，中国成功开辟了中国特色社会主义道路，“中国模式”在多年前那场全球性金融危机中依然傲立枝头，一花独放。中国故事告诉世界，“历史没有终结，也不可能被终结”②。福山2009年在反思时也慨叹，“‘中国模式’的有效性证明，西式自由民主并非人类历史进化的终点。人类思想宝库要为中国传统留有一席之地。”③

（四）大国共治的治理逻辑

在传统的全球治理体系中，治理的主体要么是个别发达国家，要么是同质化的西方国家联合体，代表性和包容性不够。比如，作为全球金融治理的核心组织——世界银行和国际货币基金组织不过是西方大国掌控的政策工具和政治筹码，曾经在全球经济治理中发挥主导作用的G7不过是富人俱乐部，主宰全球安全秩序的北约组织彻底沦为了美国主导、意识形态划界的军事恫吓组织，联合国在一定程度上也沦为西方大国操控的工具。

① 陈先达：《文明必然趋同文化一定求异》，《新华日报》2017年7月21日。

② 习近平：《在庆祝中国共产党成立九十五周年大会上的讲话》，《人民日报》2016年7月2日。

③ ［美］弗朗西斯·福山：《日本要直面中国世纪》，《中央公论》（日本），2009年9月。

大国主导、几方共治的治理逻辑，伤害了广大中小国家特别是落后国家的利益，导致东西问题、南北问题愈加突出，发展鸿沟愈加拉大，无助于解决全球治理赤字，也无助于建立公正合理的全球治理体系。

其实，国家不分大小、强弱、贫富，都是国际社会平等的成员，理应平等参与决策、享受权利、履行义务。没有哪个国家可以垄断全球治理权，没有哪个国家天然就是被治理的对象，谁也无法剥夺“地球边缘”的国家和人们参与全球治理的权利。世界不能沦为少数大国的娱乐场，而是全人类的共同家园。“世界命运应该由各国共同掌握，国际规则应该由各国共同书写，全球事务应该由各国共同治理，发展成果应该由各国共同分享。”①

(五)“普世主义”的价值哲学

“西方中心论”者和“文明优越论”者认为，西方文明是最先进的文明，西方价值观是“普世的价值观”，代表着人类文明发展的方向。他们将地域性的文明上升为世界性的人类文明，将自身的特殊价值提升为超越时空的“普世价值”，企图建构一元化的文明世界和价值世界。他们只认同一种文化，那就是西方文化；他们只接受一种结局，那就是世界文明西方化、西方价值“普世化”。

西方中心的文明理性忽视了各种文明交融互鉴的事实，已成为导致文明冲突和世界战乱的深层次根源。西方国家极力宣扬“文明优越论”，无非是想要用西方的价值体系来统领、替代其他的文明，其真正意图在于实现西方文明对世界的永恒主宰。它们“在过去通过公开的文化帝国主义和文化殖民主义表现出来，在今天改头换面地以‘普世’价值思潮、新干涉主义、民主输出学说、霸权意识形态等得以再现，其实质是以自己的价值体系来改造他者，消灭文明的丰富性和多样性”②。美国前总统克林顿在任时公开宣称，我们“要开辟一个新的战场，其目标就是西方价值观统治世

---

① 《习近平谈治国理政》第2卷，外文出版社2017年版，第540页。

② 苏长和:《共生型国际体系的可能——在一个多极世界中如何构建新型大国关系》,《世界经济与政治》2013年第9期。

界，实现思想的征服”①。这是与世界文明发展的潮流相违背的，在多样文明的世界中，注定是行不通的。文明的差异化发展是客观规律，是文明多样性的现实基础，也是人类文明持续进步的动力源泉，但差异化、多样性绝不意味着文明有高低之分、优劣之别。

“普世价值”实际上是西方精神世界化的话语表达，是西方推行强权政治和霸权统治的开路先锋。它以“西方中心论”为基础，以资本扩张为目的，以建立符合西方国家意愿的国际秩序为愿景。首先，“把资本主义文明看作是不可超越的终极存在，是‘普世价值’热播者的意识形态前提”②。“普世价值”以“文明优越论”为理论依据，将自身的特殊价值提升为超越时空、阶级、民族、宗教的“普世”的价值，企图建构一元化、同质化的西式世界。其次，西方宣扬“普世价值”，并不是追求某种单纯的价值理想，而只是为了满足西方资本扩张、价值观渗透的需要。俄新社有篇文章曾指出：“在美国，为外国谋求人权是一个数亿美元的庞大产业，金钱、激情、意识形态和颠覆活动交织在一起。”③ 美国学者塞缪尔·亨廷顿也曾坦言：“普世主义是西方对付非西方社会的意识形态。”④ 最后，西方宣扬“普世价值”，意欲以西方的标准来裁剪世界，用西方的评价体系引领各国的发展，其目的在于建立符合西方利益的世界秩序，维护自身的霸权统治。习近平指出，西方宣扬“普世价值”，不过是“挂羊头卖狗肉，目的就是要同我们争夺阵地、争夺人心、争夺群众，最终推翻中国共产党领导和中国社会主义制度。如果听任这些言论大行其道，指鹿为马，三人成虎，势必搞乱党心民心，危及党的领导和社会主义国家政权安全”⑤。

（六）自我至上的安全哲学

西方传统的国际关系理论认为，无政府状态是国际体系的常态，主权

---

① William J. Clinton，National Information Infrastructure：Plan of Action，September 1993.

② 侯惠勤：《“普世价值”的理论误区和实践陷阱（上）》，《马克思主义研究》2008 年第 9 期。

③ 俄新社：《人权武器不合时宜》，《参考消息》2009 年 2 月 26 日。

④ ［美］塞缪尔·亨廷顿：《文明的冲突与世界秩序的重建》，周琪等译，新华出版社 2002 年版，第 55 页。

⑤ 《习近平关于社会主义文化建设论述摘编》，中央文献出版社 2017 年版，第 27 页。

国家间的利益冲突是永恒的。“自我利益作为马达或动力有着充足的力量，而道德或制度的刹车则力量虚弱，这促使我们加入竞赛，而竞赛的结果则主要由相对权力决定。”① 因此，权力是国家行为的目标。主权国家唯有借助权力的扩大，维护自身在政治、经济、军事、文化等领域的绝对优势，才能从根本上维护自身的安全和利益。一些西方国家固守冷战思维和自我中心主义的安全理性，要么倡导实力至上的排他性安全观，要么倡导霸权稳定论、民主和平论，试图通过结盟对抗和霸权统治，实现自身的绝对安全。排他性安全观认为，西方大国没有责任保障盟友之外的国家的安全，结盟才能带来安全。霸权稳定论认为，多极化无益于世界和平与安宁，纷扰不堪的世界需要一支一锤定音的领导力量，霸权国家充当世界警察有利于世界和平。民主和平论认为，“一个自由民主国家不会同另外一个自由民主国家打仗”。按照西方的逻辑，只有非西方国家都实现“西式民主”，都依附于盟主的安全保护伞之下，整个世界才能“安全”。

西方国家为了实现霸权统治，对抱团结盟趋之若鹜，对团团伙伙情有独钟，刻意制造“假象敌人”，谋求战略优势。他们奉行双重标准，“圈内”与“圈外”有别，对“圈内”的国家包庇纵容、迁就照顾，对“圈外”的国家吹毛求疵，极力打压。两次世界大战就是最典型的证明。第一次世界大战是以德奥意三国组成的“同盟国”和以英法俄三国组成的“协约国”这两大军事同盟之间，为了争夺在欧洲地区各自的核心霸权和势力范围，而引发的全球超级争霸战争。第二次世界大战中的欧洲战场，本质上也是德意两个法西斯帝国以先发制人之势，强势抢夺其在欧洲大陆、海上、资源、空间上的绝对控制权和领导权，而爆发的军事掠夺战争。这两次首发在欧洲的世界性战争都证明，结盟机制危及世界，也会殃及自身。

当前国际形势中的不确定性突出，地区热点频发，传统安全和非传统安全威胁相互交织，安全问题的内涵和外延都在进一步拓展。无论是实力至上基础上的自卫，还是联盟式的抱团取暖，都已经无法解决人类面临的全球性安全问题。事实证明，“民主和平论”非但没有解决战争问题，反

① ［美］汉斯·摩根索：《国家间政治——权力斗争与和平》，徐昕、郝望、李保平译，北京大学出版社 2006 年版，第 2 页。

而成了导致世界动乱的深层根源。“颜色革命”“阿拉伯之春”给一些国家输送了西式民主，但并没有带来和平。“‘民主和平论’与其说是为世界和平提供了一剂良方，不如说是构成世界和平的一大威胁”①。事实也证明，排他性安全观已经不合时宜。北约、美日、美韩等军事同盟，在确保成员国安全的同时，带给世界巨大的安全风险，2022 年初爆发的乌克兰危机就是最好的例证。事实告诉我们，“面对错综复杂的国际安全威胁，单打独斗不行，迷信武力更不行，合作安全、集体安全、共同安全才是解决问题的正确选择。”②

（七）中心-边缘的关系理性

过去的地缘政治模型具有典型的西方色彩、依附特征，表现为大国主导下的中心-边缘结构。依附型世界体系和中心-边缘结构的哲学基础是“西方中心论”，思维方式是主客二分。由美国主导的依附型世界体系，实际上将主权国家主客二分，核心国家是一言九鼎的“我”（美国），中心国家是志同道合的“我们”（比如英德法意加日等），边缘国家是处于依附地位或相对独立的“你们”（比如菲律宾、韩国、新加坡等），还有大量的尚未融入这个体系的外围国家（比如朝鲜、古巴、伊朗以及部分亚非拉国家），属于被遗忘、忽略的“他们”。西方国际关系理论往往奉行冷战思维，以意识形态和价值观划界，大搞敌友外交、亲疏外交、团伙外交。

中心-边缘结构的驱动机制是资本逻辑。在西方主导的世界体系中，资本是国际体系的真正主人，资本的力量直接介入国际体系内部各成员间的权力分配。由于资本力量的悬殊，国际政治版图才出现了中心和边缘的分界线。盘踞中心位置的国家上升为国际社会的超级主体，掌握着国际秩序的规则制定权，拥有国际秩序塑造的绝对权力；而居于边缘地带的国家则扮演依附的角色，缺乏独立性和自主性，除了被迫服从中心的统治之外，别无选择。在依附型世界体系中，“中心”的利益拥有绝对优先地位，

---

① 陈曙光、刘影：《西方话语中的“民主陷阱”及其批判》，《毛泽东邓小平理论研究》2015 年第 2 期。

② 《十八大以来重要文献选编》上，中央文献出版社 2014 年版，第 260 页。

“边缘”的利益只有在迎合或不冲击“中心”利益的情况下才是合理的①。中心国家，作为唯一的目的在场，作为绝对的权威宰制世界，作为“齐一”的标准发布号令；而边缘国家则只能作为工具在场，其使命是服从中心，消磨差异向中心国家看齐，向“齐一”的标准靠拢。正如马克思所说：西方资本主义国家主导塑造的国际关系本质上是依附-从属关系，“它使未开化和半开化的国家从属于文明的国家，使农民的民族从属于资产阶级的民族，使东方从属于西方”②。这种从属关系，这种依附格局，由资本的力量决定，随着资本力量的变迁而改变。

（八）国强必霸的权力逻辑

根据西方传统的国际关系理论，国际政治的本质就是权力的争夺，是权力的政治。斯派曼克指出，“夺取权力的竞争是人类关系的根本本质。在国际事务的领域内尤其如此——其余一切都是次要的。因为到最后唯有强权才能实现外交政策的目的。”③ 在西方看来，冲突是世界的本质，对抗是交往的常态，国际秩序总是建立在霸权统治之上。“霸权是任何国家确保自己生存的最佳手段”④，唯有建立霸权，才能实现对世界的主宰。长期以来，西方国家固守国强必霸、大国必战的逻辑，认为大国之间无法避免“修昔底德陷阱”。这种霸权思维一旦主导大国关系建构，势必强化守成大国的对抗意识、遏制力度，将“守成大国”与“新兴大国”引向冲突对抗的两极状态，将国际关系引向不确定的方向。

如何才能获得霸权呢？西方的逻辑是，强大是霸权的前提，霸权是强大的结果。500 年来，国强必霸是西方无法摆脱的历史宿命，“大国博弈的政治悲剧”一再上演，大国之间必有一战的“修昔底德陷阱”貌似成了不变的“历史定律”。古希腊著名历史学家修昔底德，在总结公元前 5 世纪雅

---

① 陈曙光：《人类命运与超国家政治共同体》，《政治学研究》2016 年第 6 期。

② 《马克思恩格斯选集》第 1 卷，人民出版社 2012 年版，第 405 页。

③ ［美］爱·麦·伯恩斯：《当代世界政治理论》，曾炳钧译，商务印书馆 1983 年版，第 479 页。

④ ［美］约翰·米尔斯海默：《大国政治的悲剧》，王义桅、唐小松译，上海人民出版社 2008 年版，第 2 页。

典与斯巴达之间发生战争的原因时曾说，“使得战争无可避免的原因是雅典日益壮大的实力，以及这种实力给斯巴达造成的恐惧。”[①] 美国学者格雷厄姆·艾利森在给21世纪中美关系定性时，借用这一历史观点，杜撰了“修昔底德陷阱”，认为新崛起的大国势必会给既成大国带来挑战，而既成大国必然会作出回应，这样就极易导致战争的发生。“修昔底德陷阱”由此形成。然而，这一“定律”并非人类历史的普遍规律，它只是“建立在地方性国际政治经验基础上的西方国际关系理论，有其鲜明的文明特色和实践特色”[②]，并不适用于所有时代、所有国家。这一“定律”带有明显的经验主义色彩，绝不具有无条件的真理性，它是用西方的历史逻辑来框定他国的现实选择，用过去的历史经验来判定未来的历史趋势，无益于世界大国的理性交往，无益于全球的和平稳定。

四、“世界之问”：中国如何应对

“世界那么大，问题那么多，国际社会期待听到中国声音、看到中国方案，中国不能缺席”[③]，走近世界舞台中央的中国为解决人类重大问题提供了中国方案。所谓中国方案，“特指中国在走近世界舞台中央的背景下，为破解人类面临的共同难题，为维护世界和平与促进共同发展，为优化全球治理体系、推动国际关系民主化而提出的中国主张或采取的中国行动”[④]。中国方案直接指向当今世界的和平赤字、发展赤字、安全赤字、治理赤字、文化霸权、制度霸权等重大问题。中国方案不是某种单一的主张或行动，而是包括一系列中国主张和中国行动在内的方案体系。中国方案包括一个总方案，一系列具体的主张和行动，即“1＋X”的方案体系。

总方案：构建人类命运共同体。人类命运共同体属于元哲学层面的中

---

① ［古希腊］修昔底德：《伯罗奔尼撒战争史》，谢德风译，商务印书馆1985年版，第43页。

② 苏长和：《共生型国际体系的可能——在一个多极世界中如何构建新型大国关系》，《世界经济与政治》2013年第9期。

③ 《国家主席习近平发表二〇一六年新年贺词》，《人民日报》2016年1月1日。

④ 陈曙光：《贡献中国方案的思想理论体系》，《学习时报》2019年7月22日。

国方案，是中国方案的理念形态、哲学基础、轴心原则，是总体性的中国方案。2017年1月18日，习近平在日内瓦总部演讲时指出，“让和平的薪火代代相传，让发展的动力源源不断，让文明的光芒熠熠生辉，是各国人民的期待，也是我们这一代政治家应有的担当。中国方案是：构建人类命运共同体，实现共赢共享。”① 显然，在这里，习近平揭示的是中国方案的理念形态，而非具象的实体形态。人类命运共同体作为一种理念，唯有通过一个个的具体方案才能体现出来，彰显力量。人类命运共同体理念的实现形式是多维的、多样的，在其展开的过程中外化为发展的中国方案、治理的中国方案、信任的中国方案、文明的中国方案、和平的中国方案以及制度的中国方案。

（一）改写全球发展观念的中国方案

在发展道路方面，中国成功开辟了中国式现代化道路，改写了西方主导的现代化观念和术语，摆脱了要么选择依附性的发展、要么选择脱钩后的贫穷的两难处境，“拓展了发展中国家走向现代化的途径，给世界上那些既希望加快发展又希望保持自身独立性的国家和民族提供了全新选择”②，为解决人类面临的发展难题贡献了中国方案。

在发展理念方面，2021年9月21日，习近平在第七十六届联合国大会一般性辩论上的讲话中向世界发出了“全球发展倡议”。“六个坚持”的全球发展倡议，全面系统阐发了中国的发展观，为解决人类面临的发展赤字提供了中国方案。全球发展倡议的科学内涵包括：

> ——坚持发展优先。将发展置于全球宏观政策框架的突出位置，加强主要经济体政策协调，保持连续性、稳定性、可持续性，构建更加平等均衡的全球发展伙伴关系，推动多边发展合作进程协同增效，加快落实联合国2030年可持续发展议程。
>
> ——坚持以人民为中心。在发展中保障和改善民生，保护和促进

① 《习近平谈治国理政》第2卷，外文出版社2017年版，第539页。

② 习近平：《决胜全面建成小康社会 夺取新时代中国特色社会主义伟大胜利——在中国共产党第十九次全国代表大会上的报告》，人民出版社2017年版，第10页。

> 人权，做到发展为了人民、发展依靠人民、发展成果由人民共享，不断增强民众的幸福感、获得感、安全感，实现人的全面发展。
>
> ——坚持普惠包容。关注发展中国家特殊需求，通过缓债、发展援助等方式支持发展中国家尤其是困难特别大的脆弱国家，着力解决国家间和各国内部发展不平衡、不充分问题。
>
> ——坚持创新驱动。抓住新一轮科技革命和产业变革的历史性机遇，加速科技成果向现实生产力转化，打造开放、公平、公正、非歧视的科技发展环境，挖掘疫后经济增长新动能，携手实现跨越发展。
>
> ——坚持人与自然和谐共生。完善全球环境治理，积极应对气候变化，构建人与自然生命共同体。加快绿色低碳转型，实现绿色复苏发展。
>
> ——坚持行动导向。加大发展资源投入，重点推进减贫、粮食安全、抗疫和疫苗、发展筹资、气候变化和绿色发展、工业化、数字经济、互联互通等领域合作，加快落实联合国2030年可持续发展议程，构建全球发展命运共同体。①

中方倡导的全球发展倡议，是中国顺应世界经济发展潮流，基于“天下一家”的文化理念而提出的新发展观，是谋求实现世界各国协同进步、均衡发展、共同繁荣，推动全球经济秩序向着更加公正合理方向发展的新发展理念，也是中国为解决世界经济发展难题而贡献的中国方案。中国一直认为，“大家一起发展才是真发展，可持续发展才是好发展”②，“世界长期发展不可能建立在一批国家越来越富裕而另一批国家却长期贫穷落后的基础之上。只有各国共同发展了，世界才能更好发展”③。中国倡导以创新驱动发展，激发各国发展潜能，增强发展内生动力和抗风险能力，破解世界经济发展动力不足的难题；中国倡导协调发展，督促发达国家承担大国责任，维护世界经济秩序的公平正义，化解南北发展失衡的问题；中国倡

---

① 习近平：《坚定信心 共克时艰 共建更加美好的世界——在第七十六届联合国大会一般性辩论上的讲话》，《人民日报》2021年9月22日。

② 《习近平谈治国理政》第2卷，外文出版社2017年版，第524页。

③ 《习近平谈治国理政》，外文出版社2014年版，第273页。

导绿色发展，维护生态正义，破解环境危机；中国倡导开放发展，构建开放型世界经济体系，捍卫经济全球化的发展方向，为摇摆不定的世界经济巨轮矫正航向；中国主张世界各国共享发展成果，共建一个共同繁荣、持续发展的新世界。中国提出的新发展观体现了“共享性”“协同性”“全面性”的特征，实现了对西方发展观“独享性”“梯度性”“片面性”的超越。

中国是全球发展倡议的提倡者，更是践行者。在发展动力方面，中方依据新发展观，主导或牵头成立亚投行、金砖银行、丝路基金等多边金融机构，为低迷的世界经济注入了中国动力。在发展平台方面，中国提出“一带一路”倡议，这是中国为整个世界特别是广大发展中国家提供的公共产品，为低迷的世界经济注入了中国动力，为消解全球“发展赤字”作出了突出贡献。

（二）优化全球治理的中国方案

进入21世纪，国际力量对比消长变化，全球进入风险社会，变革全球治理体系是大势所趋。今天的全球治理体系是美国主导建构的。这套治理体系在特定历史阶段发挥了建设性的作用，但是也带来了诸多严重的全球性问题。这套国际治理体系遵循大国主导、几方共治的治理逻辑，不符合全球正义的原则，不符合国际关系民主化的要求，没有反映国际力量对比的新变化，也完全无视新兴市场国家崛起的事实。习近平指出，“我们要推进国际关系民主化，不能搞‘一国独霸’或‘几方共治’。”① 垄断国际事务的想法是落后于时代的，垄断国际事务的行动也注定不能成功。

中国倡导共商共建共享的全球治理观，主张各国共同参与全球治理，共同建立治理规则和机制，共同承担责任和义务，共同分享发展成果。诚如习近平所言，“推动全球治理体系变革是国际社会大家的事，要坚持共商共建共享原则”②。这为重构全球治理体系指明了方向，为破解当今世界面临的治理赤字贡献了中国智慧。首先，在治理主体上，中国主张各国平

① 《习近平谈治国理政》第2卷，外文出版社2017年版，第540页。
② 《习近平谈治国理政》第2卷，外文出版社2017年版，第449页。

等参与。中国一贯认为，推动全球治理体系变革是国际社会大家的事，要坚持共商共建共享原则，不能一家说了算。国家不分大小、强弱、贫富，都是国际社会平等的成员，理应平等参与决策、享受权利、履行义务。没有哪个国家可以垄断全球治理权，没有哪个国家是天然的被治理者。其次，在治理规则上，中国伸张全球正义。中国强调，要推动改革全球治理体制中不公正、不合理的制度安排。要推动国际货币基金组织、世界银行等国际组织切实反映国际格局的变化，特别是要增加新兴市场国家和发展中国家的代表性和发言权，推动各国在国际经济合作中权利平等、机会平等、规则平等。最后，在治理结果上，中国主张责任共担、成果共享，打造人类利益共同体和命运共同体。中国强调，面对全球性挑战，世界各国应加强对话交流，加强周边区域合作，加强国际社会应对全球性风险和挑战的能力。“共商共建共享”的原则和精神彰显了全球正义，表现出强大的文化包容性，第一次为处于“地球边缘”的国家和人民提供了公平参与、共同发展的机遇。这是对既往国际治理机制的反思、调整和超越。

（三）增进全球信任的中国方案

信任是交往的基础，人无信不立，国无信不交。习近平指出：“信任是国际关系中最好的黏合剂。”① 没有信任，不同文明的国家不可能在同一个舞台上展开合作、共同行动。然而，不同国家间道不同，何以相交？确实，与非西方社会相比，自由主义、个人主义、利己主义是西方的显著标志，这套价值观延伸到国际交往领域就表现为本国优先、本国第一、只有私利、不顾公义的政策取向，肆意退群、毁约、筑墙就是典型。一位西方学者在调研多个国家后得出结论：个人主义、利己主义这一“在西方被视为最重要的价值，在世界范围内最不重要”②。当今世界，人类利益交融、命运与共、休戚相关。然而，一些西方国家却固守零和博弈思维，秉持你输我赢、赢者通吃的观念，这无疑是弱肉强食的丛林法则在社会经济领域

---

① 习近平：《为建设更加美好的地球家园贡献智慧和力量——在中法全球治理论坛闭幕式上的讲话》，《人民日报》2019年3月27日。

② George C. Lodge and Erza F. Vogel, eds., *Ideology and National Competitiveness: An Analysis of Nine Countries*, Boston: Harvard Business School Press, 1987, passim.

的植入。受这种观念的支配，个别西方大国以大欺小，舍义取利，只顾自身发展，不顾他国前途与命运，肆意退群、任意毁约，全球信任体系崩塌。这既有悖于国际关系的正义原则，也不利于人类社会的共同进步。习近平在中法全球治理论坛闭幕式上提出，“要坚持正确义利观，以义为先、义利兼顾，构建命运与共的全球伙伴关系”①。这是对弱肉强食、你输我赢的经济理性的超越。第三个《历史决议》也指出，中国始终“坚持开放、不搞封闭，坚持互利共赢、不搞零和博弈，坚持主持公道、伸张正义，站在历史正确的一边，站在人类进步的一边”②。

“义利相兼，义重于利”的正确义利观，是中国顺应人类利益交融、命运与共的历史趋势而提出来的，是超越西方经济理性的新话语。当今世界，人类“共存成了存在的先决条件”③，互惠成了惠己的前提条件。各国已经形成共轭联动、共荣共损的利益共同体，哪个国家都无法脱离共同体而独自受益。合作共赢、共同发展已是大势所趋。然而，在国际交往中若没有和谐的关系，那么利益的获得就会成为无根的浮萍，终将成为梦呓与幻想。为此，公道正义理应成为国际规则，平等相待才是国际交往的正确选择。

正确义利观是处理义利关系的新方案。中国向来重视公道正义、平等相待，反对霸权主义和强权政治，反对为一己私利损害他人利益、破坏世界和平稳定。毛泽东曾说：“无论是人与人之间、政党与政党之间、国与国之间的合作，都必须是互利的，而不能使任何一方受到损害。如果任何一方受到损害，合作就不能维持下去。”④ 邓小平明确表示，“考虑国与国之间的关系主要应该从国家自身的战略利益出发。着眼于自身长远的战略利益，同时也尊重对方的利益，而不去计较历史的恩怨，不去计较社会制度和意识形态的差别，并且国家不分大小强弱都相互尊重，平等相待。这

---

① 《习近平谈治国理政》第 3 卷，外文出版社 2020 年版，第 461 页。

② 《中国共产党第十九届中央委员会第六次全体会议文件汇编》，人民出版社 2021 年版，第 98 页。

③ 赵汀阳：《坏世界研究——作为第一哲学的政治哲学》，中国人民大学出版社 2009 年版，第 118 页。

④ 《毛泽东文集》第 6 卷，人民出版社 1999 年版，第 364 页。

样，什么问题都可以妥善解决”①。习近平也强调，“我们在处理国际关系时必须摒弃过时的零和思维，不能只追求你少我多、损人利己，更不能搞你输我赢、一家通吃。只有义利兼顾才能义利兼得，只有义利平衡才能义利共赢。”② 这与西方的丛林法则完全不同。坚持正确义利观，就是要恪守互利共赢的原则，在自身发展的同时促进共同发展，在满足自身利益的同时增进共同利益。正确义利观超越了狭隘的民族利益，超越了过时的丛林法则，代表了人类社会的发展方向，是重塑世界利益格局的新规则。

（四）重构世界文明格局的中国方案

多元文化本是世界文明的自然样态，平等、开放、包容本是对待文明应有的态度。然而，西方却认为，西方文明优于其他文明，西方文化具有普世性，代表非西方世界未来发展的方向。这种文明观忽视了各种文明交融互鉴的事实，已成为导致文明冲突和世界战乱的深层次根源。如何化解文明冲突的难题？中国给出了自己的方案。2018 年 6 月 10 日，习近平在上海合作组织成员国青岛峰会上指出，“我们要树立平等、互鉴、对话、包容的文明观，以文明交流超越文明隔阂，以文明互鉴超越文明冲突，以文明共存超越文明优越”③。2023 年 3 月 15 日，习近平在出席中国共产党与世界政党高层对话会上发表了题为《携手同行现代化之路》的主旨演讲，第一次系统阐述了全球文明倡议的科学内涵，即“四个共同倡导”：

> ——我们要共同倡导尊重世界文明多样性，坚持文明平等、互鉴、对话、包容，以文明交流超越文明隔阂、文明互鉴超越文明冲突、文明包容超越文明优越。
>
> ——我们要共同倡导弘扬全人类共同价值，和平、发展、公平、正义、民主、自由是各国人民的共同追求，要以宽广胸怀理解不同文明对价值内涵的认识，不将自己的价值观和模式强加于人，不搞意识形态对抗。

① 《邓小平文选》第 3 卷，人民出版社 1993 年版，第 330 页。
② 习近平：《共创中韩合作未来，同襄亚洲振兴繁荣》，《人民日报》2014 年 7 月 5 日。
③ 《习近平谈治国理政》第 3 卷，外文出版社 2020 年版，第 441 页。

——我们要共同倡导重视文明传承和创新，充分挖掘各国历史文化的时代价值，推动各国优秀传统文化在现代化进程中实现创造性转化、创新性发展。

——我们要共同倡导加强国际人文交流合作，探讨构建全球文明对话合作网络，丰富交流内容，拓展合作渠道，促进各国人民相知相亲，共同推动人类文明发展进步。①

这一文明倡议是对“西方中心论”“文明优越论”等陈旧论调的超越，为人类文明发展指明了一条和谐共生之路。

平等、互鉴、对话、包容的文明观，正是中国秉持和而不同的精神、顺应文明交流互鉴的历史趋势而提出的新型文明观，为化解文明冲突贡献了中国智慧。中国一直强调要尊重世界文化的多样性，以“海纳百川，有容乃大”的理念加强文明对话，促进文化和谐共生。一种文化构不成色彩斑斓的世界，一个音符奏不响美妙的音乐，正所谓“五色交辉，相得益彰；八音合奏，终和且平”②。费孝通先生倡导的“各美其美，美人之美，美美与共，天下大同”就是鼓励不同文明在交流互鉴中取长补短，在包容对话中共同繁荣。习近平指出：“不同文明凝聚着不同民族的智慧和贡献，没有高低之别，更无优劣之分。文明之间要对话，不要排斥；要交流，不要取代”③。中国历来主张互学互鉴、兼容并蓄，既反对“文明冲突论”，也反对“文明优越论”，更不搞文化霸权，不唯我独尊，不贬低、不排斥其他文明和文化。我们不否认西方文明和价值观的合理性，但我们反对西方国家把地域性的民主政治模式上升为普世性的方案，把西方的地域性文明上升为普世的文明，反对用一把尺子度量整个世界。我们倡导美美与共的文明观，绝不垄断价值标准的定义权、裁判权，绝不将地域性的文明和价值观强加给全世界，绝不谋求中华文明统治整个世界，绝不在反对西方

---

① 习近平：《携手同行现代化之路——在中国共产党与世界政党高层对话会上的主旨讲话》，《人民日报》2023年3月16日。

② 冯友兰：《国立西南联合大学纪念碑碑文》，《三松堂全集》第14卷，河南人民出版社2000年版，第154页。

③ 习近平：《在联合国成立70周年系列峰会上的讲话》（单行本），人民出版社2015年版，第18页。

中心主义的旗帜下走向“东方中心主义”。各国秉持平等、互鉴、对话、包容的文明理念，不同文明完全可以做到和平相处、和谐共生。

和平、发展、公平、正义、民主、自由的全人类共同价值观，是中国基于“和合”文化理念的浸染，基于对西方“普世价值”的反思与扬弃而提出的新型价值观。习近平在第七十届联合国大会上指出，“和平、发展、公平、正义、民主、自由，是全人类的共同价值。”① 这是中国首次在国际舞台上提出能够表达人类共同价值的新话语。共同价值不同于西方“普世价值”的地方在于：其一，它以承认世界文明的多样性为前提，是在承认各国特殊价值的基础上提出来的价值共识，是从个别中抽出来的一般，这与西方“普世价值”把个别当成一般的做法是完全不同的。其二，共同价值是全人类追求的价值目标，它不要求世界各国在价值实现形式及程度上必须雷同或一致，这与西方“普世价值”唯我独尊，要求世界整齐划一的做法完全不同。比如，共同价值倡导的发展，是实现各国共同发展，“我们也不能要求有着不同文化传统、历史遭遇、现实国情的国家都采用同一种发展模式”②；共同价值倡导的民主，不是某种固定的民主模式；共同价值倡导的自由，则是民族独立基础上的自由，是人的全面发展的自由。

全人类共同价值以维护世界和平稳定、促进各国共同繁荣为目的，以构建公平正义的国际新秩序为愿景。这是一种以人为中心的，兼顾世界各国利益的价值观，它与“普世价值论”以资本为中心，为了维护西方利益而排斥其他国家利益的做法是完全不同的。中国倡导的全人类共同价值，不是为了将世界各国纳入为自身利益服务的价值体系，而是为了凝聚共识，构建人类命运共同体。这与西方国家打着“普世价值”的旗号，动辄干涉他国内政，颠覆主权国家政权，以为资本扩张开辟道路的做法完全不同。由此可见，基于人类命运共同体利益的“共同价值”是超越“普世价值”的标识性话语。

---

① 《习近平谈治国理政》第 2 卷，外文出版社 2017 年版，第 522 页。

② 习近平：《弘扬丝路精神 深化中阿合作——在中阿合作论坛第六届部长级会议开幕式上的讲话》，《人民日报》2014 年 6 月 6 日。

（五）重构世界安全秩序的中国方案

发展是安全的基础，安全是发展的条件，发展和安全并重，世界才能持久安全和永续发展。“在经济全球化时代，各国安全相互关联、彼此影响。没有一个国家能凭一己之力谋求自身绝对安全”①，也没有一国能从世界动荡中收获自身稳定。然而，一些西方国家固守冷战思维和自我中心主义的安全理性，要么倡导实力至上的排他性安全观，要么倡导“民主和平论”，试图通过结盟对抗和霸权统治，实现自身的绝对安全。这既有违历史潮流，也无益于世界稳定。如何走出安全困境？2022年4月21日，习近平在博鳌亚洲论坛2022年年会开幕式上的主旨演讲中向世界发出了“全球安全倡议”，其核心内涵是“六个坚持”，即：

> 我们要坚持共同、综合、合作、可持续的安全观，共同维护世界和平和安全；坚持尊重各国主权、领土完整，不干涉别国内政，尊重各国人民自主选择的发展道路和社会制度；坚持遵守联合国宪章宗旨和原则，摒弃冷战思维，反对单边主义，不搞集团政治和阵营对抗；坚持重视各国合理安全关切，秉持安全不可分割原则，构建均衡、有效、可持续的安全架构，反对把本国安全建立在他国不安全的基础之上；坚持通过对话协商以和平方式解决国家间的分歧和争端，支持一切有利于和平解决危机的努力，不能搞双重标准，反对滥用单边制裁和“长臂管辖”；坚持统筹维护传统领域和非传统领域安全，共同应对地区争端和恐怖主义、气候变化、网络安全、生物安全等全球性问题。②

“六个坚持”的全球安全倡议，是中国在国家安全和国际安全领域贡献的中国智慧，是中国为推动世界安全治理体系改革提供的中国方案。

中国秉持推己及人、和合共生的价值理念，顺应和平发展、合作共赢的时代潮流，提出了共同、综合、合作、可持续的新安全观，这是全球安

---

① 《习近平谈治国理政》第2卷，外文出版社2017年版，第523页。

② 习近平：《携手迎接挑战，合作开创未来——在博鳌亚洲论坛2022年年会开幕式上的主旨演讲》，《人民日报》2022年4月22日。

全倡议的主导理念，为世界各国走出一条共建、共享、共赢、共护的安全新路指明了方向。共同、综合、合作、可持续的安全观，秉持双赢思维，是顺应时代潮流的包容性安全观。习近平指出：“赢者通吃、零和博弈不是人类发展之路。和平而不是战争，合作而不是对抗，共赢而不是零和，才是人类社会和平、进步、发展的永恒主题。”① 全球化时代，各国利益交融、安危与共，日益成为一荣俱荣、一损俱损的命运共同体，“要跟上时代前进步伐，就不能身体已进入 21 世纪，而脑袋还停留在过去，停留在殖民扩张的旧时代里，停留在冷战思维、零和博弈老框框内”②。

全球安全倡议追求的是大家共同安全，这与西方追求的自身安全至上、大国主导全球安全秩序的做法完全不同，是对西方的民主和平论、排他性安全观以及单边主义的超越。中国发展的最终目标是全人类共享发展，中国安全的最终目标是全世界共同安全。正如习近平所言：“一个国家要谋求自身发展，必须也让别人发展；要谋求自身安全，必须也让别人安全；要谋求自己过得好，必须也让别人过得好。”③ “不能一个国家安全而其他国家不安全，一部分国家安全而另一部分国家不安全，更不能牺牲别国安全谋求自身所谓绝对安全。”④ 任何国家片面追求自身的绝对安全，把控制和影响他国作为实现自身安全的手段，既损害他国安全和地区安全，最终也会危及本国的安全。

（六）探索更好社会制度的中国方案

“历史的发展有规律可循，但并没有必然要经过的点。”⑤ 然而，一些西方学者却认为历史将止步于西式自由民主，世界将趋同于资本主义社会。这不仅违背了人类历史发展的规律，而且与历史基本事实不符，只能是西方的一厢情愿和故步自封。中国向来主张自主选择的制度观，认为

---

① 习近平：《铭记历史，开创未来》，《人民日报》2015 年 5 月 8 日。

② 《习近平谈治国理政》，外文出版社 2014 年版，第 273 页。

③ 《习近平谈治国理政》，外文出版社 2014 年版，第 441 页。

④ 《习近平谈治国理政》，外文出版社 2014 年版，第 354 页。

⑤ 唐晋主编：《大国崛起：以历史的眼光和全球的视野解读 15 世纪以来 9 个世界性大国崛起的历史》，人民出版社 2006 年版，第 7 页。

“国家不分大小、强弱、贫富，……都有权自主选择社会制度和发展道路”①。这是顺应人类历史发展规律、尊重历史基本事实的新型制度观，是对世界趋同论、历史终结论等论调的超越。

中国秉持和而不同、自主选择的制度观，主张每个国家都有权寻找适合自己的制度模式。尊重民主标准的多样性，不搞齐一化，这是基本的国际准则。习近平指出，“设计和发展国家政治制度，必须注重历史和现实、理论和实践、形式和内容有机统一。要坚持从国情出发、从实际出发，既要把握长期形成的历史传承，又要把握走过的发展道路、积累的政治经验、形成的政治原则，还要把握现实要求、着眼解决现实问题，不能割断历史，不能想象突然就搬来一座政治制度上的‘飞来峰’”②。制度不可能也不必要定于一尊。鞋子合不合脚，自己穿了才知道。各国文化传统不同、民族心理不同、宗教结构不同、历史命运不同、现实国情不同，不存在适用于一切国家的制度母版。各国国情不同，跟在别人后面亦步亦趋，不仅难以找到适合自己的社会制度，而且也解决不了自己的实际问题。只有“走自己的路”，才能走得稳、走得远。

中国坚持自主选择的制度观，走出了一条具有中国特色的社会主义道路，前所未有地接近了中华民族伟大复兴的目标。中国复兴，表明自由民主制度没有通行的国际标准。西方有西方的标准，东方有东方的标准。即使“在各先进的资本主义国家中，民主的形式都不同，民主的运用程度也不同”③。每个民族都有本民族的独特基因，选择何种制度形式，必须考虑各个国家的历史文化传统、社会状况、人口结构、宗教信仰、民族构成、经济发展水平、法治意识、国民素质等诸多因素，否则很难有效运转。中国故事告诉世界，西式自由民主制度不是唯一的方案，“历史没有终结，也不可能被终结”④。中国故事告诉世界，资本主义不是最后的选择，“除了资本主义，别无选择”的论调是荒谬的。中国故事告诉世界，历史不是

① 《习近平谈治国理政》第2卷，外文出版社2017年版，第539页。

② 《十八大以来重要文献选编》中，中央文献出版社2016年版，第59页。

③ 《列宁选集》第3卷，人民出版社2012年版，第699页。

④ 习近平：《在庆祝中国共产党成立九十五周年大会上的讲话》，《人民日报》2016年7月2日。

单线演进的，世界终将趋同于资本主义的看法是短视的。中国道路的成功向世界宣示：走自己的路，寻找适合本国国情的制度模式，才是不变的法则，永恒的真理。因为“世界上没有一个民族能够亦步亦趋走别人的道路实现自己的发展振兴，也没有一种一成不变的道路可以引导所有民族实现发展振兴；一切成功发展振兴的民族，都是找到了适合自己实际的道路的民族”①。

（七）重构全球交往观念的中国方案

世界上 200 多个国家和地区，彼此文化传统不同，发展程度不同，历史命运不同，现实国情不同，在全球经济一体化的大背景下，国与国之间如何交往？西方国际关系理论往往奉行冷战思维，国与国之间以意识形态和价值观划界，大搞敌友外交、亲疏外交、团伙外交。这种以价值观为优先的国际交往观，给世界和平与稳定带来巨大威胁和挑战，重构新型国际交往关系迫在眉睫。“对话不对抗、结伴不结盟”的交往观，是中国为重构国际交往关系给出的中国方案。习近平指出，“我们要在国际和区域层面建设全球伙伴关系，走出一条‘对话而不对抗，结伴而不结盟’的国与国交往新路。”② 这一新型国际交往观，为维护世界和平贡献了中国智慧，是对西方交往理性的超越。

中国坚持“对话不对抗、结伴不结盟”的国际交往观，坚持和平共处的国际交往原则，反对霸权主义和强权政治，倡导构建新型国际交往关系。中国坚持和平共处的交往原则，走“强而不霸”的发展道路，这不是韬光养晦的权宜之计，也不是回应“中国威胁论”的策略考量，它源自中华“和”文化的深厚浸染，源于对“好战必亡”“霸极必衰”定律的深刻认知。

“对话不对抗、结伴不结盟”的国际交往观，是基于中国和平共处的交往原则、永不称霸的大国承诺而提出的新型交往观。它倡导以对话解决

---

① 习近平：《在纪念孙中山先生诞辰 150 周年大会上的讲话》，人民出版社 2016 年版，第 5 页。

② 《习近平谈治国理政》第 2 卷，外文出版社 2017 年版，第 523 页。

争端，以协商化解分歧，倡导国际和区域之间建立全球伙伴关系，这与西方基于霸权意志而建立的“同盟关系”有本质区别。这种“伙伴关系”要求“大国之间相处，要不冲突、不对抗、相互尊重、合作共赢。大国与小国相处，要平等相待，践行正确义利观，义利相兼，义重于利”①。坚持“对话不对抗、结伴不结盟”的国际交往观，就要“以合作取代对抗，以共赢取代独占，树立建设伙伴关系新思路，开创共同发展新前景，营造共享安全新局面”②。正是基于全球伙伴关系，中国推动共建“一带一路”、设立丝路基金、倡议成立亚投行等，我们的“目的是支持各国共同发展，而不是要谋求政治势力范围”③。

中国倡导的国际交往观超越了政治和军事结盟的老套路，建立了结伴不结盟的新关系；超越了亲疏敌友、拉帮结派的老传统，开创了对话不对抗的新愿景；超越了以意识形态划线的老思维，走出了相互尊重、求同存异的新道路；超越了你输我赢、赢者通吃的老观念，实践了互惠互利、合作共赢的新理念。

中国倡导相互尊重、公平正义、合作共赢的新型国际关系。国际秩序公正合理，世界才能和平稳定。然而，现行国际秩序具有典型的西方色彩、依附特征，是西方大国主导的中心-边缘结构，与全球一体化的发展要求不相适应，与多极化的国际格局不相适应，与国际关系民主化的走向不相适应。中国反对中心-边缘的国际结构，反对依附型的世界体系，主张国家不分大小、强弱、贫富，“在和平共处五项原则基础上发展同各国的友好合作，推动建设相互尊重、公平正义、合作共赢的新型国际关系”④。进入21世纪，共谋和平、共同发展成为世界各国人民的共同愿望。要建设持久和平、共同繁荣的和谐世界，就必须改变忤逆全球正义原则的国际旧秩序，必须反对霸权主义和强权政治，反对单边主义和丛林法则，将扭曲的国际关系重新矫正过来。中国秉持命运与共、和谐共生的国际秩

① 《习近平谈治国理政》第2卷，外文出版社2017年版，第523页。

② 习近平：《习近平在对美国进行国事访问时的讲话》，人民出版社2015年版，第17页。

③ 习近平：《习近平在对美国进行国事访问时的讲话》，人民出版社2015年版，第18页。

④ 习近平：《决胜全面建成小康社会 夺取新时代中国特色社会主义伟大胜利——在中国共产党第十九次全国代表大会上的报告》，人民出版社2017年版，第58页。

序观，倡导“人类命运共同体意识”，构建新型国际关系。新型国际关系的提出，源于对现存国际秩序的批判性反思，源于对建构国际新秩序的美好愿景，源于对国际交往关系的合理性设计。倡导构建新型国际关系，是中国对国际关系理论的重要贡献，也是中国以发展中国家的身份为国际秩序重建而提供的中国方案。

（八）重构大国关系的中国方案

大国关系历来是牵引世界和平与稳定的重要因素，大国相处之道直接决定整个世界的生存环境。长期以来，西方国家固守零和博弈思维，遵循国强必霸、大国必战的逻辑，认为大国之间无法避免“修昔底德陷阱”。这种霸权思维一旦主导大国关系的建构，势必会将“守成大国”与“新兴大国”引向对抗的两极状态，将国际关系引向冲突的老路。如何避免“修昔底德陷阱”？这是中美两国无法回避的时代课题。中国跳出冷战对抗思维，倡导构建“和平共处、总体稳定、均衡发展的大国关系格局”①。这是中国为绕开“修昔底德陷阱”、避免重蹈冲突对抗的历史覆辙所作的理论探索，也是中国为应对全球性安全风险、维护世界和平稳定而贡献的中国方案。

构建新型大国关系格局，是中国作为一个负责任大国，在准确把握历史规律、认清世界大势、顺应时代潮流的基础上，为维护世界和平与稳定而贡献的中国方案。不冲突、不对抗，就是要“坚持通过对话协商以和平方式解决国家间的分歧和争端，反对动辄诉诸武力或以武力相威胁”②。当今世界，“核武器是悬在人类头上的‘达摩克利斯之剑’”，世界各大国应该清醒认识到对立和冲突可能带来的灾难性后果，“任何国家都不能随意发动战争，不能破坏国际法治，不能打开潘多拉的盒子。”③ 相互尊重、合作共赢，就是要相互尊重核心利益与重大关切，把合作共赢理念体现到政治、经济、安全、文化等对外合作的方方面面，共同为人类社会提供更多

---

① 习近平：《高举中国特色社会主义伟大旗帜 为全面建设社会主义现代化国家而团结奋斗——在中国共产党第二十次全国代表大会上的报告》，人民出版社 2022 年版，第 61 页。

② 《习近平谈治国理政》第 2 卷，外文出版社 2017 年版，第 443 页。

③ 《习近平谈治国理政》第 2 卷，外文出版社 2017 年版，第 541 页。

的公共产品，包括和平稳定的国际环境和共同繁荣的发展前景。

新型大国关系格局绕开了所谓“修昔底德陷阱”，实现了对西方冲突对抗思维和国强必霸逻辑的超越，是人类命运共同体理念在处理大国关系中的具体运用。今天，世界仍然处在霸权主义的阴霾笼罩之下，但霸权终结的曙光已经展露在新的地平线上。中国的崛起是终结霸权秩序的重要筹码，是重建世界秩序的中坚力量。21世纪，单极世界必将终结，真正的多边主义和多极化将是世界秩序重建的基本方向，大国间有望构建不冲突、不对抗，相互尊重、合作共赢的新型大国关系，人类社会将有望迎来一个没有霸权的新时代。

五、中国方案走向世界是一个过程

中国方案是理想化、超越性的设计。习近平指出，“构建人类命运共同体是一个美好的目标，也是一个需要一代又一代人接力跑才能实现的目标”①。就其理想来说，中国方案指向未来，说到底就是中国为全球发展出主意，为人类文明谱新篇，为世界未来开太平。中国方案改变的将不仅是世界舞台上的经济话语、政治话语、安全话语，还将改变全球化的术语、现代化的术语，改变国际交往的规则，改变是非曲直的评判标准，改变人们的思维方式和价值观念。中国方案不仅就其哲学理念来说，而且就其具体行动来说，都占据着道义的制高点，都指向人类共同的善，以至于因为太理想了而在资本逻辑主导的现实世界中遭遇重重阻力，难以完全付诸实施。中国方案走向世界的过程，正是理想成为现实、现实趋近理想的过程。

理想不是现实。中国方案的现实境遇大致分为三种情况：一种是已经成为国际共识，多次写进联合国文件，如人类命运共同体。一种是已经实质运转，国际社会广泛参与，如亚投行、“一带一路”建设。还有一种是尚未成为国际社会普遍共识，甚至为西方大国所反对，比如，“新型大国

① 《习近平谈治国理政》第2卷，外文出版社2017年版，第548页。

关系”尚未得到世界主要大国的认可，“新型国际关系”取代依附型世界体系和中心-边缘结构依然任重道远，“全人类共同价值”取代“普世价值观”还为时尚早，“正确义利观”取代丛林法则还面临霸凌主义的挑战，“新安全观”与“排他性安全观”的角力还是长期的，“自主选择的制度观”取代“历史终结论”还有待时日，“新文明观”代替“文明优越论”“文明冲突论”，“全球治理观”取代“大国治理逻辑”都不是一朝一夕的事情。

中国方案的世界化，取决于真理原则、道义原则、实力原则。所谓真理原则，意指中国方案符合客观实际，站在真理的制高点上；所谓道义原则，意指中国方案符合人类公义，站在道德的制高点上；所谓实力原则，意指中国方案背靠强大的硬实力，具备强大的实力支撑。三者中，实力原则是首要的原则。也就是说，中国方案能不能世界化，在多大程度上世界化，归根结底取决于实力。世界舞台绝不是单纯讲理的地方，“强权即公理”仍是国际舞台的通行法则，谁拥有占主导地位的硬实力，谁就掌握了绝对话语权。事实也是如此，中国方案尽管直面国际社会的重大问题，代表绝大多数国家的共同利益，但是由于缺乏强大硬实力的支撑，西方国家对此采取了抵制、消极应付乃至反对的态度，中国方案走向世界并非一帆风顺。关键原因是中国还没有真正进入世界舞台中央，还没有站在实力的最高处。比如，新型大国关系遭到美国的抵制，但试想，中美两国除了走新型大国关系之路难道还有别的选择吗？

理想不是现实，但理想终将成为现实。中国方案走向世界、付诸实践是一个循序渐进、水到渠成的过程。对此，我们要有信心、有定力，要掌握节奏、把握时机、作好谋划，一步步推进中国方案的世界化，完全没有必要揠苗助长、急于求成，更不能自乱阵脚、有失方寸。只要符合全球正义的原则，符合人类文明的发展潮流，符合国际关系民主化的方向，符合国际社会的普遍期待，中国方案的全球接受度必将越来越高，理想与现实的距离也会越来越小。终有一日，越来越多的中国方案将转化为全人类的共识，自觉参与世界秩序的理性塑造。

中国方案走向世界，绝不是追求中华文化殖民世界，绝不是将中国单方面的意志强加于世界，绝不是取代“西方中心主义”走向“东方中心主义”。中国方案，与其说是中国的东西，不如说是全人类的最大公约数，是大多数国家能够接受的普遍共识，代表了大多数国家的共同利益。这种普遍共识不是任何一种民族文化的世界化，不会湮没各个国家的民族文化，反而会推动各民族文化意识的觉醒，在全球化的境遇中保存“文化自我”，在国际交往中强化自己的文化身份。这种普遍共识的价值不在于挤压民族文化的生存空间，也不在于消磨民族文化的差异性，而在于确立国际交往理性，规范国际交往行为，建构国际新社会。

展望未来，中国方案与中华民族伟大复兴、与发展中国家群体性崛起共命运。中国方案的实现程度，根本上取决于中国力量的崛起程度，取决于“东升西降”进程的最终完成，取决于“西强东弱”格局的终结，取决于以中国为代表的发展中国家的群体性崛起和国际力量对比的转变。随着中国国力的提升，中国健步走向世界舞台中央，越来越多的中国方案将写进联合国文件，越来越多的中国理念将上升为国际交往的文化隐喻。中国方案世界化所带来的变化将是深刻的、持久的甚至是颠覆性的，它意味着国际交往理性和国际文明规则正在重塑，意味着一种新的人类文明和世界精神正在崛起，意味着一个时代的结束、另一个时代的开启。中国作为文明型国家，有责任、有条件为人类新文明的重构提供中国智慧，有资格、有能力为全球交往理性的重塑贡献中国方案。正是在此意义上，“中国的奋斗，便是人类的奋斗”。

第五章　中国式现代化的世界历史意义

习近平在党的二十大报告中指出："在新中国成立特别是改革开放以来长期探索和实践基础上，经过十八大以来在理论和实践上的创新突破，我们党成功推进和拓展了中国式现代化"①。中国式现代化，不仅属于中国历史，也属于世界历史；不仅在中华民族复兴史上具有重大意义，在人类社会发展史上也具有重大意义。在经济全球化时代，中国作为一个超大型国家，中国式现代化已经产生巨大的外溢效应，从现代化理论、格局、道路、模式、文明等多维度深刻影响了世界历史进程。

一、实现现代化理论的范式重构和术语革命

第一次工业革命以来，西方率先完成了现代化的任务，形成了现代化建设的西方方案，建构了现代化理论的西方范式。西方现代化理论将西方的成功归结为科学，科技的进步给西方国家腾飞提供了第一动力；归结为民主，西式自由民主为西方国家腾飞提供了根本制度保障；归结为世俗主

① 习近平：《高举中国特色社会主义伟大旗帜　为全面建设社会主义现代化国家而团结奋斗——在中国共产党第二十次全国代表大会上的报告》，人民出版社 2022 年版，第 22 页。

义与理性主义，资本主义精神为西方国家腾飞提供了思想内驱力。同时，西方现代化理论将人类社会发展划分为文明和野蛮两个阶段，认为西方现代国家处在文明阶段，非西方国家处在野蛮阶段；认为西方现代文明是人类文明的高级形式、完成形式，非西方文明是人类文明的低级形式、未完成形式；认为非西方国家应当以西方国家为榜样，向人类社会的高级阶段过渡；认为非西方文明应当以西方现代文明为模板，向人类文明的完成形式进化。总的来说，西方现代化理论是资本主义性质的、资产阶级主导的、以西方国家为样本的现代化理论，具有强烈的西方特色和西方风格，主导了工业革命以来现代世界的塑造。中国式现代化理论的创立，终结了西方现代化理论的垄断地位，标志着中国哲学社会科学在摆脱学徒状态、走向学术自主的道路上迈出坚实步伐。每个国家，现代化是相似的，却各有各的现代性文明，各有各的发展思路，各有各的价值主张，各有各的目标追求。习近平指出，“中国式现代化蕴含的独特世界观、价值观、历史观、文明观、民主观、生态观等及其伟大实践，是对世界现代化理论和实践的重大创新。”① 中国式现代化理论，不是简单延续我国历史文化的母版，不是简单套用马克思主义经典作家设想的模板，不是其他国家社会主义实践的再版，也不是国外现代化发展的翻版，不可能找到现成的教科书。

中国式现代化理论，在现代化的性质、特色、总体布局、本质要求、方法论、文明形态、终极目标等方面，都实现了现代化理论的范式重构与“术语革命”。从根本性质来说，中国式现代化是中国共产党领导的社会主义现代化。从中国特色来说，中国式现代化是人口规模巨大的现代化，是全体人民共同富裕的现代化，是物质文明和精神文明相协调的现代化，是人与自然和谐共生的现代化，是走和平发展道路的现代化。从整体图景来说，中国式现代化的构成包括“实现高质量发展，发展全过程人民民主，

① 《正确理解和大力推进中国式现代化》，《人民日报》2023年2月8日。

丰富人民精神世界，实现全体人民共同富裕，促进人与自然和谐共生”①五个方面。从重大原则来说，推进中国式现代化必须坚持和加强党的全面领导，坚持中国特色社会主义道路，坚持以人民为中心的发展思想，坚持深化改革开放，坚持发扬斗争精神。从方法论来说，推进中国式现代化是一项系统工程，需要“正确处理好顶层设计与实践探索、战略与策略、守正与创新、效率与公平、活力与秩序、自立自强与对外开放等一系列重大关系”②。从终极目标来说，中国式现代化的“最终目标是实现人自由而全面的发展”③。

中国式现代化理论，占有了西方现代化理论的积极成果，貌似“很西方”，实际上却“非常中国”。因为我们有自己独特的东西，始终没有改变自己的底色，也从未丢掉自己的老本，比如中国共产党的领导核心地位没有变，马克思主义的指导地位没有变，人民至上的政治立场没有变，公有制的主体地位没有变，按劳分配的主体地位没有变，市场经济的社会主义性质没有变，共同富裕的奋斗目标没有变，实现每个人自由全面发展的最终目标没有变，共产主义的远大理想没有变。正如吴晓明先生所言，“中国共产党的成立，决定性地标志着中国的现代化进程与马克思主义建立起本质的联系。”④“非常中国”的一面，首要表现为中国的现代化进程，同时也是马克思主义中国化的进程；中国式现代化理论的形成过程，同时也是马克思主义中国化的发展过程。中国式现代化不管如何变，“中国共产党领导的社会主义现代化”⑤这一根本性质永远不会变。解码中国式现代化，既要看到现代化的一面，也要看到“非常中国”的一面，两面都看到，才是中国式现代化的完整图景。

---

① 习近平：《高举中国特色社会主义伟大旗帜　为全面建设社会主义现代化国家而团结奋斗——在中国共产党第二十次全国代表大会上的报告》，人民出版社2022年版，第23～24页。

② 《正确理解和大力推进中国式现代化》，《人民日报》2023年2月8日。

③ 习近平：《携手同行现代化之路——在中国共产党与世界政党高层对话会上的主旨讲话》，《人民日报》2023年3月16日。

④ 吴晓明：《世界历史与中国式现代化》，《学习与探索》2022年第9期。

⑤ 习近平：《高举中国特色社会主义伟大旗帜　为全面建设社会主义现代化国家而团结奋斗——在中国共产党第二十次全国代表大会上的报告》，人民出版社2022年版，第22页。

二、改变“东方从属于西方”的现代化版图和世界历史格局

西方国家率先踏上现代化的征途，成为世界地理的发现者和世界历史的开辟者。这种先发者身份让西方国家自觉充当了世界历史进程的主导者和人类发展图景的规划者，他们根据自己的意愿塑造人类社会，按照自己的样貌构筑世界历史，服膺自己的利益主导世界交往，创造了“东方从属于西方”的现代化版图和世界历史格局。

历史向世界历史的转变过程，同时也是西方现代性文明膨胀为人类文明进而主导世界历史的单线演进过程，这就是海德格尔所说的“人类和地球的欧洲化”①。世界历史进程中，西方国家主导全球政治议程、经济议程、安全议程，主导全球性议题的解释权和话语权，主导人类文明和价值观的建构。例如法国学者埃德加·莫寒指出，迄今为止的全球化进程具有双重性质：一是西方国家猎取、奴役和殖民的全球化；一是西方价值的全球化，即“人道主义，人权，自由、平等、博爱的原则，民主的理念，国民生存权和国际主义在全球的发展与弘扬”②。同时他也指出：“现今世界已拥有一个世界文明，它源于西方文明，是其科学、技术、工业、资本主义互动的产物，其中包含了一些普遍价值”③。传统全球化时代的人类文明是西方大国“权力”与“资本”合谋的产物，其他地域的文化元素、文明理念无力参与到人类共识性文明的建构中来，无力为世界文明规则的建构作出自己的贡献。马克思曾批判道，资产阶级到处推行所谓文明制度，试图按照自己的面貌创造出一个世界，力图“把一切民族甚至最野蛮的民族

① 《海德格尔选集》下卷，孙周兴选编，上海三联书店1996年版，第1019～1020页。

② ［法］埃德加·莫寒：《超越全球化与发展：社会世界还是帝国世界》，载哈佛燕京学社主编：《全球化与文明对话》，江苏教育出版社2004年版，第127页。

③ ［法］埃德加·莫寒：《超越全球化与发展：社会世界还是帝国世界》，载哈佛燕京学社主编：《全球化与文明对话》，江苏教育出版社2004年版，第127页。

都卷到文明中来”①。西方作为“世界历史理应如何发展”的设计者、主导者、推动者，他们把非西方国家纳入统一的历史进化路线图和文明谱系，目的是以西方文明解构非西方文明，试图参照西方的模样建构出一个统一的文明世界。正是在这个意义上，工业革命以来的世界历史时代，不过是“人类和地球的欧洲化”时代。

中国式现代化坚持中国共产党领导，坚持和发展中国特色社会主义，坚持物质文明、政治文明、精神文明、社会文明、生态文明协调发展，创造了经济快速发展和社会长期稳定的中国奇迹，推动一个超大型国家的“历史车轮向着光明的目标前进”。中国式现代化彻底改写世界现代化的空间格局和地理版图，向世界宣告“照西方的样子改造世界”的时代已经结束，宣告发展中国家终于有望摆脱西方现代性逻辑的操控，有望摆脱长久以来“现代社会＝西方社会”的路径依赖，走上自主现代化的新道路。习近平高度肯定了中国式现代化的世界意义，他指出：“中国式现代化，打破了‘现代化＝西方化’的迷思，展现了现代化的另一幅图景，拓展了发展中国家走向现代化的路径选择，为人类对更好社会制度的探索提供了中国方案。”② 中国式现代化的成功，一方面彰显了中国道路的历史进步性、实践合理性和巨大优越性，给那些正处于经济停滞、民族分裂、政局动荡中的国家和人民提供了重要启迪，给那些迷信西方制度、总是幻想西天取经的国家和民族提供了重要警示，给那些热衷制度输出、到处制造“颜色革命”的国家和政府注入了一剂清醒剂。另一方面，中国式现代化的成功，向世界宣告了“人类和地球的欧洲化”时代已经终结，“西方中心论”“历史终结论”“文明优越论”“普世价值论”已经破产，人类从此不再将其身家性命系泊于某种单一的现代化模式。当今世界正在经历百年未有之大变局，时与势都在我们一边，世界历史迎来“东升西降”的重要拐点；当代中国进入新发展阶段，世界范围内两种现代化模式的较量发生了于我有利的深刻转变。世界从此进入了东西方现代化模式同台竞争、共同发展，西方现代化模式主导地位走向终结，中国式现代化展示优越性的新阶段。

---

① 《马克思恩格斯选集》第1卷，人民出版社2012年版，第404页。

② 《正确理解和大力推进中国式现代化》，《人民日报》2023年2月8日。

三、启迪发展中国家走自主现代化的新道路

现代化是全人类的共同事业，追求现代化是所有国家的共同梦想。人类通往现代化的路径何在？是否存在唯一的路径依赖？这是困扰广大发展中国家的重大理论和政治问题。“经典现代化理论”主张现代化模式上的西化论，对第三世界走上现代化的西方道路充满信心。这一理论认为，现代化等于西方化，人类的现代化进程不过是发展中国家向发达国家看齐的过程、东方向西方过渡的过程。发展中国家欲求实现现代化，不仅硬件要西方化，软件也要西方化；不仅要全盘引进欧美的发展模式和现代科技，也要全盘复制欧美的社会制度和价值观。“西方”是衡量发展中国家道路、制度、文化和价值观是否具有合法性的唯一标准。东西方的发展差异，被扭曲为传统与现代、愚昧与文明、落后与先进的对立。然而，事实并不如理论设想得那般顺利，一些仿效西方现代化模式的发展中国家，并没有取得预期的成功，比如拉美国家的现代化运动已经持续了一个多世纪，至今仍深陷拉美陷阱之中，非洲国家的现代化之路更是困难重重。其实，无论是欧美的现代化模式，比如英美为代表的盎格鲁-撒克逊模式、欧洲大陆国家为代表的莱茵模式；还是其他大洲的现代化模式，比如日本为代表的东亚模式、新加坡为代表的城市现代化模式，都不具有普世性的意义，如果试图采取拿来主义的策略则是不明智的。

中国式现代化拓展了发展中国家走向现代化的途径，“为人类实现现代化提供了新的选择”①。现代化是一项未竟的事业，是每一个国家的普遍命运，广大发展中国家仍然行走在通往现代化的途中。近代以来，几乎所有发展中国家的现代化之路都无法摆脱“依附”还是“脱钩”的两难选择。面对西方现代性逻辑的强大惯性，面对西方现代化国家的强大资本统治力，面对西方现代化建设的诱人物质成果，广大发展中国家要么选择依

① 习近平：《高举中国特色社会主义伟大旗帜　为全面建设社会主义现代化国家而团结奋斗——在中国共产党第二十次全国代表大会上的报告》，人民出版社 2022 年版，第 16 页。

附性的发展，要么选择脱钩后的贫穷。“依附”可以带来发展，但会失去自主；“脱钩”可以带来自主，但会失去发展。韩国与朝鲜就是比较典型的两个国家。“依附”抑或“脱钩”，发展中国家难道真的别无选择？中国以自己的实际行动告诉世界，中国既没有与西方“脱钩”，又没有依附西方；既选择融入国际社会，又没有滑向西方的发展轨道；既大胆借鉴资本主义因素，又没有失去自主性。否则，中国不可能一次次地躲过资本主义世界的经济危机，不可能在西方世界经济危机、政治危机、社会危机频发中屡屡“独善其身”，不可能在长达 40 多年跨越赶超、快速崛起的过程中成功避免“附庸”的命运。中国式现代化走得通、行得稳，是强国建设、民族复兴的唯一正确道路。习近平指出，“中国式现代化为广大发展中国家独立自主迈向现代化树立了典范，为其提供了全新选择。”① 中国式现代化道路的成功开辟，为广大发展中国家探索自主现代化的道路增加了信心，在世界现代化潮流中确立了“中国主体性”②，为广大发展中国家摆脱“现代化＝西方化”的路径依赖提供了中国样本，为它们开创符合本国实际的现代化途径积累了中国经验。当然，作为世界普遍命运的现代化事业归根结底只能是具有国别特色的实践，要靠各民族各国家的独立探索为自己开辟道路。中国不输入外国现代化模式，也不输出中国式现代化道路，不会要求广大发展中国家复制中国的做法。

四、规避西方“现代化悖论”和“现代性之殇”

西方式现代化创造了光怪陆离的现代世界，但也存在自身难以规避、如影随形的“现代化悖论”和“现代性之殇”。纵观现代化的西方历史，似乎总是陷在传统与现代、中心与边缘、大众与精英、肯定与否定、情感与理性、科技与人文、人类与自然、个体与社群、多元文化与社会团结等非此即彼的二元纠缠中，永远走不出自身的怪圈。无论是盎格鲁-撒克逊

① 《正确理解和大力推进中国式现代化》，《人民日报》2023 年 2 月 8 日。
② 韩庆祥：《论中国式现代化的中国逻辑》，《政治学研究》2022 年第 6 期。

模式、莱茵模式，还是东亚模式、拉美模式，其在根本性质上都是西方现代化模式的不同版本，无法跳出“福祸相依”的西方现代化定律。

西方现代化悖论，突出表现为“福祸相依”。一方面，现代化的西方道路，推动了人类文明的发展进步。这一点马克思、恩格斯给予了充分肯定。《共产党宣言》指出，资产阶级把一切民族都卷到文明中来了，迫使一切民族采用资产阶级的生产方式，迫使一切民族推行资产阶级的文明，迫使一切国家的生产和消费都卷入了世界市场，迫使未开化和半开化的国家从属于文明的国家。“资产阶级在它的不到一百年的阶级统治中所创造的生产力，比过去一切世代创造的全部生产力还要多，还要大”①。西方殖民全世界，完全受卑鄙的利益所驱使，但它造成的社会革命“毕竟是充当了历史的不自觉的工具”②，也即主观的恶导致了客观的善的结果。迄今为止，前三轮科技革命均是由西方主导和推动的，第四轮科技革命和产业革命的主力军仍然来自西方，这是不容抹杀的历史事实。西方现代化进程建构了一个似乎美轮美奂、光怪陆离的物质世界。然而，现代化的西方道路，也带来了人类文明进程中的巨大问题，即所谓“现代性之殇”。比如，在生态领域，西方现代化带来了以“大量生产、大量消费、大量废弃”所造成的生态问题为主要标志的可持续发展问题；在社会领域，西方现代化带来了由资本逻辑所造成的人依赖于物的“异化”问题和日益深化的两极分化问题；在精神信仰领域，西方现代化带来了由信仰危机所构成的“没有标准的选择的生命中不能承受之轻的存在主义的焦虑”问题和日益蔓延的极端主义倾向问题；在国际关系领域，西方现代化带来了由霸权主义和强权政治所造成的对“和平与发展”的全人类共同价值的威胁问题③。世界历史进程中的现代化问题，迫切要求开辟现代化新道路。

中国式现代化，绝不是西方现代化模式的翻版，不是西方的某一个他者。与盎格鲁-撒克逊模式、莱茵模式、东亚模式、拉美模式等西方现代化模式相比，中国式现代化模式具有鲜明中国特色、明显制度优势和强大

① 《马克思恩格斯文集》第2卷，人民出版社2009年版，第36页。
② 《马克思恩格斯文集》第2卷，人民出版社2009年版，第683页。
③ 孙正聿：《从大历史观看中国式现代化》，《哲学研究》2022年第1期。

自我完善能力，是完全不同于人类过往实践的伟大创造。中国式现代化如果与西方道路有什么相同的话，主要是外在的，而非内在的；主要是形式上的，而非根本的。正如习近平指出，中国式现代化道路是“前无古人的创举，破解了人类社会发展的诸多难题，摒弃了西方以资本为中心的现代化、两极分化的现代化、物质主义膨胀的现代化、对外扩张掠夺的现代化老路，拓展了发展中国家走向现代化的途径，为人类对更好社会制度的探索提供了中国方案”①。中国在推进现代化的历史进程中，没有在不同的现代性价值和现代化模式之间做非此即彼的单选题。我们推动物质财富的增长，但并不是以精神贫困为代价；我们要求满足感性的幸福，但同时坚守道德的高地；我们坚持弘扬科学精神，同时也注重培育人文精神；我们张扬工具理性，同时也注重价值理性；我们承认宏大叙事的意义，同时也不排斥微观叙事和日常生活领域；我们重视发掘本质、共性、规律，同时也包容差异、个性、边缘；我们推崇国家、社会的整体价值，但也尊重个人价值；我们坚持发展是第一要务，同时兼顾公平与正义；我们坚持以人民为中心，同时不否定资本的文明作用；我们肯定市场作用，又正视政府作用；我们坚持经济中心，又维护生态正义……简言之，我们意识到，任何事物都是对立面的统一，看似矛盾的观念都合理融入中国式现代化的实践之中。中国式现代化的世界意义，正在于在规避西方现代化之痛的基础上，走出了一条更为健康、更可持续、更加壮阔的中国式现代化道路。

五、开创大国气象、东方气质的人类文明新形态

伴随着西方现代化道路的成功开辟，现代化文明的西方形态应运而生。西方现代化之所谓西方，美国现代化之所谓美国，并不是通过纽约的地铁、曼哈顿的摩天大楼、蜘蛛网状的高速公路、飞驰的凯迪拉克等来界定自己的身份，而是通过所谓西式现代性、启蒙价值观、华盛顿共识、新教伦理与资本主义精神等西方现代化文明来表征自己的身份。

---

① 习近平：《以史为鉴、开创未来，埋头苦干、勇毅前行》，《求是》2022 年第 1 期。

西方现代化文明是一个涵盖经济、政治、文化以及国际交往理念的总体性概念：第一，物质文明形态。资本逻辑构成西方社会的主导逻辑，西方基本经济制度以私有制和雇佣劳动为基础，推崇私有化、市场化、自由化。第二，政治文明形态。政治学说上表现为天赋人权学说、权力制衡学说，政治体制上表现为总统制或议会制，政党制度上表现为两党制或多党制。第三，精神文明形态。资本主义意识形态以个人主义或利己主义为核心内容，基督教构建起西方精神家园，推崇自由民主人权的所谓“普世价值”。第四，国际交往理念。西方现代观念在国际交往领域完全撕下了伪善的面具，表现出西方文明侵略性、进攻性的本色，比如国际经济交往上奉行线性进化的发展逻辑和零和博弈的丛林法则，国际政治上奉行结盟政治、团伙政治、强权政治和霸权主义，全球文化和价值观上奉行“西方中心论”、“普世价值论”“文明优越论”和“历史终结论”，全球治理上奉行一国主导、几方共治的治理逻辑，全球安全上奉行民主和平论、排他性安全观和国强必霸逻辑。西方现代化模式和文明形态的合法性来自西方的成功实践，过去 300 年成功实现现代化的国家无一不是西方国家，这是不容否定的基本事实。正因为如此，现代化的西方方案和现代性文明的西方形态越出地理的边界，膨胀为世界性文明形态，西方俨然掌握了叩开现代化之门的唯一钥匙，拜西方为师，“走西方的路”，成为很多发展中国家无法抗拒的诱惑。

中国式现代化，既是道路，也是文明，是道路与文明的统一，二者是同一事物的一体两面。习近平指出，“中国式现代化，深深植根于中华优秀传统文化，体现科学社会主义的先进本质，借鉴吸收一切人类优秀文明成果，代表人类文明进步的发展方向，展现了不同于西方现代化模式的新图景，是一种全新的人类文明形态。”① 中国式现代化在占有现代文明积极成果的同时，正在开创出人类文明新形态。中国式现代化与人类文明新形态具有本质关联，中国式现代化的开创过程，也是人类文明新形态的建构过程；中国式现代化没有固化定型，人类文明新形态也在发展之中。

人类文明新形态完全不同于现代化文明的西方形态，即以西方文明为底色的传统人类文明。这是一种社会主义性质的新文明类型，它在物质文

① 《正确理解和大力推进中国式现代化》，《人民日报》2023 年 2 月 8 日。

明、政治文明、精神文明、社会文明、生态文明以及国际交往规则等方面都实现了范式重构和超越，开创了一种具有东方气质、大国气象的人类新文明。这一新文明类型具体包括以社会主义市场经济、社会主义基本经济制度、新发展理念、高质量发展等为标识的物质文明新形态，以党是最高政治领导力量、全过程人民民主、人民民主专政、社会主义协商民主等为标识的政治文明新形态，以社会主义核心价值观、中华优秀传统文化、丰富精神世界等为标识的精神文明新形态，以全体人民共同富裕、共建共治共享社会治理新格局等为标识的社会文明新形态，以人与自然生命共同体、人与自然和谐共生、绿水青山就是金山银山等为标识的生态文明新形态，以人类命运共同体、全人类共同价值、新型国际关系等为标识的国际交往理性和国际秩序图景。总而言之，人类文明新形态是一幅以中国和世界为对象的整体性文明图景。

中国式现代化没有离开人类文明发展大道，它既体现了社会主义建设规律，也体现了人类社会发展规律，为人类的整体发展和整体进步贡献了中国智慧和中国方案。比如：强调实践第一、实干兴邦，不争论；强调道路自信、战略定力，不折腾；强调群众观点、人民至上，不偏离；强调实践标准、人民利益标准，拿事实来说话；强调解放思想、实事求是，从实际出发；强调对内改革，破除沉疴痼疾，但又保持政治定力；强调对外开放、融入世界，但不迷失自己；强调独立自主、自力更生，走自己的路，等等，这些都是普遍性的发展智慧。

我们的现代化是人类历史上最为壮丽的事业。长期以来，“现代化=西方化”的所谓公理捆绑了世界人民的现代化梦想，人们一直在翘首盼望西方之外的选择。今天，现代化的历史叙事、空间叙事正在被中国重构，现代化的学术话语、理论术语正在被中国改写。现代化的辉煌历史已载入西方文明史册，现代化的光辉未来寄希望于东方，东方的希望在中国。现代化中国不是一天建成的，但一定是一天天建成的。到 21 世纪中叶，我国全面建成社会主义现代化强国，必将彻底改写现代化的世界版图，必将拓展人类走向现代化的途径，必将进一步丰富发展具有大国气象、社会主义性质的人类文明新形态，必将为全人类的发展事业、正义事业、和平事业作出更大的中国贡献。

第六章　人类命运共同体何以改变世界

构建人类命运共同体是21世纪筹划人类命运的唯一选择，是建设美好世界的顶层设计，也是中国着眼全球治理难题、增进人类整体利益而提出的“中国方案”。这一方案创新了全球治理的思维范式，描绘了国际秩序的美好图景，标识了大国外交的未来方向，开创了人类文明的崭新形态，打开了两制并存的历史空间，匡正了世界历史目前阶段的奋斗纲领。构建人类命运共同体是21世纪国际关系和国际政治的叙事主题，同时构成21世纪马克思主义世界历史理论和世界普遍交往理论的叙事主题，历史唯物主义理论在新全球化语境中呈现出新的形态，达到了新的理论高度，书写了马克思主义全球史观的中国版本、当代形态。

一、全球治理思维的范式转换

全球治理困境是21世纪遭遇的世界性场景。人类命运共同体超越了全球治理的形而上学思维，超越世界主义与民族主义的二元对立，超越了“西方/西方以外”的前提预设，超越楚河汉界、主从依附和唯我独尊的优越感，向全球提供了一种崭新的思维方式，为优化全球治理开辟了新的愿景。人类命运共同体是中国马克思主义在全球治理观层面的元哲学创造，推动全球治理思维实现了从同质思维向多元思维、线性思维向复杂性思维、主客二分思维向主体间性思维的历史性转换。

伴随着新航路的开辟，资本冲破了洲际的边界，开拓了世界市场，人类进入了全球化的历史。社会生产总过程在全球组织，形成全球共同市场和世界普遍交往，同时产生与之配套的世界市场体系和全球治理体系。因此，全球化可以区分为两个层面："作为承载生产力普遍发展的全球化"与"作为规范人类普遍交往的全球化"①，也即全球化的"物质内容（全球生产体系）"与全球化的"社会形式（全球治理体系）"，二者正相匹配，世界才能有序发展。然而，资本主义全球治理体系适应的是资本主义全球化的"物质内容"，服务西方大资本的全球增殖战略；21 世纪，随着资本主义全球化的历史性终结，新型经济全球化的决定性开启，世界市场主体走向多元化，重构全球化秩序、共享全球化利益成为各民族国家的普遍期待。资本主义全球治理体系不再适应全球化的"物质内容"，全球化陷入"社会形式"与"物质内容"背反的总体性危机。改革全球化的"社会形式"，推动全球治理思维的革命性变革成为全球化 2.0 时代的必然要求。构建人类命运共同体，向世界提供了一种崭新的思维方式，推动全球治理思维实现了历史性转换。

其一，从同质思维转向多元思维。传统的共同体大都属于"同质共同体"，共同体成员要么以共同的价值观念、意识形态或精神生活为选择标准，要么以共同的经济、政治、军事目的为依归，"排他性"是其基本特征。比如，北约、华约、欧盟、G7 都是"同质"国家间的合作。奥巴马在为北约合法性辩护时指出，北约是北大西洋两岸的价值观共同体。这种"同质性"思维是冷战的思维基础，是意识形态斗争的重要根源，是诸多国际纷争的罪魁祸首，是少数大国拉帮结派、"党同伐异"的重要武器。今天，面对全球性问题，同质性共同体无法单独应对跨区域、跨文化的复杂情况，国际社会需要联合起来共同行动，方能解决全球治理难题。

① 刘同舫：《构建人类命运共同体对历史唯物主义的原创性贡献》，《中国社会科学》2018 年第 7 期。

人类命运共同体不是单一种族或文化同质性的实体，不是某种价值观共同体，它不以意识形态划界，不搞价值观外交，不针对特定的对象，不拉帮结派，不搞排他性的小圈子，“包容性”是其基本特征。习近平指出：“当今世界，人类生活在不同文化、种族、肤色、宗教和不同社会制度所组成的世界里，各国人民形成了你中有我、我中有你的命运共同体”①。这是“一个全新概念的共同体，它不是建立在共同的时间、空间或身份的想法之上”②；在这里，没有“文化例外”，没有种族歧视，没有宗教排除，没有党同伐异，没有团团伙伙，没有意识形态隔阂。可见，这与北约、华约等排他性共同体是完全不同的。当然，人类命运共同体不搞团伙，不是不要团结，而是不要异化了的团结，不要那种以同一性压制差异性、以普遍性对抗特殊性的“机械团结”；我们要的是一种新型的团结，一种在尊重差异和个性基础上的团结，涂尔干称之为“有机团结”③。人类命运共同体以多元主体代替同质性主体，以全球治理代替西方治理，以共同治理代替大国治理，实现了治理思维的重大转变。

其二，从线性思维转向复杂思维。现行国际体系给我们呈现的是中心-边缘清晰的世界结构状态，线性思维主导国际秩序的运作机制，全球治理从中心出发向边缘展开，整个世界置于中心-边缘结构的规整序列之中。共同体成员间的权力分配呈现“金字塔”结构，共同体内部事物遵循从中心到边缘的垂直传导机制，核心国家控制着整个世界的经济秩序、政治秩序、安全体系和法治体系，边缘国家除了顺从中心的意志之外别无选择。这种基于大国掌控世界而设计的线性治理模式自 16 世纪以来始终占据主导地位，麦克卢汉说，“直到不久前，我们的制度和安排，包括社会的、政治的、经济的制度和安排，都只是一个单向的模式……老式的、机械

---

① 《习近平谈治国理政》，外文出版社 2014 年版，第 261 页。

② 参见库斯马·卡霍尼恩（Kuisma Korhonen）对共同体的“异质性和不对称性”的思考。转引自［加］黛安娜·布赖登、［加］威廉·科尔曼主编：《反思共同体——多学科视角与全球语境》，严海波等译，社会科学文献出版社 2011 年版，第 207 页。

③ 涂尔干对“机械团结”和“有机团结”的区分，用来比较依附型世界体系和人类命运共同体的区别也是恰当的。参见［法］爱弥儿·涂尔干：《社会分工论》，渠东译，生活·读书·新知三联书店 2002 年版。

的、由中心向边缘扩展的单向模式”①。第二次世界大战结束以后，美国在政治上通过联合国，经济上通过布雷顿森林体系，安全上通过北约和结盟机制，法治上通过国际公约，掌控了主要的世界权力。显然，这种从中心向边缘扩展的线性思维与21世纪全球治理格局的演变趋势是相背离的。

人类命运共同体意味着全球治理模式和权力格局的重大转变——从垂直的线性治理模式转向“全球共治”模式，从中心-边缘二分的线性思维转向多中心、网格化的系统性思维。人类命运共同体理念主张从复杂性的视角来理解国际体系，这是对单向线性思维的超越。当今世界舞台上，“大国关系不断调整，多个力量中心正在形成”②。从复杂性的维度来看，人类命运共同体内部不存在唯一的中心，不存在等级化的主从结构，也不存在固化的“中心-边缘”格局，各成员间构成一种复杂的、多中心的网格秩序，每个成员都是网格上的一个“节点”，都扮演着不可或缺的角色。共同体内部事务的处理遵循“平等”原则和“民主”机制，遵循多中心自主自治原则③，超级大国垄断世界事务、支配其他国家命运的强权思维既缺乏国际道义的基础，在现实中也行不通。习近平指出，“国家不分大小、强弱、贫富都是国际社会的平等成员，一国的事情由本国人民做主，国际上的事情由各国商量着办”④，这是人类命运共同体所倡导的行动原则。

其三，从主客二分思维转向主体间性思维。在传统的世界体系中，核心国家以“自我”或“我们”为中心，习惯于“主客二分”的思维方式，习惯于使用“我与他”“我们与他们”的方式来谈论、思考和运作国际事务。世界被刻板地分为“中心与边缘”“先进与落后”“文明与野蛮”“盟友与敌人”“民主与专制”“西方与西方以外”简单对立的两极，边缘国家与中心国家处于紧张的状态。这与资本主义文明相关，在资本逻辑主导的

① ［加］麦克卢汉·埃：《理解媒介——论人的延伸》，何道宽译，译林出版社2000年版，第67～68页。

② 《十四大以来重要文献选编》下，人民出版社1999年版，第2469页。

③ 这里提出的“多中心治理”受到美国政治学家奥斯特罗姆夫妇“多中心理论”的启发。“多中心理论”为美国印第安纳大学政治理论与政策分析研究所的埃莉诺·奥斯特罗姆（Elinor Ostrom）与文森特·奥斯特罗姆（Vincent Ostrom）夫妇共同创立。多中心自主治理原则，对全球治理具有启示意义。

④ 《习近平谈治国理政》，外文出版社2014年版，第324页。

世界体系里，国家间关系的本质是“一切人反对一切人的战争”[①]。威斯特伐利亚体系形成以来，由于主体力量对比悬殊，共同体、国际组织、跨国机构常常沦为核心国家操弄的工具，民族国家的“小我”与共同体的“大我”之间的和谐仍然是一种外在的、假象的和谐，“小我”湮没于“大我”之中，“大我”凌驾于“小我”之上，对立、对抗是国际社会的常态。

在人类命运共同体中，各个国家都是平等的交往主体，主体间性思维取代主客二分思维，共同体成员第一次使用“我们”的方式来谈论、思考和运作国际事务，这是思维方式的历史性跃迁。不同国家皆将对方“视为‘我们’之一，而不是‘他们’”[②]。主权国家结成人类命运共同体，既不是出于自我中心意识并把“他者”对象化的欲望，也不是出于对共同体中“他者”的单向依附，而是出于共同体成员间的相互合作与共同发展的良好愿望。民族国家的“小我”与共同体的“大我”之间不再是一种外在的对立关系，而是一种内在的和谐关系。在这里，“我就是我们，而我们就是我”[③]，这是对主客二分、主从依附的国际旧秩序的否定；在这里，“小我”支撑“大我”，每个民族国家的自由发展构成共同体发展的条件；在这里，“大我”成就“小我”，共同体的发展为民族国家的发展提供广阔的舞台和空间；在这里，共同体不是凌驾于国家之上，与“小我”相对立的抽象物，民族国家也不是自绝于共同体之外，与“大我”相对立的“唯一者”。“小我”与“大我”之间、秩序与自主之间、大国与小国之间走向和解，人类社会迎来和谐共生的新时代。

二、世界秩序重构的中国方案

世界需要新秩序，构建人类命运共同体是具有原创性意义的国际秩序

---

① ［德］黑格尔：《哲学史讲演录》第4卷，贺麟、王太庆译，商务印书馆1978年版，第178页。

② ［美］罗蒂：《偶然、反讽与团结》，徐文瑞译，商务印书馆2003年版，第7页。

③ ［德］黑格尔：《精神现象学》上卷，贺麟、王玖兴译，商务印书馆1979年版，第122页。

观。西方大国主导建构的现行世界秩序，对于世界体系内的中心国家来说是“真实的”共同体，对于边缘国家来说则是完全虚幻的东西，是通往美好世界之路上新的桎梏。人类命运共同体是中国马克思主义在国际秩序观层面的元哲学创造，是“新全球化时代”国际秩序的世界历史性构想。该方案不仅仅是一种批判性的道德理想，更是一种建构性的世界秩序方案，旨在突破传统国际政治经济格局的历史惯性，消解资本主义世界化所造成的中心-边缘结构，打破西方大国主导的依附型世界体系，终结单极力量操控的霸权世界秩序，追求在去中心化的前提下建构公正合理的世界新秩序。归根结底，该方案意在通过调整全球上层建筑，改革现行世界秩序和治理体系，以适应全球生产力的普遍发展要求，建设共同发展、合作共赢的新世界。21 世纪国际力量对比东升西降，现行国际共同体秩序的瓦解与人类命运共同体秩序的建立是同样不可避免的。

建立公正合理的国际秩序是人类孜孜以求的目标。1648 年，《威斯特伐利亚和约》确立了平等和主权原则；1864 年，《日内瓦公约》确立了国际人道主义精神；1945 年，《联合国宪章》明确了四大宗旨和七项原则；1955 年，万隆会议形成了“和平相处、求同存异”的万隆精神，倡导“互相尊重主权和领土完整、互不侵犯、互不干涉内政、平等互利、和平共处”五项原则，等等，这些国际公约、准则为建立公正合理的国际秩序奠定了原则基础，提供了重要遵循。然而，理想很美好，现实终归不是理想。资本主义全球化所建构的世界秩序，早已背离了自启蒙时代以来人类孜孜追求的“全球共同体”发展道路，在资本逻辑的主导下，等级差序结构固化，人类构建正义秩序的世界图景已逐渐暗淡。

现行国际秩序是由西方大国主导的中心-边缘结构①和依附型世界体系，这是西方市民社会的等级性结构嵌入“世界市场”的表现形式。这套世界体系的最终操控者是跨国大资本，在资本动力机制下，世界普遍交往逐渐消灭了生产资料、财产和人口的分散状态，资本和财产越来越集聚在

① 沃勒斯坦认为，“资本主义世界体系是以世界范围的劳动分工为基础而建立的”。分工决定了不同国家的经济角色，从而形成现代世界体系“中心区、半边缘区、边缘区”的格局。参见［美］伊曼纽尔·沃勒斯坦：《现代世界体系》第 1 卷，罗荣渠等译，高等教育出版社 1998 年版，第 194 页。

少数人手里，形成了少数资产者对多数无产者的统治、中心国家对边缘地带的统治。因而，“在这种历史条件下所形成的全球性共同体不过是立足于‘市民社会’视域的‘货币共同体’或‘资本共同体’”①，也可称之为“神圣资本同盟”。这种共同体，信奉的是单边主义、霸权倾向的地位观，丛林法则、零和博弈的利益观，西方中心、文明优越的文明观，一国主导、几方共治的治理观，抱团结盟、自我至上的安全观。这种全球性的“资本共同体”，如同“资本主义国家”一样，本质上还是“虚假的”“冒充的”的共同体，居于核心地位的国家往往把自身的特殊利益伪装成人类普遍利益，把自身的价值伪装成全人类的“普世价值”，和平发展、合作共赢只对于世界体系内的中心国家来说是存在的，对于绝大多数依附型国家、边缘国家来说，它不仅是完全虚幻的，而且是新的桎梏。邓小平早在1988年12月会见印度总理甘地时就指出，“世界上现在有两件事情要同时做，一个是建立国际政治新秩序，一个是建立国际经济新秩序”②。随着经济全球化深入发展、国际力量对比深刻变化，现行国际共同体秩序的瓦解与新型国际共同体秩序的建立是不可避免的，全部的问题在于人类应该建构什么样的国际新秩序？进入21世纪，中国、俄罗斯、印度等新兴市场国家快速崛起，美西方主导的国际政治体系、国际经济体系、国际安全体系积重难返，越来越难以适应国际形势变化，国际社会迫切要求构建更加公正合理的世界秩序，开辟人类更加美好的发展前景。

把准问题，方能“开方”。重建国际秩序的出路何在？中国方案是——倡导人类命运共同体理念，构建“同呼吸、共命运”的新型国际共同体秩序。构建人类命运共同体，不是基于地缘政治的考虑，而是立足于“人类社会或社会化的人类”的哲学立场，意在通过调整全球上层建筑，将“西方性”的世界秩序和治理体系改造升级为“共同性”的世界秩序和治理体系，以适应全球生产力的普遍发展要求，增进全人类的共同利益，致力于建设共同发展、合作共赢的世界。人类命运共同体是21世纪筹划人

① 刘同舫：《构建人类命运共同体对历史唯物主义的原创性贡献》，《中国社会科学》2018年第7期。

② 《邓小平文选》第3卷，人民出版社1993年版，第282页。

类命运的唯一选择，是国际秩序的范式革命，是中国倡导的新型国际秩序观。人类命运共同体是对马克思主义全球秩序观的继承，是对中国传统天下观的扬弃，是对中国共产党韬光养晦世界观、和谐世界观的发展，是对现存国际秩序的批判性反思，是具有原创性价值的国际秩序观。构建人类命运共同体，其方向是消解而不是延续资本主义世界化所造成的中心-边缘结构，是打破而不是固化西方主导的依附型世界体系，是终结而不是维护盎格鲁-撒克逊世界主导的霸权秩序，是改革而不继承一方主导、几方共治的全球治理体系，是要在去中心化的追求中建构起网格化、多中心的新世界。各个国家只有在命运共同体的世界新秩序中，才能获得和平发展、合作共赢的条件。

人类命运共同体，旨在建构公正合理的国际新秩序。人类命运共同体不是一种世界社会实体或实体性的世界体系，也不是按照统一的国际章程结成的“现代国家联合体”，更不是一种国际统一战线、国际政治组织。但人类命运共同体本身蕴含着一整套世界秩序重建的文化观念，为国际秩序的理性建构注入了中国元素。一是平等相待、互商互谅的地位观。地球是人类共同生存的舞台，不是国家角力的竞技场，不是高低贵贱的裁判所。我们反对中心-边缘结构，反对依附型世界体系，致力于建设一个身份正义的世界。二是公道正义、共建共享的安全观。21 世纪的最大问题是联合起来共谋和平、共同发展的问题。21 世纪，要建设持久和平、共同繁荣的和谐世界，就必须改变与民族国家的发展不相适应的国际旧秩序，创造使民族国家合作共赢成为可能的共同体环境；就必须反对霸权主义和强权政治，反对单边主义和丛林法则，将扭曲的国际关系重新扭转过来，致力于建设一个安全正义的世界。三是合作共赢、包容互惠的发展观。各国同处一个世界，反对赢者通吃、丛林法则的资本逻辑，解决全球性剥夺和不平等问题，致力于建设一个发展正义的世界。四是和而不同、兼收并蓄的文明观。不同文明凝聚着不同民族的智慧，没有高低、优劣之分，只有长短、特色之别。反对“文明优越论”，反对单一文明一统天下，致力于建设一个文化正义的世界。五是尊崇自然、绿色发展的生态观。地球是人类赖以生存的唯一家园。人类与自然自古以来是生命共同体，要彻底扭转资本主义工业革命以来人与自然的对抗之路，实现人与自然的真正和解，致力于建设一个生态正义的世界。

人类命运共同体及其蕴含的中国理念，重拾被西方搁置的全球正义问题，已经成为新时代引领国际秩序重构的“文化隐喻”和方向标。作为文化隐喻，这些核心概念既反衬了现行国际秩序存在的问题，同时建构了世人对国际秩序的认知新框架。通过这个框架，人们被暗示——正义的世界秩序应该是什么样的、不应该是什么样的，世界应该向着什么方向发展、应该避免走上什么样的不归路，国际交往中哪些行为是正义的、哪些行为是应当规避的，现存国际秩序为什么是不合理的、我们应该建构什么样的正义世界，如此等等。这些文化隐喻为人类命运共同体的决定性出场奠定了思想基础，通过隐喻的建构性功能，配合新兴市场国家的大力推动，国际政治的“现实”将以某种特定方式或快或慢地被建构出来，未来国际秩序的变迁有理由被看作是这些隐喻的再描述过程，即隐喻的现实化过程。

当然，作为中国倡导的新型国际秩序观，构建人类命运共同体为现行世界秩序结构的改革调整、改造升级指明了方向，不意味着颠覆现行世界体系，另搞一套。现行世界体系通过改革完善依然可以焕发新的生命，比如联合国、WTO依然有其合法性，它还处于青壮年时期；世界银行、国际货币基金组织等可以通过权力重组、规则调整达到服务全球的目的。当然，某些带有浓厚意识形态色彩的国际组织，比如北约、七国俱乐部，在后西方语境下注定要走下神坛，直至退出历史舞台，这是历史的大趋势。西方国家如果能够正视新兴市场国家群体性崛起、国际格局发生深刻调整的事实，能够正视“后西方时代”正在降临的事实，西方国家在“后西方”语境中是不可能被边缘化的，改变的仅仅是发挥作用的方式。中国“维护以联合国为核心的国际体系、以国际法为基础的国际秩序、以联合国宪章宗旨和原则为基础的国际关系基本准则”①。中国不是“规则的破坏者”“秩序的颠覆者”，相反，“中国是现行国际体系的参与者、建设者、贡献者，同时也是受益者。改革和完善现行国际体系，不意味着另起炉

① 习近平：《在中华人民共和国恢复联合国合法席位50周年纪念会议上的讲话》，《人民日报》2021年10月26日。

灶，而是要推动它朝着更加公正合理的方向发展”①。中国正成为全球治理改革中最活跃的动力和国际体系变革中最具建设性的因素。中国不承认少数国家主张的“基于规则的国际秩序”，不认可“强权即公理”的霸道逻辑，不赞同个别大国“从实力的地位出发”（from a position of strength）的国际交往之道，反对少数大国垄断国际秩序和国际规则的制定权，反对从一己之私出发任意解构或定义国际秩序，反对公器私用肆意践踏国际体系、玩弄国际规则。

三、开创人类文明的崭新形态

人类命运共同体是“后西方”“后冷战”“后秩序”时代的新文明形态，旨在解构资本逻辑操控的传统人类文明，压缩“西方中心主义”统治世界的历史空间，压制“普世主义”价值观的越界冲动，阻隔西方文明“对抗”“利己”“扩张”基因全球蔓延，阻断现行国际秩序中的非正义遗产世代传承，为匡扶全球正义、建设公正合理的新世界树立了文明标杆。人类命运共同体是中国马克思主义在世界文明观意义上的元理论创造，是中国创生的更高水准的人类新文明，是为中国所把握到的世界精神，已经成为中国在21世纪引领人类精神成长和世界历史走向的鲜明旗帜，标识了21世纪马克思主义的新高度。

第一次工业革命以来，西方率先完成了现代化的任务，率先享受了现代化的成果，成功创造了现代化的西方道路和人类文明的西方形态，西方因此成为世界的中心，“西方中心论”从此成为主导全球的意识形态。“西方中心论”者始终认为，起始于欧洲的现代文明进程“是唯一成功和正确的发展逻辑”，世界各国如果想走上文明大道，享受现代文明成果，今后的任务就是向西方靠拢，成为西方的另一个“他者”。然而，“西方中心主义”本质上是由“地域性”伪装起来的“普世性”，西方集团把自己冒充

① 《习近平关于中国特色大国外交论述摘编》，中央文献出版社2020年版，第215页。

为全世界的代表，把自己的利益伪装成全世界的共同利益，把自己的思想“描绘成唯一的、有普遍意义的思想”，“赋予自己的思想以普遍性的形式”①。这种狭隘的人类文明建构路线注定要在多极化的世界力量冲击下遭遇破产。

进入 21 世纪，世界历史并没有在“西方中心主义”的“尽善尽美”中终结，以盎格鲁-撒克逊文明为底色的人类文明正面临危机，重建人类文明是国际社会大家的共同事业。“西方中心论”在主导全球几个世纪之后，在 21 世纪也遭遇了滑铁卢，正如塞缪尔·亨廷顿所言，美西方“在全球范围内推广西方文化的努力与其推广能力的下降这两者之间的不协调”②，已经上升为当今世界文化领域的主要矛盾。今天，单一的西方文明不可能继续作为“认同、意义、稳定、合法性和希望的本源”；单一的中华文明或别的什么文明，也不可能是新型全球化时代的“解决办法”。世界各国需要共同努力，遵循“美美与共”的原则，秉持“各美其美”的自信，怀抱“美人之美”的胸襟，向人类贡献普遍认可的文化信息，达成普遍遵循的国际交往理性，重构与世界大变局、全球主义大方向相匹配的人类新文明。

重构人类新文明，必须从实际出发，坚持问题导向，直面当今世界共同难题。世界这么大，问题这么多，在不确定的世界中寻找确定性，中国贡献的人类文明方案是：构建人类命运共同体。人类命运共同体，是人类文明重构的中国方案，已经“成为中国引领时代潮流和人类文明进步方向的鲜明旗帜”③。人类命运共同体是元哲学层面的人类文明新理念，是一种可能的新文明类型，是指引未来世界的最高概念，是为中国所把握到的世界精神。人类命运共同体蕴含着这样一个观念：我们是一个共命运的人类大家庭，我们不仅认同本土共同体，也认同全球共同体；我们每个国家都作为独立的文化价值主体而存在，也作为人类文明重构者的身

---

① 《马克思恩格斯文集》第 1 卷，人民出版社 2009 年版，第 552 页。

② ［美］塞缪尔·亨廷顿：《文明的冲突与世界秩序的重建》，周琪等译，新华出版社 2002 年版，第 199 页。

③ 《习近平新时代中国特色社会主义思想学习纲要》，学习出版社、人民出版社 2023 年版，第 269 页。

份参与其中，为构建人类命运共同体贡献本民族的文化信息。构建人类命运共同体，从价值上来说，就是培育“共同的公善”观念，全人类致力于实现“公善”而联合为一体；从行动上来说，就是以此为牵引，走向理想的正义世界。

人类命运共同体的出场，作为一种与“西方中心主义”本质对立的新文明类型，其超越性体现在以下若干方面：在全球治理上，超越一方主导、几方共治的西方治理逻辑，倡导共商、共建、共享的全球治理观，致力于建设良政善治的世界；在全球发展上，超越线性进化、梯度发展的发展理性，倡导创新、协调、绿色、开放、共享的发展观，致力于建设共同繁荣的世界；在文明交流上，超越西方中心、文明优越的文明理性，倡导平等、互鉴、对话、包容的文明观，致力于建设美美与共的世界；在世界安全上，超越自我至上、抱团结盟的安全理性，倡导共同、综合、合作、可持续的新安全观，致力于建设持久和平的世界；在国际合作上，超越以邻为壑、亲疏划界的交往理性，倡导开放、融通、互利、共赢的合作观，致力于建设命运与共的世界；在国际关系上，超越中心-边缘、主从依附的关系理性，倡导相互尊重、公平正义、合作共赢的新型国际关系，致力于建设公正合理的世界；在义利关系上，超越弱肉强食、零和博弈的经济理性，倡导以义为先、义利兼顾的正确义利观，致力于建设合作共赢的世界；在价值观上，超越“普世主义”、“西方中心主义”的价值理性，中止多样化世界的同质化态势，弘扬和平、发展、公平、正义、民主、自由的全人类共同价值，致力于建设和而不同的世界；在大国关系上，超越国强必霸、大国必战的权力理性，倡导不冲突、不对抗、相互尊重、合作共赢的新型大国关系，致力于建设普遍安全的世界；在制度选择上，超越世界趋同、历史终结的制度理性，倡导自主选择社会制度和发展模式的制度观，致力于建设和谐共生的世界；在生态环境上，超越人类中心主义、自然中心主义，倡导人与自然生命共同体理念，致力于建设清洁美丽的世界，等等。

中国是人类新文明的主要建构力量。在“西方中心主义”统治的世界中，创生更高水准的人类文明，引领人类精神成长和世界历史走向，是中国崛起的题中之义。美国学者迈克尔·巴尔指出："中国崛起不仅是一个经济事件，还是一个文化事件。"[①] 在以中国为主的新兴市场国家的推动下，人类文明中的非西方元素在增加，西方文明的权重在减少，"世界正在从根本上变得更加现代化和更少西方化"[②]。新兴市场国家"物质的成功带来了对文化的伸张；硬权力衍生出软权力"[③]。整个非西方世界对西方文明的盲从时期、畏惧时期已经结束，自立时期、反驳时期已经开启，以人类命运共同体理念为核心的人类新文明正在越来越大的范围内成为国际交往理性和文明规则，成为越来越多的国家普遍接受的价值共识。同时，我们也要看到，人类命运共同体文明不是一天建成的，"西方中心主义"文明的解体也不是一天可以完成的。未来很长一段时间内，两种不同性质的人类文明将进入新老交替、新旧纠缠、深度博弈、此消彼长的新阶段，"新的突破旧的""死的又拖住活的"[④] 将是未来世界的文明交往新常态。我们有信心，人类命运共同体必将在引领世界秩序未来走向、重塑世界历史未来样态上发挥更大作用。

四、两制共存范式的当代构想

人类命运共同体遵循马克思"两个决不会"的原则精神，有效规避了两制生死博弈的终极逻辑，打开了资本主义占主导地位的国际背景下两制和平共处、人类和谐共生的历史空间，为建构"后西方时代"两制交往新范式提供了前瞻性构想。构建人类命运共同体的实践方略，为超越资本逻辑主导的"虚假的共同体"、通向"真正的共同体"开辟了道路，为超越

① ［美］迈克尔·巴尔：《中国软实力》，石竹芳译，中信出版社 2013 年版，前言。

② ［美］塞缪尔·亨廷顿：《文明的冲突与世界秩序的重建》，周琪等译，新华出版社 2002 年版，第 71 页。

③ ［美］塞缪尔·亨廷顿：《文明的冲突与世界秩序的重建》，周琪等译，新华出版社 2002 年版，第 110 页。

④ 萧萐父：《中国哲学启蒙的坎坷道路》，《中国社会科学》1983 年第 1 期。

封闭狭隘的“自由联合体”[①]、搭建开阔的“世界大舞台”拓展了空间，为兑现为世界谋大同的千年梦想、为人类作贡献的世纪承诺迈出了一大步。构建人类命运共同体是一种自主性、建构性世界观，重构了“两个彻底决裂”到来之前两种制度、两条道路的互动逻辑和交往范式，重新规划了世界历史“东升西降”阶段两制长期共存、良性竞争的世界图景，重新塑造了“西强东弱”格局下两制国家和谐共生的国际政治生态，是真正站在全人类高度思考世界未来走向的“建构性方案”。构建人类命运共同体，是中国马克思主义在两制交往理论上的元哲学创造，书写了马克思主义全球史观的中国版本、当代形态。

国与国之间理性交往何以可能？启蒙思想家休谟、卢梭建构了“契约论”交往范式，国家之间通过订立契约规范交往行为，建构国际共同体秩序。黑格尔不赞同“契约论”交往范式，他认为，国家之间无法达成契约，“国与国之间的关系是独立主体间的关系，它们彼此订约，但同时凌驾于这些约定之上”[②]。也就是说，由于缺乏超越国家之上的执法机器和最高权威，契约必定沦为一纸空文，世界历史因此必然卷入“立约—废约”“建群—退群”的循环中。近代以来，西方国家之间交往的主导原则并非契约精神，而是实力原则，贸易与战争成为国际交往的两种主要范式；西方与非西方国家之间交往的主导范式也并非“契约论”范式，而是“宗主国-殖民地”范式，西方大帝国建构了覆盖全球的帝国殖民体系，形成了不对等的普遍交往关系。第二次世界大战以后，帝国殖民体系瓦解，取而代之的是“中心-边缘”的国际交往范式。在资本主义世界体系中，国家权力不是势均力敌的，资本力量是最主要的国家力量，形成金字塔形的国际权力结构。西方大国凭借资本力量盘踞世界体系中央，边缘国家居于依

---

① 1990 年 11 月，美国时任总统老布什在匈牙利布拉格首次提出“自由联合体”概念，与后来克林顿提出的“民主共同体”、蓬佩奥提出的“国际民主联盟”、拜登提出的“全球民主联盟”如出一辙，实质都是西式自由民主国家的联合体。老布什指出，自由联合体是“一个致力于自由理想的道义共同体”，“为所有国家打造一个新世界秩序，它比我们已知的秩序更加稳定、更加安全”。See George H. W. Bush, Remarks to the Federal Assembly in Prague, Czechoslvakia, November 17, 1990, accessed online at Gerhard Peters and John T. Woolley, eds., *The American Presidency Project*.

② ［德］黑格尔：《法哲学原理》，范扬、张企泰译，商务印书馆 2009 年版，第 393 页。

附地位，形成了不公正不合理的国际交往关系。

1917年俄国十月革命胜利，第一个社会主义国家诞生，标志着世界历史从此进入了资本主义与社会主义两制共存的新时代。但是，马克思并没有预见资本主义和社会主义注定要在同一个全球体系内长期和平共处，更无从规划两制国家的交往范式。社会主义国家出现后，世界逐渐分割为政治孤立、经济独立、文明对立的两大阵营，世界交往以集团划界，形成了“冷战”交往范式。苏联解体以后，两制国家间的冷战终结，世界重回“中心-边缘”的等级秩序和国际交往范式，西方凭借资本力量再次主导了人类和地球的交往活动，社会主义国家在资本主义世界体系的夹缝中求生存、谋发展。21世纪，中国前所未有地走近世界舞台中央，如何重构两制国家交往秩序，如何拓展两制国家交往空间，如何在“坚持科学社会主义基本原则”的前提下实现两制国家和平共处、合作共赢？这是当今时代面临的世界性难题，也是当代中国政治家需要回答的历史性课题。

当今世界“依然处在马克思主义所指明的历史时代”①，也就是说今天依然处在资本主义主导世界历史的时代，依然是资本逻辑主宰人类命运的历史时代，依然是人类和地球的“欧洲化”“美国化”时代，归根结底依然处在马克思所论断的“两个决不会”② 阶段。中国特色社会主义进入新时代，尽管世界社会主义运动迎来从低谷中复兴的重大转变，尽管“国际力量对比持续朝着于我有利的方向发展”③，尽管“时与势在我们一边”④，优势和机遇在我们一边，但从世界基本面来看，世界上两种制度、两条道路竞争博弈仍处于白热化阶段，远未到一决胜负的时候，两种力量对比的拐点并未到来，试图一劳永逸地解决两种制度胜败存废的条件尚不具备。

---

① 《习近平谈治国理政》第2卷，外文出版社2017年版，第66页。

② 马克思在《〈政治经济学批判〉序言》中指出，“无论哪一个社会形态，在它所能容纳的全部生产力发挥出来以前，是决不会灭亡的；而新的更高的生产关系，在它的物质存在条件在旧社会的胎胞里成熟以前，是决不会出现的。”简称“两个决不会”。参见《马克思恩格斯选集》第2卷，人民出版社2012年版，第3页。

③ 《习近平关于社会主义社会建设论述摘编》，中央文献出版社2017年版，第146页。

④ 习近平：《深入学习坚决贯彻党的十九届五中全会精神 确保全面建设社会主义现代化国家开好局》，《人民日报》2021年1月12日。

当前乃至今后相当长的时间内，世界历史的主导力量主要来自西方，“西强东弱”的国际政治格局仍将持续，“两个必然”① 的实现还是一个长期的过程；但也要看到，世界历史进入了“东升西降”的新周期，“西强东弱”格局松动的趋势不可逆转，“两个必然”的结局不会改变。面向未来，在“两个彻底决裂”② 实现之前，中国作为最大的社会主义国家，有责任重构两种制度、两条道路的互动逻辑和交往范式，有责任规划两制国家长期共存的世界图景。

如何重构两制国家交往范式？中国倡导构建人类命运共同体，实现了对世界交往范式的颠覆性重构，为两种制度、两条道路、两种意识形态和平共处、良性竞争提供了新方案、打开了新空间。民族历史转变为世界历史，人类第一次在世界意义上形成了交往共同体。但资本逻辑驱动的交往共同体具有侵略性、扩张性、零和性，资本主义全球化构筑的是不平等的、霸权主义的国际秩序，无法解决人类命运问题。时代境遇决定了以往的历史唯物主义在探讨两制国家相处之道时，其理论态度主要是批判性、解构性的。构建人类命运共同体的历史性出场，引导历史唯物主义理论发生建构性转向，成为新全球化时代合理规划两制国家交往关系的一种“建构性世界观”。习近平指出，“推动构建人类命运共同体，不是以一种制度代替另一种制度，不是以一种文明代替另一种文明，而是不同社会制度、不同意识形态、不同历史文化、不同发展水平的国家在国际事务中利益共生、权利共享、责任共担，形成共建美好世界的最大公约数。”③ 今天，世界的经济基础是两种生产关系、两种基本经济制度长期并存、竞相发展，资本主义私有制在世界范围内占据主导地位，公有制在局部发挥主体作用；世界的制度基础是两种制度、两条道路长期并存、比拼发展，资本主

---

① “两个必然”，即资本主义必然灭亡、社会主义必然胜利。马克思在《共产党宣言》中指出，“资产阶级的灭亡和无产阶级的胜利是同样不可避免的”，即“两个不可避免”，俗称“两个必然”。参见《马克思恩格斯选集》第 1 卷，人民出版社 2012 年版，第 413 页。

② 马克思在《共产党宣言》中指出，“共产主义革命就是同传统的所有制关系实行最彻底的决裂；毫不奇怪，它在自己的发展进程中要同传统的观念实行最彻底的决裂。”简称“两个彻底决裂”。参见《马克思恩格斯选集》第 1 卷，人民出版社 2012 年版，第 421 页。

③ 习近平：《在中华人民共和国恢复联合国合法席位 50 周年纪念会议上的讲话》，《人民日报》2021 年 10 月 26 日。

义不断挖掘其存在的合理性空间，社会主义逐步释放其优越性；世界的思想基础是两个主义、两种意识形态长期并存、竞争博弈，资产阶级意识形态占据优势地位，社会主义意识形态在实践中证明其真理性；世界的价值观基础是两种文明、两种价值观长期并存、相互竞争，“普世主义”价值观继续维持优势地位、占领有利地形，全人类共同价值将逐步凝聚起各国共识、争夺道德高地。在今后相当长的时间内，两种生产关系、两种社会制度、两种意识形态和平共处、和而不同，共同推进人类社会发展和文明进步，这是人类面临的共同语境。两制国家矛盾是根本对立的，但又有和平竞争、共同发展、合作共赢的一面。资本主义因素与社会主义因素可以在一国之内同时并存，资本主义制度与社会主义制度可以在世界范围内和平共处，资本主义国家与社会主义国家可以在全球治理领域合作共治。试图超越发展阶段，摆脱两制共存的社会历史条件，试图在二者之间做单选题，谋求建构由单一经济基础、单一社会制度、单一意识形态为底色的共同体世界是断不可行的，最坏的情形是两败俱伤，“世界历史”走向终结。因此，现阶段，处理好两制国家间关系，特别是处理好中国这个最大社会主义国家与美国这个最强资本主义国家的关系，避免跌入“冷战陷阱”和“修昔底德陷阱”，避免走上冲突对抗、国强必霸的老路，唯一可能的选项是构建人类命运共同体。人类命运共同体，实现了两制国家交往范式的“拨乱反正”和革命性重构，独辟蹊径找到一条超越两制国家对立对抗的新路径，策略性地规避了社会主义与资本主义生死博弈的终极逻辑，开启了不同文明、不同社会制度和平共处、求同存异、共同发展、合作共赢的世界历史新纪元。

人类命运共同体是国际政治生活中的伟大创造，是人类交往共同体的新范式。人类命运共同体遵循马克思“两个决不会”的基本精神，深刻洞察两制国家长期共存的历史大势，重构了世界历史“东升西降”阶段两种制度、两个主义、两条道路的互动逻辑和交往范式，重塑了人类普遍交往史上两制国家和谐共生的国际政治新生态。当然，构建人类命运共同体，不是为了调和两制国家的矛盾，不是为了粉饰太平，而是为了开创世界永久和平的两制国家交往新路。在资本主义制度占主导地位的国际经济条件下，在缺乏国际组织保障和制度安排的国际政治条件下，在资产阶级意识形态和“西方中心论”思维左右全球重大议题的国际舆论环境下，构建人类命运共同体是一项艰巨的世纪工程，不可能毕其功于一役。人类命运共同体从理念转化为现实、从理想蓝图转化为全球行动方案，世界历史从“英语时代”“美语时代”真正进入“世界语时代”，仍然任重道远。

五、引领世界历史的行动纲领

世界历史是一个大的过程，每个时代有每个时代的任务纲领。西方开创了世界历史，西方的土地征服战略、利益攫取战略、文化殖民战略、制度输出战略、“和平演变”战略、“颜色革命”战略均一度升级为世界性的行动纲领。构建人类命运共同体，旨在匡正“后西方”时代世界历史进程的目标方向，遏阻单边主义、保守主义、民粹主义等历史逆流，矫正现时代国际社会的前进方向，是世界历史目前阶段的奋斗目标，是“再全球化”时代实现世界发展共赢、利益共享、责任共担、安全共建、和谐共处的共同纲领。构建人类命运共同体，以冲破遏阻世界普遍交往的历史逆流为前提，以世界普遍交往的充分发展为条件，将在世界普遍交往的提质升级中建成。人类命运共同体是中国马克思主义在世界历史观意义上的元哲学创造，是对世界历史阶段性目标和纲领的颠覆性重构，是对新全球化时代世界图景的全新构想，拓展了唯物史观的叙事主题和全球视野，开辟了马克思主义世界历史理论的崭新境界。

地理大发现特别是第一次工业革命以来，资本奔走于世界各地，到处落户、到处开发、到处建立联系，历史不可避免地转变为世界历史，周边国家交往不可逆转地扩大为世界普遍交往，单一国家问题也随之扩散为人类共同难题，单一民族或国家特立独行已无力应对不确定的世界，唯有联合起来制定共同的奋斗目标和行动纲领，人类才有希望和未来。西方开创了世界历史，同时也主宰和塑造了世界历史，世界历史本质上就是“资本主义文明通过普遍交往在世界范围扩张与复制的历史”，就是资本主义生产方式通过世界普遍交往由特殊性上升为普遍性的历史[①]，就是西方的土地征服、利益攫取、制度输出、文化殖民上升为世界性行动纲领的历史。这样的世界历史该终结了！这样的世界纲领该中止了！随着社会主义国家和新兴市场国家的群体性崛起，国际力量对比的深刻变化，世界历史的资本主义属性、西方属性趋于弱化，公共需求属性、共同利益属性趋于强化，世界历史需要确立新的目标、新的方向、新的纲领。从当前阶段来看，"人类命运共同体"就是世界历史目前阶段的奋斗目标，是"后西方"时代全人类的共同纲领，是全球性的共同事业；从长远未来来看，"真正的共同体"是世界历史进程中的最终目标，是"两个彻底决裂"时代全人类的最高纲领。世界各国团结起来和谐共生，就是人类命运共同体；沿着人类命运共同体走下去，终将通往"真正的共同体"。

当今世界正经历百年未有之大变局，世界不稳定性、不确定性明显增加，"人类向何处去"成为困扰国际社会的共同难题。面对"世界之问"，中国方案是构建人类命运共同体，这是"再全球化"阶段国际社会大家庭的共同使命、共同目标，是世界历史目前阶段的奋斗纲领。人类命运共同体指向当下，是针对现阶段人类共同难题、回答"世界之问"而提出的行动纲领，是从当代世界经济、政治、文化、社会、科技、生态文明、安全等领域的具体实际出发，所作出的科学预判和顶层设计。作为"中国药方"，构建人类命运共同体的优越性在于——它处理问题不是"头痛医头、脚痛医脚"，而是综合施策、标本兼治；它不仅是解决问题的工具，更是契合人类历史进程的指导性理念和纲领。"从'世界历史'的角度说，人类命运共同体就是在'无阶级时代'尚未到来，条件尚不具备……的历史条件下，人类社会发展的阶段性目标。"[②] 今天，人类社会尚处在阶级关系中，构建"真正的共同体"是超越发展阶段的，不具有现实可能性。构建人类命运共同体，才是现时代的唯一选择，才符合国际社会的根本利益和普遍期待，也才能凝聚起全人类的价值共识和最大公约数。

---

① 李包庚：《世界普遍交往中的人类命运共同体》，《中国社会科学》2020年第4期。

② 刘建飞：《世界历史进程中的人类命运共同体及两制国家关系》，《当代世界与社会主义》2019年第2期。

构建人类命运共同体的行动纲领，旨在在普遍交往中建设更加美好的世界，实现各国人民对美好生活的向往。资本主义全球化形成了全人类的普遍交往，但并未均衡地增进全人类的共同利益。资本逻辑支配下的世界市场体系、全球治理体系面临深刻危机，和平赤字、发展赤字、安全赤字、治理赤字、文化霸权、制度霸权等六大问题依然危及人类命运。人类命运共同体旨在克服世界市场体系和全球治理体系危机，“立足于‘人类社会’的哲学立场，促进人类真正的‘普遍交往’以形成具有更高‘共同性’水平的人类利益，并在变革全球治理体系的基础上推动全球生产力均衡发展，为实现人类社会更美好的世界景象奠定坚实的物质基础和精神基础。”① 构建人类命运共同体是一个宏大的行动计划，具体展开和外化为“六大行动方案”：以消解发展赤字为目标、旨在推动世界共同发展的中国方案，比如“一带一路”建设、亚投行、全球发展倡议、新型全球化方案；以消解治理赤字为目标、旨在优化全球治理的中国方案，比如倡导“共商共建共享”的全球治理观；以消解信任赤字为目标、旨在增进全球信任的中国方案，比如倡导“以义为先、义利兼顾”的正确义利观；以消解和平赤字为目标、旨在维护世界和平的中国方案，比如倡导全球安全倡议、新型大国关系格局；以消解文化霸权为目标、旨在重构人类文明格局的中国方案，比如倡导全球文明倡议、全人类共同价值；以消解制度霸权为目标、旨在探索更好社会制度的中国方案，比如倡导“自主选择”的制度观。这六大方案，为建构世界普遍交往的新格局和世界历史的新图景指明了方向。

今天，构建人类命运共同体的宏大事业，受到了来自西方逆全球化动向的干扰，受到了西方保守主义、单边主义、民粹主义的遏阻，受到了孤立主义、冷战思维的阻挠以及“国际民主联盟”的价值观围堵，但全球社会并没有退出“世界历史”的总体进程，中国也不可能脱离世界普遍交往体系，世界普遍交往的大趋势没有变。构建人类命运共同体是超越传统国际交往格局，实现人类社会发展共赢、利益共享、责任共担、安全共建、

① 刘同舫：《构建人类命运共同体对历史唯物主义的原创性贡献》，《中国社会科学》2018 年第 7 期。

和谐共处的普遍交往纲领，是迈向世界普遍交往新秩序的一个阶段性目标和美好愿景。构建人类命运共同体被多次写入联合国文件，这一方案作为解决国际问题的“总钥匙”，正受到越来越多国家的认可①。

构建人类命运共同体，顺应世界历史的总体进程和最终走向，是通往“真正的共同体”的必经阶段，是人类进步史上的一大步。现阶段，我们致力于构建人类命运共同体，正是为推动世界历史向着高级阶段挺进创造条件、积蓄力量，为建成“真正的共同体”奠定基础、开辟道路。人类命运共同体的决定性出场，必将载入世界历史史册和人类解放史册，但这不是人类进步的终点，它没有终结世界历史的未来发展，人类解放事业依然在路上，世界历史不会止步于“共同命运”。只有到了“真正的共同体”的目的地，世界历史才进入自由王国，人类才真正掌握了自己的命运，建成了终极意义上的命运共同体。

必须说明的是，构建人类命运共同体的主张来自中国，是中国倡议的世界纲领，但绝不意味着这是一个民族主义纲领，我们不会打着“民族的就是世界的”幌子给世界带节奏；绝不意味着中国将自己单方面的主张强加于他国，我们不会谋求按照自己的模样改造整个世界；绝不意味着中华文明将殖民于整个世界，我们反对“西方中心主义”不是为了走向“东方中心主义”。

总之，人类命运共同体作为对现存共同体秩序的反动，它向全球提供了一种崭新的全球治理思维和治理理念，为推动全球治理体系和治理能力的现代化开辟了新的愿景。构建人类命运共同体，是中国对国际关系理论的重要贡献，是中国对国际秩序观的创新与发展，为建设更加公正合理的国际新秩序贡献了中国方案和中国智慧。构建人类命运共同体，是新时代中国特色大国外交的总方略，是中国创生的更高水准的人类新文明，是中

① 2017年1月18日，习近平在联合国日内瓦总部发表了《共同构建人类命运共同体》的演讲，现场聆听演讲的联合国秘书长古特雷斯说：“中国已成为多边主义的重要支柱，而我们践行多边主义的目的，就是要建立人类命运共同体。”同年2月10日，人类命运共同体理念写入联合国社会发展委员会“非洲发展新伙伴关系的社会层面决议”；3月17日，写入联合国安理会关于阿富汗问题的第2344号决议；3月23日，写入联合国人权理事会关于“经济、社会、文化权利”和“粮食权”两个决议；11月2日，写入联大负责裁军和国际安全事务第一委员会（联大一委）通过的“防止外空军备竞赛进一步切实措施”和“不首先在外空放置武器”两份安全决议，等等。

国在 21 世纪引领人类精神成长和世界历史走向的鲜明旗帜。构建人类命运共同体，打开了社会主义与资本主义两种制度、两条道路和平共处的历史空间，匡正了现时代国际社会的前进方向，是世界普遍交往范式的当代重建，是世界历史目前阶段的共同纲领。一句话，唯有通过人类命运共同体，才能在全球范围内真正解决人类命运问题，才能打开通往“真正的共同体”的正确道路。

第七章　世界大变局与人类文明的重建

中国共产党是为人类谋进步、为世界谋大同的党，始终坚持胸怀天下，以世界眼光关注人类前途命运，“不断为人类文明进步贡献智慧和力量”①。21世纪，中华民族对于世界的贡献，更重要的是文明的贡献，在世界大变局的重大历史时刻，自觉参与人类文明的重建，积极引领人类精神成长和文明进步。全球社会是一个共同体，维系共同体秩序，有赖于形成普遍遵循的共同体规则，即人类文明。在世界政府缺位的情况下，美好的全球共同体生活之所以可能，一个重要前提就是建构各个国家普遍认可的人类文明。这里所讨论的人类文明，不是指某种单一的文明形态（如基督教文明），而是专指世界普遍交往中共同遵循的交往理性、文明规则，即“共同的公理”②。在全球社会中，国家间要跨越对立、负责任地行动，必须遵循国际交往理性，服从普遍认可的文明规则。

① 《中国共产党第十九届中央委员会第六次全体会议文件汇编》，人民出版社2021年版，第98～99页。

② 杜维明：《全球化与多样性》，载哈佛燕京学社主编：《全球化与文明对话》，江苏教育出版社2004年版，第86页。

一、历史向世界历史的转变与人类文明的出场

民族历史转变为世界历史，这是千年未有之大变局。世界历史出场，才有了世界史意义上的人类文明。作为国际交往共识的人类文明是全球化的产物，是民族历史转变为世界历史的结果。

民族历史时期，各个国家都处于相对隔绝状态，呈现为单子式的个体，无法结成现代意义上的全球社会，即全球共同体。“前资本主义时期（民族历史时期——引者注）的传统国家是松散的、静止的国家”，“国际社会也是隔绝的、静态的，国家之间不存在不可或缺的交往关系”①。国家间的交往是零星的、局部的，不同文明的交汇也是偶然的②，不存在现代含义的国际关系，因而不存在世界史意义上的人类文明，不存在跨越地域局限性的人类文明，更不存在跨越民族种族宗教边界的世界共识性文明。这一时期，每个民族的活动构成民族的历史，只具有地域性的意义；每个民族的文明都表现为地域性文明，只具有地域性的价值。所谓“西方中心论”“文明优越论”“普世价值论”都是不存在的。

天涯若比邻。“历史向世界历史的转变”③，是人类社会发展史上的一次伟大飞跃，是千年未有之大变局。伴随着世界历史的形成，人类社会的发展逐渐超越狭隘的区域，而在整个世界范围内展开；单一国家的活动逐渐走出闭塞或半隔绝状态，越来越受到“世界市场的力量的支配”④；单子化的国家逐渐结成一个整体，超越地理边界的全球共同体正式走进历史舞台。封闭孤立的发展模式难以为继，任何国家和民族唯有置于世界性的经济、政治、文化的普遍交往关系中，全方位参与国际交往和世界竞争，才

① 王沪宁：《政治的逻辑》，上海人民出版社 2016 年版，第 579、580 页。

② 比如，郑和下西洋是 15 世纪末欧洲地理大发现以前世界史上规模最大的海上探险和跨文明交流活动，但由于缺乏资本驱动的动力机制，这一壮举不过是皇权发起的偶然行动，不具有历史必然性。

③ 《马克思恩格斯选集》第 1 卷，人民出版社 2012 年版，第 169 页。

④ 《马克思恩格斯选集》第 1 卷，人民出版社 2012 年版，第 169 页。

能求得生存和发展，才有希望和未来。

一旦走出民族历史，走进世界历史，走进普遍交往的地球村，人类就日益迫切地需要达成某种交往共识，即“村规民约”。也就是说，各国在“保持自身价值的同时，还需要有一种全球性、结构性和法理性的文化”①，需要建构基于普遍共识的人类文明。这是一种超越任何一个国家或地区视角的文明观。人类文明就其理想价值来说，应该成为全球社会的共同信仰、全球治理的基本遵循、普遍交往的行为准则；缺了它，国际交往就没有章法，共同行动就难以永续，世界交往就会陷入无政府的野蛮状态。也就是说，只有当一个国际体系中的所有国家都受一套共同规则的约束时，才存在一个国际社会。作为全球共同信仰的人类文明，本质上说不应该是某种单一文明的世界化、“普世化”，而应该是不同国家不同文明的调和。但实际情况并非如此，强大国家往往掌握塑造人类文明的绝对权力，将一己之文明（如西方文明）提升为人类之文明，将局域之规则（如弱肉强食、丛林法则）膨胀为“普世”之规则，而弱小国家的文明则无力参与人类文明的建构，在夹缝中生存，沦为边缘性的存在。

资本开辟了世界历史，人类文明打上了资本的烙印；西方开辟了世界历史，西方文明构成人类文明的基本底色。世界历史，在一定意义上说，就是西方文明超越地理边界而获得普遍性价值的历史。15世纪的大航海把世界纳入一个单一“体系”，殖民主义和帝国主义把与世隔绝的各国人民紧密联系起来，形成了所谓“社会世界”②。西方膨胀为“世界”的同时，西方启蒙价值也随着它的主人走向了世界，“人类和地球的欧洲化”成为世界历史的主导逻辑，人类文明的轴心进入了西方主导的时代，“西欧从根本上重新改易了人类地理并在全球共同体上打上了难以磨灭的印记”③。正如马克思所揭示的，资产阶级奔走于全球各地，到处落户，到处创业，到处殖民，将剥削和压迫输出到全世界的同时也将西方的文明和价值观殖民于

① ［美］亨利·基辛格：《世界秩序》，胡利平等译，中信出版社2015年版，第489页。

② ［法］埃德加·莫寒：《超越全球化与发展：社会世界还是帝国世界》，载哈佛燕京学社主编：《全球化与文明对话》，江苏教育出版社2004年版，第127页。

③ 杜维明：《全球化与多样性》，载哈佛燕京学社主编：《全球化与文明对话》，江苏教育出版社2004年版，第78页。

世界。直至20世纪上半叶，全球化进程突出表现为西方化。法国学者埃德加·莫寒指出，迄今为止的全球化进程具有双重性质：一是猎取、奴役和殖民的全球化；一是西方价值的全球化，即“人道主义，人权，自由、平等、博爱的原则，民主的理念，国民生存权和国际主义在全球的发展与弘扬”。“现今世界已拥有一个世界文明，它源于西方文明，是其科学、技术、工业、资本主义互动的产物，其中包含了一些普遍价值”①。“西方”与“资本”的合谋构建了传统全球化时代的人类文明，其他地域的文化元素、文明理念无力参与到人类共识性文明的建构中来，为世界文明规则的建构作出自己的贡献。西方作为“世界历史理应如何发展”的设计者、主导者、推动者，把非西方国家纳入统一的历史进化路线图和文明谱系，以西方文明解构非西方国家，试图参照西方的模样建构出一个统一的文明世界。

西方主导建构的传统人类文明，本质上是非正义的。这种以资本为原则的人类文明，不过是西方地域性文明规则和交往理性的世界化，其基本性质是贪婪的和进步主义的，是征服的和权利主义的，是开发性的和扩张主义的②。这是一套具有进攻性的综合知识框架，总体上服膺西方国家的利益，服从资本扩张的逻辑，服务西方主导的世界体系。这套人类文明理念在运行过程中外化为全球性政治、经济、安全、法治体系。1648年签订的《威斯特伐利亚和约》是一个标志性起点，奠定了近现代国际关系的基石，开启了欧洲主导世界秩序的时代。此后，维也纳体系、凡尔赛-华盛顿体系、雅尔塔体系乃至联合国宪章都遵循《威斯特伐利亚和约》确立的基本原则。西方体系的运行结果就是“西方中心论”主导全球化进程，世界日益二分为对立的两极：先进的西方与落后的非西方，自我界定的西方与被他者界定的非西方，作为主体和中心的西方与作为客体和边缘的非西方，作为文明典范的西方与作为文明追随者的非西方。马克思曾说，资产阶级到处推行所谓文明制度，试图按照自己的面貌为自己创造出一个世界，力图“把一切民族甚至最野蛮的民族都卷到文明中来”③，“使未开化

① ［法］埃德加·莫寒：《超越全球化与发展：社会世界还是帝国世界》，载哈佛燕京学社主编：《全球化与文明对话》，江苏教育出版社2004年版，第127页。

② 吴晓明：《论中国的和平主义发展道路及其世界历史意义》，《中国社会科学》2009年第5期。

③ 《马克思恩格斯选集》第1卷，人民出版社2012年版，第404页。

和半开化的国家从属于文明的国家，使农民的民族从属于资产阶级的民族，使东方从属于西方”①。西方的地域性文明第一次披着“普世主义”的面纱，超越地域的局限、宗教的界线，上升为世界性的交往理性和文明规则，人类社会第一次出现了世界史意义上的人类文明。

西方主导建构的传统人类文明，首要价值在于消弭全球化与本土化的交往障碍，为无政府主义的世界提供基本遵循。“世界确实是无政府主义的”②。西方定义的人类文明，初步确立了全球社会交往理性和文明规则，为增进世界各国普遍交往，为维系国际社会正常秩序，发挥了重要作用。但是，两次世界大战标志着西方主导建构的国际交往理性和文明规则首先在它的诞生地遭遇合法性危机。即使在今天，这套文明规则依然是诸多矛盾和问题的深层次根源，当今世界很大程度上仍然是一个非正义世界。西方创造了“漂亮”的词汇，订立了“高尚”的原则，但从来不在国际交往中无条件地实践这些原则。比如，《威斯特伐利亚和约》确立了平等和主权原则，美国却公然奉行本国第一的外交方针；《联合国宪章》确立了维护国际和平及安全的宗旨，美国却保留“单方面使用军事力量”③ 的特权；联合国作为法定的全球治理平台，西方大国合则用之、不合则弃之；WTO倡导自由贸易，但西方的农业领域总是例外；西方高擎民主的旗帜，但全球治理从来都是大国的专利；西方的人权说教对社会主义国家是个问题，对自己和盟友则不然；不干涉内政是国际关系基本准则，美国却抛出所谓的“台湾保证法”“香港人权与民主法案”等，公然干涉中国内政；多边主义载入国际文件，美国“只要必要，就奉行单边主义”④；《不扩散核武器条约》针对伊朗和朝鲜有用，以色列则不受此限；美国主导成立了一系列国际组织、订立了一系列国际协议，却赋予自己任意退群、肆意毁

---

① 《马克思恩格斯选集》第1卷，人民出版社2012年版，第405页。

② ［美］塞缪尔·亨廷顿：《文明的冲突与世界秩序的重建》，周琪等译，新华出版社2002年版，第18页。

③ 美国国防部前部长科恩语。转引自［美］诺姆·乔姆斯基：《“9·11”》，载哈佛燕京学社主编：《全球化与文明对话》，江苏教育出版社2004年版，第64页。

④ 美国前总统克林顿1993年告诫联合国说，像以往一样，我们“只要可能，就奉行多边主义；只要必要，就奉行单边主义”。转引自［美］诺姆·乔姆斯基：《“9·11”》，载哈佛燕京学社主编：《全球化与文明对话》，江苏教育出版社2004年版，第64页。

约的自由。双重标准是西方的首要标准，霸道逻辑是西方掌握世界的重要逻辑，重构国际交往理性和文明规则已经上升为国际社会的重要课题。

二、世界正义力量的崛起及其对传统人类文明的影响

解构传统人类文明的非正义性，寄希望于世界正义力量的壮大。

马克思主义的诞生是人类思想史上的重大事件。马克思主义从道义上宣判了过往人类文明的非正义性，但又从历史主义维度承认其进步性。在马克思看来，传统的国际交往理性和文明规则既是进步的，又是非正义性的，二者比较，历史标准优先于道德标准，进步高于正义。

西方建构人类文明的过程，也是西方文明殖民扩张的过程。这一过程尽管不具有历史正义性、程序合法性和道德合理性，但却具有历史必然性、历史合理性和历史进步性。从进步论的角度看，殖民扩张启动了世界范围内的现代化进程，实质上开启了现代性文明的世界历史。马克思在《资本论》中厉声控诉“资本来到世间，从头到脚，每个毛孔都滴着血和肮脏的东西”①，同时又高度肯定了“资本的伟大的文明作用”②，高度肯定了资产阶级开创世界历史、推动世界普遍交往的伟大意义。比如，英国的侵略扩张“摧毁了印度社会的整个结构”，给印度带来了深重灾难，“印度人失掉了他们的旧世界而没有获得一个新世界”③；但另一方面，不列颠对印度的征服也为印度打开了世界市场，这个神话中的国度同西方世界实际地联结在一起，促进了印度资本主义的发展。马克思在评价英国对印度的侵略时说：“英国在印度斯坦造成社会革命完全是受极卑鄙的利益所驱使，而且谋取这些利益的方式也很愚蠢。……英国不管犯下多少罪行，它造成这个革命毕竟是充当了历史的不自觉的工具。”④ 黑格尔也认为，文明民族对野蛮民族的战争和争端，“是争取对一种特定价值的承认的斗争，

① 《马克思恩格斯全集》第42卷，人民出版社2016年版，第777页。
② 《马克思恩格斯文集》第8卷，人民出版社2009年版，第90页。
③ 《马克思恩格斯文集》第2卷，人民出版社2009年版，第679页。
④ 《马克思恩格斯文集》第2卷，人民出版社2009年版，第683页。

这一特征给这些战争和争端以世界历史的意义”①。概言之，西方对印度的侵略是民族的灾难，但也间接打破了封建主义的禁锢，带来了近代文明，迫使其走进西方主导的资本主义世界体系，依此来看则是历史的进步。然而，一个不能忽视的悖论在于，“西方文明在全球凯旋之时，却正在经受其内部的危机，而它的完成揭示的却是它自身的贫乏”②。改造人类文明已是刻不容缓。

根本改造非正义的人类文明，从来不是依靠真理和道义力量就可以完成的任务，归根到底取决于世界正义力量的壮大，取决于社会主义国家的崛起。“国际政治格局与国际实力格局相一致”③，国际文明秩序也与国际实力格局相一致。人类文明规则的制定，争夺的焦点不在于“谁的主张在理”，而在于“谁主张”。在西方力量占据绝对优势的全球世界中，颠覆代表西方资本利益的文明规则和交往理性，从根本上终结传统人类文明的统治地位，在实践上是行不通的。

20世纪，马克思主义最伟大的贡献在于指引了世界范围内的正义运动。社会主义从理论到实践、从一国到多国的发展，标志着一股独立的政治力量登上世界历史舞台，国际政治格局发生重大变化，改造传统人类文明迎来了历史性机遇。但由于多方面原因，这种改造止步不前甚至中途折返、半途而废，传统的文明格局依然坚不可摧。

第一个原因是，社会主义阵营的力量总体弱小，难以实质性重构国际交往理性和文明规则。两大阵营看似势均力敌，实则力量极不对称，西方阵营一方多为发达的资本主义工业强国，其中不乏老牌资本主义帝国，社会主义阵营一方多是贫穷落后的发展中国家。作为两大阵营的核心国家，苏联的经济实力、综合国力与美国相去甚远，巅峰时期其经济体量也不过美国的60%左右，且经济结构极不合理，难以支撑自己的可持续发展。冷战后期，苏联内忧外患，国民经济几近崩溃，已经无法跟上美国的发展节

① ［德］黑格尔：《法哲学原理》，范扬、张企泰译，商务印书馆1961年版，第404页。

② ［法］埃德加·莫寒：《超越全球化与发展：社会世界还是帝国世界》，载哈佛燕京学社主编：《全球化与文明对话》，江苏教育出版社2004年版，第135页。

③ 王沪宁：《政治的逻辑》，上海人民出版社2016年版，第599页。

奏。美国则抓住了第三次科技革命的机遇，迅速拉开与苏联的距离。以信息技术的关键设备计算机为例，苏联的工业计算机数量只有美国的3%，双方差距可见一斑。国际规则的塑造，人类文明的改造，关键取决于实力。1648年威斯特伐利亚体系建构以来，西方始终掌握着世界的规则建制权、文明塑造权，这并不代表西方掌握着全球最多的真理权。比如，经济交往中的丛林法则，全球治理中的几方共治逻辑，大国交替中的国强必霸原则，东西方互动中的“西方中心主义”，文明交汇中的“文明优越论”，世界体系中的中心-边缘结构，制度比较中的“历史终结论”，这些原则、论调明明是强词夺理，却大行其道。究其原因，皆因实力所致。马克思早就指出，“政治权力只是经济权力的产物”①。西方掌握了世界上占主导地位的经济力量，也就掌握了世界上占主导地位的话语权，掌握了塑造国际规则和人类文明的主动权。那些不掌握绝对实力的国家或国家集团，很难有效地参与国际交往理性和人类文明的改造。

第二个原因是，冷战将世界分割为政治对立、经济独立、交往孤立的两大阵营，不仅无法形成普遍的世界交往和融通的国际规则，反而进一步加剧了文明间的对抗。第二次世界大战结束以后，世界形成两大阵营，经济上形成两个平行的世界市场②，沿着意识形态的边界，横亘着一幅贯穿欧洲大陆的“铁幕”，阻隔了国际交往的普遍化，也切断了重构人类文明的可能性。在战后国际新秩序和政治框架问题上，西方盟国和苏联陷入严重的僵局，斯大林的原则是，“谁占领了领土，谁就建立自己的社会制度。军队推进到哪里，制度就建到哪里。”③ 亨廷顿认为，冷战期间，世界被分裂为三个部分。一个是美国领导的最富裕的社会集团，一个是苏联领导的稍微贫穷一些的集团，这两个集团展开了一场无所不在的意识形态的、政治的、经济的，有时是军事的竞争。这两个阵营以外，一些贫穷的、缺少

① 《马克思恩格斯全集》第9卷，人民出版社1961年版，第80页。

② 《习近平谈治国理政》第2卷，外文出版社2017年版，第211页。

③ Milovan Djilas, *Conversations with Stalin*, trans. Michael B. Petrovich (New York: Harcourt Brace & Company, 1962), p. 114.

政治稳定性的、新近独立的国家结成一个宣称不结盟的集团①。美苏两大集团的对立，从根本上说是两种不可调和的国际秩序观、制度观和文明观、价值观的对立，全球竞争不可避免。冷战期间，世界交往以集团划界，各国在边界固化的独立板块内活动，国际交往局域化，国际交往理性和文明规则意识形态化，全球性国际社会在经验事实上是极为有限的存在或者说不存在，重构全球文明共识既无必要、更不可能。

第三个原因是，苏联大国沙文主义和霸权志向与西方大国是一致的，难以从本质的高度开掘出新的人类文明和国际交往规则。二战以后，代表未来的战后运动是国际共产主义。然而，苏联作为世界社会主义运动的旗手，战后逐渐放弃了马克思主义的诸多基本价值和无产阶级的国际主义精神，奉行大党大国至上的中心主义思维、国强必霸的权力逻辑、大国主导的治理观以及主从依附的等级秩序，与西方大国奉行的文明规则本质相通、殊途同归。从 20 世纪 50 年代后期开始，苏联领导集团凭借迅速膨胀的国力，推行与美国共同主宰世界的方针，蜕变为霸权主义国家和富有侵略性的公敌。毛泽东甚至认为，在美苏争霸中，苏联采取战略攻势，具有更大的侵略性和危险性，是“世界人民的头号敌人”。因此，冷战时期，苏联和美国其实是一丘之貉，与其说苏联是解构传统人类文明的一股力量，不如说晚期苏联从不同的方向捍卫了传统人类文明的“合法性”，是传统人类文明的“继承者”。

第四个原因是，冷战结束后世界重回西方主导的世界秩序，改造传统人类文明的努力遭遇重大挫折。苏联解体是 20 世纪最为重大的地缘政治事件，它标志着冷战以美国完胜而告终，西方建构的人类文明大获全胜，再次主导了人类和地球的交往活动。至少在一个时期内，世界主流舆论均将苏联的解体与西式自由民主制的普遍胜利画等号，历史终结论、社会主义失败论一度甚嚣尘上。20 世纪，尽管西方近代先贤所界定的人类文明不断地遭遇挑战，但并未从根本上颠覆。以中国为代表的社会主义国家、亚非拉国家和不结盟运动倡导的文明理念，比如倡导和平共处五项原则，构建

① ［美］塞缪尔·亨廷顿：《文明的冲突与世界秩序的重建》，周琪等译，新华出版社 2002 年版，第 5～6 页。

公正合理的国际新秩序，推动国际关系民主化，构建持久和平、共同繁荣的和谐世界，倡导民族平等、不干涉内政、不结盟、不称霸、不搞扩张、不诉诸武力或以武力相威胁等，难以从整体上彻底颠覆西方建构的国际交往理性和文明规则，改造传统人类文明的事业半途而废。

第五个原因是，中国作为社会主义大国，20 世纪长期处于西方主导的世界体系的边缘地带，期待中国实质性参与到人类文明重构这一历史性事业之中并担纲“救世主”角色，则超出了当时中国国力所及之范围。人类文明建构有其独特的衍生逻辑和运行机理，核心是三原则：实力原则、真理原则、道义原则。三者正向匹配是理想，二律背反往往是现实。此处所说的二律背反，乃是指占据实力最高处的国家，不一定占据真理和道义的制高点，反之亦然。当三者不匹配时，实力原则高于真理原则、道义原则，真理原则、道义原则屈从实力原则；谁拥有了压倒性的硬实力，谁就拥有了压倒性的规则制定权，这是由过往历史见证的人类文明建构逻辑。事实正是如此，过去几个世纪，强权国家主导塑造了人类文明规则，但并不代表这套规则都是正义的。因此，寄希望于地球边缘的国家来改写传统人类文明，重构符合全球正义原则的国际交往理性和文明规则，是不现实的。人类文明的彻底改造与颠覆性重构，不是一个理论的问题，而是一个实践的问题。有了强大国力的支撑，方能展示人类新文明的现实性，证明新的文明规则和哲学原则的真理性、此岸性。

当然，尽管从马克思主义诞生到 20 世纪末的 100 多年间，西方主导建构的文明格局从未真正松动过，但马克思主义还是以其鲜明的无产阶级立场、国际主义立场、人类解放立场，为人类文明的改造与重构指明了方向。比如，马克思主义主张国家间主权独立，反对东方从属于西方、农业民族从属于工业民族，反对中心-边缘的世界结构体系；主张各民族平等，反对种族至上主义；主张各国共同发展，反对线性进化的单线发展观；主张和平主义，反对殖民主义、霸权主义、扩张主义；主张全人类解放，反对国际剥削、民族压迫；等等，这些价值原则不一定是既成的历史事实，但却代表了历史发展的总体趋势，在 21 世纪依然具有现实性。对此，我们应有自信，毕竟“历史发展的总体趋势比既成的历史事实具有更高的现实性”①。

三、百年大变局：人类文明重构的历史契机

当今世界正面临百年未有之大变局，世界走向发生重大变迁，这是一个具有极大不确定性的时代。西方主导建构的传统人类文明，已经由世界历史的推动力沦为全球化转型升级、国际间合作共赢的文化阻滞力，沦为迟滞世界大变局的极端保守因素，人类文明迎来了历史性重构的契机。

世界大变局是一个涉及诸多领域的整体性动向，是世界体系的结构性调整。世界大变局至少表现在多个方面：第一，世界经济中心由大西洋向太平洋转移，由西方向东方转移，迎来“东升西降”的重要拐点；中国由跟随经济全球化转向引领经济全球化，由融入经济全球化转向塑造经济全球化，由输入型现代化转向辐射型现代化，国际方位迎来了从地球边缘到靠近世界舞台中央的历史性翻转。第二，全球治理由西方治理向共同治理转变，国际权力在西方大国间倒手的局面走向终结，西方国家独自主导国际政治的历史走向终结，全球政治格局由单极世界向多极化转变，治理主体由同质化主体向多样化主体转变。西方解体是一个潜在的重大历史倾向，这种解体表面上是利益格局的分化重组，背后是价值观联盟的解体。第三，新一轮科技革命和产业革命深入推进，以信息技术、人工智能、量子科技、大数据、物联网为代表的科技的发展成为引领世界大变局的关键变量。世界大国激烈博弈，科技主导地位之争愈演愈烈，个别国家动用国家力量打压他国高科技产业，不惜一切手段争夺科技制高点。2020年，百年大疫情席卷全球，牵动国际格局加速演变，世界地缘格局“东升西降”势不可当，国际权力重心自西向东加速转移，国际战略格局重构明显加快，世界进入动荡变革期。

世界大变局，就其深层结构和本质维度来说，涉及全球知识体系和人类文明的重构。自启蒙运动以来，西方知识体系和话语体系逐步确立了在

① 吴晓明：《马克思主义中国化与新文明类型的可能性》，《哲学研究》2019年第7期。

全球的统治地位，主导了全球性议题的解释权、话语权，人类文明不过是西方文明的世界化。中国特色社会主义走进新时代，绝不仅仅意味着经济的成功，更深层次上代表了一种新文明形态的崛起，“西方中心论”横行世界数百年后第一次面临破产的危机，这是当今世界百年未有的深层变局。中国以西方不认可的制度、道路、价值观，“用几十年时间走完了发达国家几百年走过的工业化历程。在中国人民手中，不可能成为了可能”①。中国的成功，证明了中国特色社会主义道路、理论体系、制度和文化是正确的。中国的成功，证明了历史终结论是片面的，“西方中心论”是偏颇的，“文明优越论”是站不住脚的，“普世价值论”是行不通的。中国的成功，证明了西方模式绝不是全世界的唯一选择，西方现代化之路绝不是人类通往未来的唯一道路，“现代化＝西方化”“全球化＝西方化”是彻底的虚妄。2020 年百年大疫情极大地加速了世界大变局的进程，中国特色社会主义的制度优势、中国共产党的治国理政优势、中国经济社会的发展优势、马克思主义中国化的理论优势在大疫情时代充分释放，西方书写世界历史的能力、传播启蒙思想的能力、按照自己的模样改造世界的能力受到了极限挤压，西方知识体系、话语体系遭遇前所未有的解释危机和话语权危机，西方几百年来累积的优越感遭遇终极挑战，这是他们无法接受的。

世界大变局根源于国际力量对比的深刻变化。“东升西降”是 21 世纪不可遏止的大趋势，美国“一超”主导世界的时代正在褪色。中国和平崛起，这是世界大变局的重要组成部分、首要策动因素、主要推动力量。随着国际经济力量对比的变化，全球的整个上层建筑和国际体系也将或快或慢地发生变化，这是世界历史演化的基本规律。全球经济秩序、政治秩序、治理体系、安全秩序、文明格局的变革，科技制高点的争夺，归根结底是力量的博弈。习近平指出，“全球治理体制变革正处在历史转折点上。国际力量对比发生深刻变化，新兴市场国家和一大批发展中国家快速发展，国际影响力不断增强，是近代以来国际力量对比中最具革命性的变

① 《十九大以来重要文献选编》上，中央文献出版社 2019 年版，第 728 页。

化。”[①] 然而，既有全球治理格局不能完全顺应这种变化，以中国为代表的新兴市场国家和发展中国家希望全球治理体系更加公正合理、更加符合世界生产力发展要求，推进全球治理体系变革已是大势所趋。作为新兴市场国家的领头羊，金砖国家勇立国际格局变革的潮头，已经成为推动国际秩序变革的中坚力量。在金砖国家的推动下，人类文明中的非西方元素在增加，西方文明的权重在减少，“世界正在从根本上变得更加现代化和更少西方化”[②]。新兴市场国家“物质的成功带来了对文化的伸张；硬权力衍生出软权力”[③]。整个非西方世界对西方文明的盲从时期、畏惧时期已经结束，自立时期、反驳时期已经开启，在伸张自己文化价值的同时，拒绝西方“强加”的文化价值。

中美战略博弈是世界大变局的主角，是大变局的聚焦点、风暴点和主要看点。“东升西降”核心是“中升美降”，中国是增量，美国是存量，中美相交是左右变局的主要变量。中美战略博弈的本质是什么？2020 年 8 月 30 日，国务委员王毅在法国国际关系研究院演讲后提问环节中表示，“中美之间的分歧或者矛盾，不是权力之争，不是地位之争，也不是社会制度之争，而是坚持多边主义还是单边主义，倡导合作共赢还是零和博弈。这才是目前中美关系面临问题的本质”[④]。但是，美国显然不这么认为，贸易争端早已溢出了本来的边界，单方面赋予其难以承受之重的额外意涵。

其一，从表层来看，表现为新兴大国与守成大国的国家实力之争。贸易赤字之争是爆发点，中美贸易不平衡是事实，美国保守主义当道，挥舞关税和制裁大棒，谋求缩小乃至抹平贸易逆差。科技主导地位之争是关键，美国瞄准华为等中国高科技企业，瞄准“中国制造 2025”战略，举全

---

① 习近平：《论坚持推动构建人类命运共同体》，中央文献出版社 2018 年版，第 259 页。

② ［美］塞缪尔·亨廷顿：《文明的冲突与世界秩序的重建》，周琪等译，新华出版社 2002 年版，第 71 页。

③ ［美］塞缪尔·亨廷顿：《文明的冲突与世界秩序的重建》，周琪等译，新华出版社 2002 年版，第 110 页。

④ 王毅：《中美不是权力之争，美国现在站在历史的错误一边》，http://www.xinhuanet.com/asia/2020-08/31/c_1126432807.htm.

国之力打压华为等企业，试图将中国挤出全球高科技产业供应链、价值链。2021 年 2 月 19 日，拜登总统参加第 57 届慕尼黑安全会议并发表线上演讲，呼吁盟友要共同合作，为与中国长期战略竞争做好准备。2021 年春节期间，美国发布了两项应对中国的战略：《掌舵：迎接中国挑战的国家技术战略》《非对称竞争：应对中国科技竞争的战略》。此外，拜登政府还在国防部专门设立“中国战略工作小组”，三位小组成员均是对华强硬派。总之，中美战略博弈将是未来中美关系的主旋律，将贯穿全面建设社会主义现代化国家全过程。未来中美战略博弈可能延伸到货币金融领域、战略资源领域，将考验中国高超的国际战略谋划、纵横捭阖的外交布局以及党中央卓越的领袖智慧。

其二，从深层来看，表现为社会主义与资本主义两条道路、两种制度、两种文明之争。美国众议院前议长金里奇早已断言，中美之间“是一场有关文明的较量”。数十年来，美国的假设是，随着中国经济发展、国门打开、国际交往增多，中国将不可避免走上经济自由化、政治自由化的西方道路，但美国“失策”了，中国发展超出了西方“政治雷达”的探测范围，中国没有如韩国、日本曾经发生的那样，走上西方期待的道路。美国时任副总统彭斯 2018 年 10 月 4 日在哈德逊研究所演讲时提出，“苏联垮台之后，我们认为中国不可避免地成为自由[①]国家。带着这份乐观，21 世纪前夕，美国接纳中国加入 WTO。政府的这个决定，希望中国的自由将蔓延到政治、人权、宗教、财产等各个领域。但是，这个希望落空了，中国人民自由的希望仍没有实现”。特朗普第一任总统任期第一任国家安全事务助理麦克斯马特 2019 年 5 月 9 日在加拿大“芒克辩论”中指出：“我们相信中国将不可避免地和西方趋同，实现经济自由化，最后实现政治自由化。为了加速这种转变，我们欢迎中国加入我们的秩序，开放了我们的市场，投资了我们的资本，培训了中国的工程师、科学家、甚至解放军军官。但正如人生有时候会发生的那样，我们失望了。”特朗普第一任总统任期第三任国家安全事务助理罗伯特·奥布莱恩 2020 年 6 月 24 日在凤凰城发表演讲称：“数十年来，美国各政党、工商界、学术界、媒体等方面

① 指西方自由，下同。

的普遍看法认为，促进中国的自由化只是时间问题，首先是经济领域，然后是政治领域。……遗憾的是，这原来是很幼稚的想法。我们错得实在很离谱。这种错误的估计已成为上世纪30年代以来美国对外政策最大的败笔。”特朗普第一任总统任期第二任国务卿蓬佩奥2020年7月23日在尼克松故居的演讲中指出，“今天我们必须承认一个严酷的事实：与中国盲目接触的旧模式已经失败”，鼓动所谓自由世界联手对抗中国。蓬佩奥等极端势力，“企图为世界拉下新的‘铁幕’，竖起新的‘柏林墙’，制造一场新的‘冷战’”①，试图将中美关系拖进冲突对抗的陷阱，将各国绑上大国竞争的战车，将好端端一个世界推向动荡与分裂。拜登政府上任后，中美战略博弈进入一个新的阶段，但不管如何新，变的只是形式，不变的是本质。

其三，终极来看，表现为单边与多边、人类命运共同体与全球霸权两种国际秩序观之争。人类世界终将走向多极化，国际关系终将实现民主化，大国唯有不冲突、不对抗、相互尊重、合作共赢一条路。然而，美国选择站在历史的错误一边，谋求霸权永续和单极世界，单方面挑起世界秩序之争。基辛格在《世界秩序》一书中承认，美国“害怕不断壮大的中国将进一步削弱它世界第一的地位，也因此而威胁到美国的安全”②。奥巴马在任时公开宣示，“我无法接受美国成为世界第二”，“美国还要继续领导世界一百年”③。2018年10月4日，美国时任副总统彭斯在哈德逊研究所演讲时提出，“中国开始重塑在区域和全球的影响力，挑战美国的地缘政治优势，并试图改变国际秩序以适合他们的利益”。2018年12月5日，美国时任国务卿蓬佩奥在布鲁塞尔马歇尔基金会发表演讲时强调，“我们不会放弃全球领导地位”，“我们想要领导世界，从现在直到永远”④。2020年6月24日，美国时任国家安全事务助理罗伯特·奥布莱恩在凤凰城发表

① 王毅：《团结合作，开放包容 共同维护人类和平发展的进步潮流——在法国国际关系研究院的演讲》，http://world.people.com.cn/n1/2020/0831/c1002-31843688.html.

② ［美］亨利·基辛格：《世界秩序》，胡利平等译，中信出版社2015年版，第297页。

③ 《奥巴马西点军校演讲全文：美国比任何时候都更强盛》，https://www.guancha.cn/america/2014_05_31_234035.shtml.

④ 《蓬佩奥扬言美国正建立全球新秩序，对抗中俄伊》，https://www.guancha.cn/internation/2018_12_05_482182_s.shtml.

演讲称，“中国共产党宣称的目标是建立一个人类命运共同体，并任由中国共产党来重塑整个世界。”① 尽管中国一再强调是现行国际秩序的维护者、建设者、受益者，不会推倒重来、另起炉灶，但美国认定崛起后的中国终将挑战美国的世界领袖地位，终将接管或推翻美国建构的世界秩序。

世界大变局呼唤人类文明的重建。今天，经济全球化深入发展，世界交往日益普遍，正在成为一个内部联系日益密切的地球村，一个更加广泛、更加活跃的全球社会初现端倪。在这个世界大舞台上，迎来了不同大陆、民族、种族、宗教、语言、肤色的新演员，基于西方利益的游戏规则和人类文明已经不合时宜，人类文明迫切需要进行革命性改造、颠覆性重构，建构一种基于全球共同利益的游戏新规则和基于全球普遍共识的人类新文明。这是类似于托马斯·库恩所说的范式革命，是新范式代替旧范式的过程。这种人类新文明，法国学者埃德加·莫寒称之为“人类政治”“文明政治”，其实质是“正义政治”②；美国格兰谷大学教授商戈令称之为“全球文明新理念”③。商教授认为，如果全球化的趋势不可避免，那么，五大洲的成员共聚一堂，“避免文化冲突和危机的唯一前提，就是确立一种与全球化进程相适应的全球文明新理念”④。也许今天我们尚无法确定这种新理念的具体内容，但可以断定，它只能是人类性的，遵循共同性原则。没有人类共识为基本信念，全球平等对话和普遍交往永远是不可能的。塞缪尔·亨廷顿曾设想沿着文化的界线重构全球政治，政治界线与文化界线趋于一致⑤，这是过于主观的想法。在各具特色的民族文化之间，

① 美国驻华使馆网站，国家安全事务顾问罗伯特·奥布莱恩关于中国的讲话，2020 年 6 月 24 日，https://china. usembassyC-china. org. cn/zh/the-chinese-communist-partys-ideology-and-global-ambitions-zh-com/? utm _ medium=referral&utm _ content=5ef97835b5839e373c657b92&utm _ campaign=kawo&utm _ source=weibo. com&from=timeline&isappinstalled=0.

② ［法］埃德加·莫寒：《超越全球化与发展：社会世界还是帝国世界》，载哈佛燕京学社主编：《全球化与文明对话》，江苏教育出版社 2004 年版，第 134、135 页。

③ ［美］商戈令：《由伽达默尔与德里达的对话引出的思考：全球化进程中文明对话之可能性》，载哈佛燕京学社主编：《全球化与文明对话》，江苏教育出版社 2004 年版，第 276 页。

④ ［美］商戈令：《由伽达默尔与德里达的对话引出的思考：全球化进程中文明对话之可能性》，载哈佛燕京学社主编：《全球化与文明对话》，江苏教育出版社 2004 年版，第 276 页。

⑤ ［美］塞缪尔·亨廷顿：《文明的冲突与世界秩序的重建》，周琪等译，新华出版社 2002 年版，第 129 页。

存在着一个广阔的中间地带，这是人类新文明可能出场的场所。尽管不同文明之间存在紧张、不和谐的音符，但超越这种不和谐、建立普遍认可的国际交往理性和文明规则，一直是一个不可低估的大趋势。全球化中蕴藏的积极力量和对美好世界的追求将营造出一种精神氛围，以提升未来岁月中的人类精神，走向“超时间的世界性和谐”①。不断涌现的全球化技术孕育着巨大的解构潜力，不断崛起的新兴市场国家积蓄了巨大的建构冲动，各国人民携带着本民族的文明基因聚合到世界大舞台，在世界地图上重新绘制财富、实力和影响力的经纬线，在文明交汇中重新发掘普遍认可的共同价值和文明观念，在国际交往中重新建构普遍接受的交往理性和行为规则，人类文明有望摆脱单一的西方性，迎来以全球共识为基础的人类新文明。

人类文明的重构，根本旨向在于超越西方性走向人类性，超越非正义走向正义世界。传统全球化时代，全球治理体系和治理规则都是由西方大国主持制定、颁布和实施的，人类文明是西方主导建构的，本质上是“西方”的、非正义的。正如全球经验事实所呈现出来的，“西方文明的福祉刚好包藏它的祸根”②，它的民族主义包含了自我中心的闭锁与孤独，它的丛林法则拉大了南北的发展距离，它的现代化策略未能开启后发国家的现代化前景，它的安全哲学给世界埋下了安全隐患，它的齐一化思路导致人们在复杂问题面前束手无策，日益强化的“西方/非西方”的文明边界意识将人类引向深层次的危机与恐惧之中，“欠发展”这一漫不经心的提法将世界各地千百年孕育的文明智慧贬得一文不值。因此，世界大变局，最根本的是推动规则的变革、文明的变革，要害是“西方中心论”的退场。全球化的升级换代、健康发展不可能离开人类文明的牵引而独自完成，我们能达成什么样的文明共识，将会深刻影响我们时代的生存品质，深刻改变未来世界的整体面貌，深刻触动全球社会每一个成员的核心利益。新型全球化对人们的生活观念、思维方式，对国际交往规则提出了新的要求，

---

① 杜维明：《全球化与多样性》，载哈佛燕京学社主编：《全球化与文明对话》，江苏教育出版社2004年版，第90页。

② ［法］埃德加·莫寒：《超越全球化与发展：社会世界还是帝国世界》，载哈佛燕京学社主编：《全球化与文明对话》，江苏教育出版社2004年版，第134页。

各大文明共商共建人类新文明已经成为当今时代的重要使命。

四、“世界之问”：重建人类新文明的基本方向

进入 21 世纪，以单一西方文明为底色的人类文明正面临危机，重建人类文明是国际社会大家的共同事业。西方在主导了几个世纪的人类文明之后，在 21 世纪也遭遇了滑铁卢，美西方“在全球范围内推广西方文化的努力与其推广能力的下降这两者之间的不协调”①，是无法回避的事实。今天，单一的西方文明不可能继续作为“认同、意义、稳定、合法性和希望的本源”；单一的中华文明或别的文明，也不可能是新型全球化时代的“解决办法”。人类需要共同努力，遵循“美美与共”的原则，秉持“各美其美”的自信，敞开“美人之美”的胸襟，贡献普遍认可的文化信息，达成普遍交往的国际新共识，重构与世界大变局、全球主义大方向相匹配的人类新文明。

人类文明从来不是由概念建构起来的，而是由实践建构起来的。重构人类文明必须从实际出发，坚持问题导向，直面当今世界共同难题。“这是最好的时代，这是最坏的时代”。狄更斯 19 世纪对世界的描述似乎仍然适应于当代。相较于过去，今天的世界大踏步前进了，但世界面临的不确定性在上升，全球进入风险时代。“世界怎么了、我们怎么办?”这是习近平发出的“世界之问”。世界问题，概括起来无外乎发展赤字、治理赤字、信任赤字、和平赤字、文明赤字、制度赤字。世界赤字是表象，赤字的背后是文明理念，赤字的本源在哲学。非正义的世界根源于非正义的文明。世界赤字的产生、扩大，在一定程度上都与西方主导建构的人类文明密切相关。因此，消解世界赤字，有必要从文明的角度、哲学的高度来筹划，建构符合未来发展趋势、凝聚全球共识的人类新文明。

其一，线性进化的发展理性与共同发展的普遍期待相背离，这是当今世界发展赤字的哲学根源。现代化的方向无法绕开，人类向往现代化的愿

---

① ［美］塞缪尔·亨廷顿：《文明的冲突与世界秩序的重建》，周琪等译，新华出版社 2002 年版，第 199 页。

景不可置喙，但通往现代化的道路可以选择。发展不应是发达国家的专利，丛林法则不应是国际的通行规则，共同发展、合作共赢才是全球首要价值。然而，西方的“发展”概念“构建的却是一个“西方中心主义”的典型神话。它是一架疯狂的西化发动机，一个北半球国家对‘不发达’国家（南半球）的殖民工具”①。以西方模式为参照的“发展”逻辑，忽视了西方自身正深陷发展危机当中。线性进化的发展理性，其实质在于西方大国垄断发展优势，不仅无法指引欠发达国家走出发展困境，反而在很大程度上为“发达/发展”的二分结构提供了合理性辩护；不仅无法引领世界共同发展，反而构成了全球发展赤字的哲学根源。因而，要解决全球发展难题，首要的是重估西方的发展理性，重构全球的发展观。正如塞尔日·拉杜什所说：“正是应当对这些西方的发展价值重新进行评价，才能找出解决当代世界问题的答案”②。

其二，大国共治的治理理性与国际力量对比的深刻变化相背离，这是当今世界治理赤字的哲学根源。在西方的治理逻辑中，全球治理主体永远是少数西方大国，多数国家则居于被治理地位。西方大国奉行所谓以规则为基础的国际秩序，罔顾以联合国为核心的国际体系，以国际法为基础的国际秩序，以联合国宪章宗旨和原则为核心的国际关系基本准则。汤因比等人在展望未来世界秩序时指出，建立世界政府业已成为切实可行的事业，人类社会由美国和苏联两大阵营的对峙过渡到建立一个单一的政治权威，世界政府的形成“来自美国政府和苏联政府这两个政治上更为成熟和强大的‘赢利企业’中的一个”③。当然，汤因比等人的设想未必具有现实可能性，但其中体现的仍然是大国主导的西方治理逻辑。没有边界的权力往往导致自我放纵，即一种以牺牲世界和谐为代价的自我中心主义。今天美西方在西亚、中亚、中东、北非乃至我国香港地区制造的事端，已经体

① ［法］埃德加·莫寒：《超越全球化与发展：社会世界还是帝国世界》，载哈佛燕京学社主编：《全球化与文明对话》，江苏教育出版社2004年版，第132页。

② 塞尔日·拉杜什（Serge Latouche），《外交世界》（法国）2001年5月。转引自［法］埃德加·莫寒：《超越全球化与发展：社会世界还是帝国世界》，载哈佛燕京学社主编：《全球化与文明对话》，江苏教育出版社2004年版，第132页。

③ ［英］汤因比、［日］池田大作：《展望二十一世纪》，荀春生等译，国际文化出版公司1985年版，第914、915页。

现了这一点。进入21世纪，国际力量对比发生深刻变化，国际格局正在经历战略重组。正如法国总统马克龙2019年8月27日在年度外交使节会议上的演讲中所说，西方霸权或许已近终结，中国、俄罗斯、印度的政治想象力，都要远比今天的西方人强，他们在拥有强大的经济实力后，开始寻找属于他们自己的哲学和文化，同时也在寻找属于他们自己的行动空间。一众西方国家治理世界背离全球正义原则，优化全球治理体系、改变全球治理观念势在必行，刻不容缓。

其三，利己主义的经济理性与合作共赢的时代潮流相背离，这是当今世界信任赤字的哲学根源。全球化意味着整个世界形成了一个地球村，客观上产生了作为整体的公共空间，形成了关乎全人类的公共利益。如果各个国家要保全这个整体，维护公共空间的正常秩序，必须让渡一部分自身利益，以服从整体利益。然而，当今世界的悖论在于，“世界越来越全球化，世界主义却越来越淡化”①。应当说，自黑格尔主义以来，世界主义通常是主流传统。只不过随着国际金融危机的爆发，全球化二重效应彰显特别是负效应被放大，西方世界民族主义、民粹主义高涨，压制世界主义，强调国家利益至上，准确地说是西方大国利益至上，“只有永恒的利益，没有永恒的朋友”被西方视作国际关系的通行法则。“在资产阶级的世界里，‘生存竞争’是其经济思想、政治思想、社会思想及生物思想的基本隐喻。在‘生存竞争’中，唯有‘适者’能够生存。适者不仅有权生存，而且有权统治。占世界绝大多数的其余部分，便成了他们的盘中餐。遭资本主义世界践踏的社会和国家，在与资本主义世界取得妥协这点上，是失败的。‘欠发达国家’的地区，在当时只能听任西方摆布，成了无可奈何的牺牲品。”② 西方大国以大欺小，只讲利益不讲规矩，只求利己不顾利他，国际竞争摩擦呈上升之势，严重侵蚀国际社会信任基础。特朗普公然宣称：“美国第一”是我的政府的主要的和高于一切的主题，是我作出任何一项决策的基石。法国极右翼国民阵线主席玛丽娜·勒庞，以爱国主义

① 曾明珠整理：《当前学术状况的回顾与展望——许纪霖、黄万盛、杜维明三人谈》，载哈佛燕京学社主编：《全球化与文明对话》，江苏教育出版社2004年版，第173页。

② ［英］霍布斯鲍姆：《资本的年代：1848—1875》，张晓华译，中信出版社2014年版，第136页。

之名大行民族主义之实，以“法国人优先”抵抗全球化、多元化和欧洲一体化，以“人民的名义”冲击爱丽舍宫，期待在法国复制“特朗普式的成功”。今天，“本国优先”“本国第一”已经上升为个别西方大国的执政理念，以本国利益为轴心，以牺牲他国利益为代价，任意退群、肆意毁约，罔顾全球公义，单边主义、例外主义挑战外交共识，制造国际信任危机①，维系国际交往关系的全球信任体系濒临崩塌。在这样的游戏规则之下，整个世界或将退回康德所描述的自然状态，甚至是弱肉强食的丛林世界。这是全人类难以承受之重。

其四，自我至上的安全理性与普遍安全的世界梦想相背离，这是当今世界和平赤字的哲学根源。西方的权力逻辑假定国强必霸，强国的使命就是建立地区乃至全球霸权，霸权国家领导世界有利于世界和平，多极化只会导致纷扰不堪。基辛格说，“美国的军事实力为全世界提供了安全盾牌”②，但他显然忽略了美国给全世界带来了多少战乱。美西方奉行民主和平论，“民主国家同其他民主国家有共同性，因此不会彼此发动战争”③。苏联的崩溃导致西方世界出现整体性误判，误以为全世界正在走向西式民主化，输出民主上升为西方的首要目标，对付非西式民主国家，“遏制之后等待着的是民主制”④。美西方奉行自我至上的排他性安全观，以牺牲别国的安全为代价维护自身及盟友的绝对安全。然而，“在全球共同体中相互依存已经成为一种生活事实，无视或漠视世界上任何一个地区出现的麻烦，都会危及人类的长远安全。”⑤ 安全问题早已超越国界。正如习近平指出的：“任何一个国家的安全短板都会导致外部风险大量涌入，形成安全

---

① 特朗普第一任期，美国退出联合国教科文组织、联合国人权理事会、万国邮政联盟、《跨太平洋伙伴关系协定》、《巴黎气候协定》、《伊朗核协议》、《中导条约》、《维也纳外交关系公约》等国际组织和协议，由全球治理体系的最大常量、最大确定性演变为当今世界的最大变量、最大不确定性因素。

② ［美］亨利·基辛格：《世界秩序》，胡利平等译，中信出版社2015年版，第475页。

③ ［美］塞缪尔·亨廷顿：《文明的冲突与世界秩序的重建》，周琪等译，新华出版社2002年版，第15页。

④ 美国时任国务卿詹姆斯·贝克1990年4月语。参见［美］塞缪尔·亨廷顿：《文明的冲突与世界秩序的重建》，周琪等译，新华出版社2002年版，第211页。

⑤ 杜维明：《全球化与多样性》，载哈佛燕京学社主编：《全球化与文明对话》，江苏教育出版社2004年版，第96页。

风险洼地；任何一个国家的安全问题积累到一定程度又会外溢成为区域性甚至全球性安全问题。”① 康德的《永久和平论》，罗尔斯的《万民法》，都试图为寻求世界永久和平制定若干原则。然而，这个任务迄今尚未完成。西方一贯奉行的霸权稳定论、民主和平论、结盟安全论绝不是构筑太平世界的药方，适用于整个世界的安全原则仍然难产。

其五，“普世主义”的价值理性与美美与共的文明图景相背离，这是当今世界文明赤字的哲学根源。现代化和西方化画等号，这是西方建构的最大神话，是传统全球化时代人类文明的最大迷误。“普世主义”的文明观假定，西方价值就是国际价值，西方说的就是国际舆论，全球化是一个泯灭个性、消磨差异的同质化过程，发展将朝着一个共同进步方向，“从长远观点来看，世界将汇合为一个单一文明。”② 还有学者认为“人无论在哪个社会一定会听从同一法则，而且人必定向同一过程（现代西欧文明的方向）进化下去。”黑格尔认为，日耳曼民族是世界历史民族，日耳曼精神就是新世界的“精神”，日耳曼民族的世界历史使命“不是别的，乃是要做基督教原则的使者”③。基辛格承认，“美国深信自己国内的原则放之四海而皆准，实施这些原则对他国有益无害。美国的对外交往不是传统意义上的外交政策，而是传播价值观的工程。它认为其他所有民族都渴望照搬美国的价值观”④。“普世主义”的立论前提是，西方文明包含了“人类最高级、最进步、最自由、最理性、最现代和最文明的思想”⑤，岂有理由深藏而不贡献给全人类共享。无论是“西方中心论”，“普世价值论”，还是“文明优越论”，“文明冲突论”，其潜台词都是“西方/西方以外”这个主题，它们推荐的行动方案仍然是，西方最终将战胜它的诸多对手，一元化的世界文明图景终将到来。然而，“西方国家的普世主义日益把它引向

① 习近平：《论坚持推动构建人类命运共同体》，中央文献出版社 2018 年版，第 484 页。

② 杜维明：《全球化与多样性》，载哈佛燕京学社主编：《全球化与文明对话》，江苏教育出版社 2004 年版，第 78 页。

③ ［德］黑格尔：《历史哲学》，王造时译，上海书店出版社 2001 年版，第 338 页。

④ ［美］亨利·基辛格：《世界秩序》，胡利平等译，中信出版社 2015 年版，第 305～306 页。

⑤ 塞缪尔·亨廷顿对此持批判态度。参见［美］塞缪尔·亨廷顿：《文明的冲突与世界秩序的重建》，周琪等译，新华出版社 2002 年版，第 358 页。

同其他文明的冲突”①，这是一个不容置喙的事实。尽管“世界上所有的人都想现代化、发展、更加繁荣等等，但是这并不意味着他们想要采取西方文化。在许多情况下，他们不想要采取西方的价值”②。当尼采警告“欧洲虚无主义的降临”③ 时，当斯宾格勒高呼“西方的没落”时，当罗素以各种无休止的战争来诉说“西方文明的失败”④ 时，当汤因比等人以“人类集体自杀之路”⑤ 来指证西方文明的没落状态时，任何坚守“西方中心论”的观念都是不合时宜的。全球化的深入发展迫使我们改变中心论的观念，现代化不是西方化也不是美国化，西方文明的现代化经验将“普世”于世界其他地区的乐观期待不过是一种幻象。

其六，历史终结的制度理性与内生演化的制度逻辑相背离，这是当今世界制度霸权的哲学根源。西方的制度理性假定，西式自由民主制度是“人类意识形态进步的终点和人类统治的最后形态，也构成历史的终结”⑥，世界历史终结于现代资本主义世界之政治、经济、社会、文化等等的建制中，在西方的制度理性中达到了它的最高的和最后的完成，世界各国除了接受这种建制的扩张之外，已经无事可做——它不再能够开展出任何一种其他的可能性了。制度的博弈、思想的战争已经终结，西式自由民主制已经获得全面胜利⑦。人类，除了资本主义，别无选择，这就是西方为世界订立的制度逻辑。第二次世界大战以后，美国接过世界领袖的火炬，传播民主因此成为国际秩序的首要目标。⑧ 第二波、第三波民主化浪潮，苏东

① ［美］塞缪尔·亨廷顿：《文明的冲突与世界秩序的重建》，周琪等译，新华出版社2002年版，第5页。

② 周琪整理：《塞缪尔·亨廷顿“9·11”之后谈“文明的冲突”》，载哈佛燕京学社主编：《全球化与文明对话》，江苏教育出版社2004年版，第122页。

③ ［德］尼采：《权力意志》，孙周兴译，商务印书馆1996年版，第373页。

④ ［英］罗素：《中国到自由之路——罗素在华演讲集》，袁刚、孙家祥、任丙强编，北京大学出版社2004年版，第300～301、251～257页。

⑤ ［英］汤因比、［日］池田大作：《展望二十一世纪》，荀春生等译，国际文化出版公司1985年版，第295页。

⑥ ［美］弗朗西斯·福山：《历史的终结》，远方出版社1998年版，第1页。

⑦ 转引自［美］塞缪尔·亨廷顿：《文明的冲突与世界秩序的重建》，周琪等译，新华出版社2002年版，第11页。

⑧ ［美］亨利·基辛格：《世界秩序》，胡利平等译，中信出版社2015年版，第474页。

剧变，和平演变，“颜色革命”从未消停，西方在民主输出、制度改造、政权颠覆的道路上越走越远。弗朗西斯·福山宣称“冷战”结束就是资本主义的全面胜利，从今往后人类社会只有一种模式，这是相当肤浅的，这无异于发起一场新的“冷战”。其实，每个国家的历史都是直播，没有彩排，更不存在重播的历史剧，将各个国家的历史倒叙成向某种既定模式前进（或复归）的直线单向展开过程是完全错误的；每个国家的制度都是独特的，“都是在这个国家历史传承、文化传统、经济社会发展的基础上长期发展、渐进改进、内生性演化的结果”①，不存在适用全球的制度模式，不能设想搬来一座政治制度上的“飞来峰”。

人类新文明的重构，目的在于走出西方推崇的普遍主义、霸权主义的控制，走出狭隘的民族中心主义、宗教排他主义和文化沙文主义，归根结底在于为化解人类共同难题提供文明指引、价值遵循和行为规范，在于为国际交往定规矩、为人类文明谱新篇、为世界未来开太平。人类新文明不只是一方认可，而是东西方普遍认可，体现最大公约数的原则；不只是代表少数国家的利益，而是代表不同国家的利益，体现共赢共享的原则；不只有一种色彩，而是多种文明的调适，体现美美与共的原则。人类新文明的重构，大国作用至关重要，“各大文明传统是建设未来的最宝贵的资源”②。但任何单一国家都不可能单枪匹马地建构世界新规则、人类新文明，归根结底须依靠各国的“合力”。假以时日，人类新文明的决定性出场，改变的将不仅是世界舞台上的经济话语、政治话语、安全话语，还将改变全球化的术语、现代化的术语，改变国际交往的规则，改变东西方力量失衡的国际格局，改变是非曲直的评判标准，改变全世界人们的思维方式、交往方式。

五、人类命运共同体：一种可能的新文明类型

进入 21 世纪，人类正在走向一个全新的社会世界。这个世界所缺少的

① 《十八大以来重要文献选编》中，中央文献出版社 2016 年版，第 60 页。

② 哈佛燕京学社主编：《全球化与文明对话》，江苏教育出版社 2004 年版，第 404 页。

不是行动规划，而是能够指引行动方向的原则。这个原则应当是总体性的，具有哲学高度的。今天，我们的首要任务就是发现这个原则，确立这个原则，实践这个原则。

中国崛起是21世纪震撼世界的重大历史事件。中华民族的伟大复兴不止于物质的崛起，更重要的是文明的复兴。在资本文明统治的世界中，“创生更高水准的新型文明，引领人类文明发展，是中华文明当代复兴的核心取向和本质特征”①。黑格尔曾指出，“一个民族在世界历史的发展阶段中究竟占据着什么样的位置，不在于这个民族外在成就的高低，而在于这个民族所体现出的精神”②。伴随中国健步走向复兴，我们这个历尽苦难辉煌的世界历史民族被要求去完成特定的世界历史任务。当今中国“在完成其现代化任务的同时，在积极地占有现代文明成果的同时，正在开启出一种新文明类型的可能性”③。今天，世界在思考，一个在政治、经济上日益强大的中国，在发展模式、价值观念上日益自信的中国，将为人类提供什么样的文化信息，为重构国际交往理性和文明规则作出什么样的文明贡献。

世界这么大，问题这么多，在不确定的世界中寻找确定性，中国贡献的人类文明方案是：构建人类命运共同体。人类命运共同体是元哲学层面的人类文明新理念，是一种可能的新文明类型，是指引未来道路的最高概念，是为中国所把握的世界精神。人类命运共同体蕴含着这样一个观念：我们是一个共命运的人类大家庭，我们不仅认同本土共同体，也认同全球共同体；“我们既是自己所属国家的控股人，也是那个将地方、国家、地区和全球紧密链接起来的整体世界的股票持有人。”④ 构建人类命运共同体，从价值上来说，就是培育“共同的公善”观念，全人类致力于实现“公善”而联合为一体；从行动上来说，就是以此为牵引，走向理想的正

---

① 郭湛、刘志洪：《中华文明复兴的核心取向》，《武汉大学学报（人文科学版）》2017年第6期。

② 《黑格尔历史哲学》，潘高峰译，九州出版社2011年版，第58页。

③ 吴晓明：《马克思主义中国化与新文明类型的可能性》，《哲学研究》2019年第7期。

④ 杜维明：《全球化与多样性》，载哈佛燕京学社主编：《全球化与文明对话》，江苏教育出版社2004年版，第88页。

义世界。

人类命运共同体，是中国对国际秩序观和全球治理观的创新与发展，是建构人类新文明的中国方案，已经“成为中国引领时代潮流和人类文明进步方向的鲜明旗帜”[①]。人类命运共同体作为对依附格局、主从结构、二分思维的反动，向全球提供了一种崭新的思维方式和文明理念，为建设美好世界贡献了中国智慧。

其一，在共同体性质上，从同质共同体转向有机共同体。传统国际体系不是一个统一融合的整体，国家之间基于某种共同性结成同质共同体，遵守某种共同的边界，共同体成员要么以共同的价值观念、意识形态或精神生活为选择标准，要么以共同的经济、政治、军事目的为依归，“排他性”是其基本特征。比如，以发展程度为边界，划分为发达国家、发展中国家；以价值观为边界，划分为不同的阵营，搞所谓价值观围堵、C型包围圈；以文明为边界，划分为不同的文明圈子；以意识形态为边界，结成北约等彼此对抗的势力集团。这种“同质性”思维是诸多国际纷争的罪魁祸首，是少数大国“党同伐异”的重要武器。

相反，人类命运共同体绝不是种族或文化同质性的实体，它是“一个全新概念的共同体，它不是建立在共同的时间、空间或身份的想法之上”[②]；它可以覆盖绝大多数国家和地区，涵盖人类生活的各个领域，属于全球共同体；它超越了资本主义与社会主义、传统与现代、发达与发展、东方与西方、北方与南方、文明与野蛮的二分意识；它不以意识形态划界，不针对特定的对象，不拉帮结派，不搞排他性的小圈子，本质上属于“异质”国家间的合作，“协调性”“多样性”是其基本特征。今天，人类正在进入“一个不同文明必须学会在和平交往中共同生活的时代，相互学习，研究彼此的历史、理想、艺术和文化，丰富彼此的生活”[③]。习近平指

---

① 《习近平新时代中国特色社会主义思想学习纲要》，学习出版社、人民出版社2023年版，第269页。

② ［加］黛安娜·布赖登、［加］威廉·科尔曼主编：《反思共同体——多学科视角与全球语境》，严海波等译，社会科学文献出版社2011年版，第207页。

③ Lester Pearson, *Democracy in World Politics*, Princeton: Princeton University Press, 1955, pp. 83 - 84.

出："当今世界，人类生活在不同文化、种族、肤色、宗教和不同社会制度所组成的世界里，各国人民形成了你中有我、我中有你的命运共同体"①。在这里，没有"文化中心主义"，没有文明优越，没有种族歧视，没有宗教排除，没有党同伐异，没有团团伙伙，没有意识形态屏障，这与北约、G7俱乐部、TPP等排他性共同体是完全不同的。当然，人类命运共同体不搞团伙，不是不要团结，而是不要异化了的团结，不要那种以同一性压制差异性、以普遍性对抗特殊性的"机械团结"；我们要的是一种新型的团结，一种在尊重差异和个性基础上的团结，涂尔干称之为"有机团结"。这与依附型国际体系内部的"机械团结"是完全不同的。

其二，在治理思维上，从线性思维转向复杂思维。传统国际体系给我们呈现的是中心-边缘清晰的世界结构状态，线性思维主导国际秩序的运作机制，全球治理从中心出发向边缘展开，整个世界置于中心-边缘结构的规整序列之中。共同体成员间的权力分配呈现"金字塔"结构，共同体内部事物遵循从中心到边缘的垂直传导机制，核心国家控制着整个世界的经济秩序、政治秩序、安全体系和法治体系，边缘国家除了顺从中心的意志之外别无选择。这种基于大国掌控世界而设计的线性治理模式自16世纪以来始终占据主导地位。正如麦克卢汉所说："直到不久前，我们的制度和安排，包括社会的、政治的、经济的制度和安排，都只是一个单向的模式"②，即机械的、由中心向边缘扩展的单向模式。第二次世界大战结束以后，美国在政治上通过联合国，经济上通过布雷顿森林体系，安全上通过北约和结盟机制，法治上通过国际公约、国际法庭和国际刑事法院，掌控了主要的世界权力和若干国家的命运。显然，这种从中心向边缘扩展的线性思维本身蕴含着巨大的不平等，这与21世纪人类社会发展方向是相背离的。

人类命运共同体意味着全球治理模式和权力格局的重大转变——从垂直的线性治理模式转向"全球共治"模式，从中心-边缘二分的线性思维转向多中心、网格化的复杂性思维。人类命运共同体理念主张从复杂性的

---

① 《习近平谈治国理政》，外文出版社2014年版，第261页。

② ［加］麦克卢汉：《理解媒介——论人的延伸》，何道宽译，译林出版社2011年版，第51页。

视角来理解国际体系，这是对单向线性思维的超越。当今世界舞台上，“大国关系不断调整，多个力量中心正在形成”[①]。从复杂性的维度来看，人类命运共同体内部不存在唯一的中心，不存在明显的主从结构，也不存在固化的中心-边缘格局，各成员间构成一种复杂的、多中心的网格秩序，每个成员都是网格上的一个“节点”，都扮演着不可或缺的角色。共同体内部事物的处理遵循“平等”原则和“民主”机制，遵循多中心自主自治原则，超级大国垄断世界事务、支配其他国家命运的强权思维既缺乏国际道义的基础，在现实中也行不通。习近平指出，“国家不分大小、强弱、贫富都是国际社会的平等成员，一国的事情由本国人民做主，国际上的事情由各国商量着办”[②]，这是人类命运共同体所倡导的行动原则。

其三，在国际关系上，从自我中心意识转向交往关系意识。在传统共同体中，核心国家以“自我”或“我们”为中心，习惯于主客二分的思维方式，习惯于使用“我与他”“我们与他们”的方式来谈论、思考和运作国际事务。边缘国家与中心国家处于紧张对立的状态。这与资本主义文明相关，资本主义社会的基础就是以“原子个人”为前提的“市民社会”，在资本主导的世界体系里，国家间关系的本质是“一切人反对一切人的战争”[③]。威斯特伐利亚体系形成以来，由于主体力量对比悬殊，共同体、国际组织、跨国机构常常沦为核心国家操弄的工具，民族国家的“小我”与共同体的“大我”之间的和谐仍然是一种外在的、假象的和谐，“小我”湮没于“大我”之中，“大我”凌驾于“小我”之上，对立、对抗是国际社会中的常态。

在人类命运共同体中，各个国家都是平等的交往主体，主体间性思维取代主客二分思维，共同体成员第一次使用“我们”的方式来谈论、思考和运作国际事务，这是思维方式的历史性跃迁。不同国家皆将对方“视为‘我们’之一，而不是‘他们’”[④]。民族国家的“小我”与共同体的“大

---

① 《十四大以来重要文献选编》下，人民出版社 1999 年版，第 2496 页。

② 《习近平谈治国理政》，外文出版社 2014 年版，第 324 页。

③ ［德］黑格尔：《哲学史讲演录》第 4 卷，贺麟、王太庆译，商务印书馆 1978 年版，第 178 页。

④ ［美］罗蒂：《偶然、反讽与团结》，徐文瑞译，商务印书馆 2003 年版，第 7 页。

我”之间不再是一种外在的对立关系，而是一种内在的和谐关系。在这里，“我就是我们，而我们就是我”①，这是对单向承认、主客二分、主从依附的国际旧秩序的否定；在这里，“小我”支撑“大我”，每个民族国家的自由发展构成共同体发展的条件；在这里，“大我”成就“小我”，共同体的发展为民族国家的发展提供广阔的舞台和空间。“自由主义者担心，共同体与生俱来地就会压制个体性。”② 在依附型世界体系中，这种担忧是合理的；但在人类命运共同体中，这种担忧则是完全多余的。在这里，共同体不是凌驾于国家之上，与“小我”相对立的抽象物；民族国家也不是自绝于共同体之外，与“大我”相对立的“唯一者”。“小我”与“大我”之间，秩序与自主之间，大国与小国之间实现了完全的和解，人类社会有望迎来和谐共生的新时代。

六、人类命运共同体理念的现实化：引领人类精神成长的中国主张

人类命运共同体作为一种总体性的、元哲学高度的文明理念，作为人类新文明的灵魂和精髓，唯有外化为具体的中国主张，体现为具体的中国行动，才是现实的，才有力量。建构以人类命运共同体理念为核心的人类新文明，中国提出了一系列重大主张，采取了一系列具体行动，为解决人类面临的共同难题提供了价值引领，为重建全球普遍认可的发展理性、治理理性、交往理性、价值理性、安全理性、制度理性注入了中国元素，为引领人类的精神成长作出了中国贡献。

第一，发展理性的重建与促进世界共同发展的中国主张。经济建设是中心任务，发展是硬道理，适用于各国。客观地说，“进步强制”③ 已经成

---

① ［德］黑格尔：《精神现象学》上卷，贺麟、王玖兴译，商务印书馆 1979 年版，第 122 页。

② ［美］阿米泰·伊兹欧尼：《特殊主义义务是否合理?》，史军译，李义天主编：《共同体与政治团结》，社会科学文献出版社 2011 年版，第 170 页。

③ F. 费迪耶等辑录：《晚期海德格尔的三天讨论班纪要》，丁耘编译，《哲学译丛》2001 年第 3 期。

为现时代的总特征，成为衡量各国政府治理效能的首要标准，问题仅仅在于实现什么样的发展、怎样发展。发展道路千万条，那种认为非西方世界最终将因循一个单一发展模式的合流观念是过于简单化的。在发展理念方面，中国倡导创新、协调、绿色、开放、共享的发展观，倡导开放、融通、互利、共赢的合作观，倡导开放、包容、普惠、平衡、共赢的新型全球化，倡导既能加快发展又能保持自身独立性的现代化方案，破除你输我赢、赢者通吃的陈旧观念，超越了梯度发展、线性进化的发展逻辑，超越了“现代化＝西方化”的固化思维，成功改写了西方主导的全球发展观念。在发展动力方面，中方倡议成立的亚投行、丝路基金、上合组织新开发银行、金砖银行等多边金融机构，是中国为整个世界特别是广大发展中国家提供的公共产品，为低迷的世界经济注入了中国动力。在发展平台方面，“一带一路”倡议是中国第一次以发展中国家的身份为筹划人类未来而推出的百年战略、世纪工程，为引领世界共同发展贡献了中国力量。

第二，治理理性的重建与优化全球治理的中国主张。民族历史转变为世界历史，地域性的问题也转变为世界性的共同难题，需要全人类共同面对、共同治理。在治理体系方面，中国是现行国际秩序的参与者、建设者、维护者，不会推倒重来、另起炉灶。习近平指出，无论中国发展到什么程度，都不会颠覆现行国际体系，都将“坚定维护以联合国为核心的国际体系，坚定维护以联合国宪章宗旨和原则为基石的国际关系基本准则，坚定维护联合国权威和地位，坚定维护联合国在国际事务中的核心作用”①。在治理理念方面，中方主张共商共建共享的全球治理观，超越意识形态划线的老思维，改写了大国主导、几方共识的治理理性。习近平指出，“我们要推进国际关系民主化，不能搞‘一国独霸’或‘几方共治’。世界命运应该由各国共同掌握，国际规则应该由各国共同书写，全球事务应该由各国共同治理，发展成果应该由各国共同分享。”② 今天，新兴国家与发达国家同镜同框，G20 成为全球治理的重要平台，金砖机制、上合组织对全球地缘格局产生重大影响，全球治理体系正在转向发达国家与新兴

① 《习近平谈治国理政》第 2 卷，外文出版社 2017 年版，第 547 页。
② 《习近平谈治国理政》第 2 卷，外文出版社 2017 年版，第 540 页。

国家联手共治的新局面。

第三，交往理性的重建与增进全球信任的中国主张。信任是交往的基础，人无信不立，国无信不交。习近平指出，“信任是国际关系中最好的黏合剂。”① 没有信任，不同文明的国家不可能在同一个舞台上展开合作、共同行动。然而，不同国家间道不同，何以相交？确实，与非西方社会相比，自由主义、个人主义、利己主义是西方的显著标志，这套价值观延伸到国际交往领域就表现为本国优先、本国第一、只有私利、不顾公义的政策取向，肆意退群、毁约、筑墙就是典型。一位西方学者在调研多个国家后得出结论：个人主义、利己主义这一“在西方被视为最重要的价值，在世界范围内最不重要”②。如何化解全球信任赤字，重构国际交往理性？中方倡导建设相互尊重、公平正义、合作共赢的新型国际关系，倡导公道正义、平等相待、互利共赢、共同发展的正确义利观，坚持以义为先、义利兼顾，增进战略互信，减少相互猜疑，构建命运与共的全球伙伴关系。中方提出的正确义利观、信任观，是对西方利益观和丛林法则的超越，为世界各国相互信任，并肩前行，共同建设更加美好的世界提供了正确遵循。

第四，价值理性的重建与重构世界文明格局的中国主张。“和羹之美，在于合异。”文明归一，同则不继。今天，我们所生活的地球社会即使不是完全的资本主义化，也是高度的资本主义化，西方规则广泛地占据整个地球。“普世主义”是西方对付非西方社会的意识形态。西方人眼中的“普世主义”，对非西方来说不过是帝国主义③。现代化有别于西方化，全球化不应该是资本主义化，文明互鉴不应该是文明的同质化过程。汤因比认为，历史单一性的假设源于西方的狭隘和傲慢，任何文明在哲学上都是等价的，“现代晚期西方把西方社会的历史等同于整个人类历史的流

---

① 习近平：《为建设更加美好的地球家园贡献智慧和力量——在中法全球治理论坛闭幕式上的讲话》，《人民日报》2019年3月27日。

② George C. Lodge and Erza F. Vogel, eds., *Ideology and National Competitiveness*: *An Analysis of Nine Countries* , Boston: Harvard Business School Press, 1987, passim. 转引自［美］塞缪尔·亨廷顿：《文明的冲突与世界秩序的重建》，周琪等译，新华出版社2002年版，第63页。

③ ［美］塞缪尔·亨廷顿：《文明的冲突与世界秩序的重建》，周琪等译，新华出版社2002年版，第56、200页。

俗，……源于一种歪曲事实和自我中心的错觉”①。那种假设只存在一条文明之河，那就是西方的，所有其他的文明之河都或者从属于它，或者消失在荒漠中②，是极其肤浅的空洞虚构。其实，“文明没有优劣之分，只有特色之别”③。亨廷顿也认为，“西方文化的普世观念遇到了三个问题：它是错误的；它是不道德的；它是危险的。”④ 中国倡导平等、互鉴、对话、包容的文明观，不认可“文明优越论”、文明冲突论，为人类文明发展指明了一条和谐共生之路。文明不是一元的，而是多样的。中国倡导和平、发展、公平、正义、民主、自由的共同价值观，倡导全人类共同价值，但绝不垄断价值的定义权，绝不将自己的价值模式强加到别国头上，绝不谋求用单一价值模式统治整个世界。

第五，安全理性的重建与维护世界和平的中国主张。战争意味着灭亡，和平才有未来。中国历史是以和平主义为主轴的，中华文化是和平主义传统的，中国道路是和平主义性质的。中国和平主义发展道路的世界历史意义在于：它是对 500 年来“大国必战”“国强必霸”的历史逻辑的超越，“它把不以扩张主义为出发点也不以霸权主义为必然归宿的发展前景启示给人类向着未来的历史筹划”⑤。中国向未来作出的历史性筹划是，中国主张对话而不对抗、结伴而不结盟的国际交往观，超越政治霸权和军事结盟的老套路，建立全球伙伴关系的新网络；中国主张共同、综合、合作、可持续的新安全观，摒弃冷战思维、集团对抗，反对以牺牲别国安全换取自身绝对安全的做法，实现普遍安全；中国倡导不冲突、不对抗、相

---

① ［英］阿诺德·汤因比：《历史研究》下卷，王皖强译，上海人民出版社 2016 年版，第 892 页。

② Arnold J. Toynbee, *Study of History*, I, 157ff, New York: Oxford University Press, 1948.

③ 习近平：《弘扬“上海精神” 深化团结协作 构建更加紧密的命运共同体——在上海合作组织成员国元首理事会第二十次会议上的讲话》，《人民日报》2020 年 11 月 11 日。

④ 亨廷顿认为，说它是错误的，因为这背离了文化多样性的事实；说它是不道德的，因为它意图按照自己的模样塑造非西方世界，将自己的意志强加于人；说它是危险的，因为它有可能导致不同文明间的冲突甚至战争，最终导致西方的失败。参见［美］塞缪尔·亨廷顿：《文明的冲突与世界秩序的重建》，周琪等译，新华出版社 2002 年版，第 358 页。

⑤ 吴晓明：《论中国的和平主义发展道路及其世界历史意义》，《中国社会科学》2009 年第 5 期。

互尊重、合作共赢的新型大国关系，反对"大国必战""国强必霸"的历史逻辑，避免修昔底德陷阱。国际问题专家基辛格尽管认为"新型大国关系"或许是美中（或其中一个）的一种战术策略，其具体内容也有待两国共同阐明，但他也承认，"这是避免重蹈昔日历史悲剧覆辙的唯一出路"①。

第六，制度理性的重建与探索更好社会制度的中国主张。历史没有终结，西方自由民主制度不是唯一选择，更不是历史进化的终点。西方制度之于西方的合理性，不等于西方制度之于人类的普世性。"'中国模式'的有效性证明，西式自由民主并非人类历史进化的终点。人类思想宝库要为中国传统留有一席之地。"② 物之不齐，物之情也。世界上有2 000多个民族，200多个国家和地区，它们的文化传统不同，历史命运不同，民族结构不同，宗教信仰不同，发展阶段不同，不可能走同一条道路，共享同一套制度模式。走自己的路，自主选择适合本国国情的发展道路和制度模式，这是中国推崇的制度哲学。习近平指出，中国"不'输入'外国模式，也不'输出'中国模式，不会要求别国'复制'中国的做法"③。鞋子合不合脚，自己穿了才知道。中方倡导自主选择的制度观。中国向来主张，"国家不分大小、强弱、贫富，……都有权自主选择社会制度和发展道路"④，不可能也不必要定于一尊。

今天，中国的现代化事业，已经成为世界历史的一部分，已经"建立起与人类之整体发展、世界历史之未来的本质联系"。正是这种本质联系，决定了中国的现代化进程具有了"世界历史意义"。它意味着：前所未有地接近世界舞台中央的中华民族，在今天这样一个特定的历史阶段上承担起世界历史任务，"在突出地占据世界历史之发展高点的同时，获得并开展出由之代表的普遍性"⑤。人类命运共同体以及作为该理念之外化、之具体化的中国主张，已经构成了塑造未来世界的文化隐喻，上升为引领世界历史走向的一种"普遍性"原则。但是，人类文明的新旧交替总是伴随着

① ［美］亨利·基辛格：《世界秩序》，胡利平等译，中信出版社2015年版，第481页。
② ［美］弗朗西斯·福山：《日本要直面中国世纪》，《中央公论》（日本）2009年9月号。
③ 《十九大以来重要文献选编》上，中央文献出版社2019年版，第113页。
④ 《习近平谈治国理政》第2卷，外文出版社2017年版，第539页。
⑤ 吴晓明：《马克思主义中国化与新文明类型的可能性》，《哲学研究》2019年第7期。

新旧纠缠，这是不由主观意志决定的客观法则。

七、人类文明重构中的新旧交替与新旧纠缠

存在即合理。凡是现实的都是合乎理性的，凡是现存的都一定要灭亡①。西方主导建构的人类文明曾经具有强大的历史合理性，参与了资本主义全球化时代世界历史的理性塑造。但世界从来没有永恒的合理性，一切事物都只能从它的暂时性方面去理解，一切都是过程。不存在任何最终的、绝对的、神圣的人类文明，一切都是暂时的，在它面前，除了生成和灭亡的不断过程，除了新旧交替、更新换代的不断过程，什么都不存在。传统人类文明尽管具有世界历史意义上的普遍性，但其本身不能不是历史的，不能不在历经创生时期、成长时期、鼎盛时期之后走向衰老和死亡，亦即其只是在特定阶段上方才具有“绝对权利”。今天，世界大变局不可阻挡，世界走向更加清晰，以西方文明为底色、代表西方利益的国际交往理性和文明规则正在逐步“丧失自己的必然性、自己存在的权利、自己的合理性”②，越来越沦为不合理性、不现实的东西，沦为新型全球化时代的阻滞力量，一种新的、富有生命力的人类文明不管“同现存的、表面的现实多么矛盾”③，都注定要成为现实。

“新的突破旧的”而“死的又拖住活的”，这是新事物分娩的规律，也是人类新文明出场的逻辑。黑格尔指出，世界精神的发展进化“都要经过激烈的斗争、痛苦的煎熬，这个蜕变过程往往充满着痛苦及艰难，但是却恰恰是痛苦及艰难才会促进精神的成长，才会促进人类的进步”④。“新的突破旧的”，此谓新旧交替；“死的拖住活的”，此谓新旧纠缠。二者总是相互交织，难分难解。新事物难产，作为一种历史现象，往往带有普遍性和规律性。所谓难产，是指“社会运动和思想运动的新旧交替中出现新旧

① 《马克思恩格斯选集》第4卷，人民出版社2012年版，第221～222页。
② 《马克思恩格斯选集》第4卷，人民出版社2012年版，第222页。
③ 《马克思恩格斯选集》第4卷，人民出版社2012年版，第222页。
④ 《黑格尔历史哲学》，潘高峰译，九州出版社2011年版，第55页。

纠缠，新的突破旧的，死的又拖住活的这种矛盾状况”①。中国近代史上，就曾反复出现这样的现象：新的来了而旧的不肯退去，或者新的来了很久而旧的反复回流。人类新文明的出场也遵循这一“难产”规律，主要从两个方向表达出来：

一是暂时性方向——尽管“新的突破旧的”，但往往“死的又拖住活的”。旧事物的灭亡是不可避免的，但旧事物从来不会自动退出历史舞台。传统全球化时代的人类文明以维护西方利益为目标，本质上是非正义的，但却扮演了西方的卫道士。美西方作为传统全球化时代人类文明的建构主体、受益主体，都是坚守旧的人类文明的顽固派，是世界文明格局重构的保守派。“西方中心主义”的强大惯性，“文明优越论”的神话，殖民主义的后遗症，固化的国际利益格局，保守的宗教势力，不平等的国际秩序，攻城略地的跨国集团，是人类新文明出场的最大阻滞力量。比如，美国号称尊重多元文明、坚持主权平等、维护全球安全、建设开放世界，但所谓“多元”不过是基督新教文明主导下的多元共生，所谓“主权平等”不过是人权高于主权之下的平等，所谓“安全”不过是自我至上的排他性安全，所谓“开放”不过是以“美国第一”为条件。美国主导建构的人类文明也大抵如此。国强必霸论当道，新型大国关系就难以出场；依附型世界体系不瓦解，新型国际关系就难以建立；“普世价值观”统治世界，全人类共同价值就必然遭受挤压；丛林法则盛行，正确义利观就没有市场；结盟机制主导世界安全，共同安全就是一句空话；几方共治的治理逻辑不退场，共商共建共享的全球治理观就难有施展空间；西方制度定于一尊，制度选择自主权就流于形式；等等。人类新文明的出场道路之所以坎坷，除了进步势力的稚嫩和保守势力的强大，西方长期锻造的文明枷锁以及装饰在这幅枷锁上的所谓“主权平等”“维护国际和平及安全”“制止侵略”“促成国际合作”“国际发展援助”之类的虚幻的花朵和彩带，起了巨大的作用。

二是必然性方向——尽管“死的拖住活的”，但终归“新的会突破旧

① 萧萐父：《中国哲学启蒙的坎坷道路》，《中国社会科学》1983年第1期。

的”。新事物的出现从来不会一帆风顺，但新旧更替终归是不可避免的。新事物在开始时往往显得稚嫩弱小，在成长中也会遇到这样那样的困难和挫折，但它总会由小变大，由弱变强，最终代替旧事物。“如果旧的东西足够理智，不加抵抗即行死亡，那就和平地代替；如果旧的东西抗拒这种必然性，那就通过暴力来代替”①。人类新文明作为一种新事物，优越于西方主导建构的人类文明，它既否定了旧事物中腐朽过时的东西，又吸收并发展了旧事物中积极的因素，添加了旧事物中不能容纳的新的内容。相较于旧的人类文明的资本主义意识形态色彩和“西方中心主义”特征，人类新文明的全球主义特征和公共精神更加鲜明。人类新文明一开始可能表现为乌托邦的观念，但只要其符合世界历史的趋势，符合全球正义的原则，符合时代进化的大逻辑，符合国际社会的普遍期待，就是不可阻挡的，必定会转化为改造世界的巨大能量，转化成普照世界的光；旧事物由于丧失了存在的合理性，失去了生命力和发展前途，必定会为新事物所代替，人类文明的优化升级终归是不可阻挡的。

人类文明新旧交替是一个过程。这个过程具有两方面的规定性：一是辩证否定的过程。所谓辩证否定是包含肯定的否定，其实质是“扬弃”，即新事物对旧事物既批判又继承、既克服又保留。黑格尔指出，世界精神的发展过程，“就是一个不断扬弃自身前一阶段的辩证发展过程”②。西方建构的传统人类文明在新旧交替中不是被遗弃，而是被扬弃，它的退场同时意味着它的新生，它所蕴含的合理的“原则已经被吸收进另一个更高的原则之中了”③。二是自然历史过程。人类文明的出场、变迁不是由个别意志决定的，而是由历史必然性主导的，是历史合力的结果。人类文明的重构和改造不是随心所欲的，不是在少数国家选定的条件下改造，不可能随着新兴市场国家或广大发展中国家的单方面意愿，我们只能在“直接碰到的、既定的、从过去承继下来的条件下”④ 创造。行将退场的传统文明规则，不可能像诗人描绘的那样，“轻轻地我走了，不带走一片云彩”，往往

① 《马克思恩格斯选集》第 4 卷，人民出版社 2012 年版，第 222 页。
② 《黑格尔历史哲学》，潘高峰译，九州出版社 2011 年版，第 55 页。
③ 《黑格尔历史哲学》，潘高峰译，九州出版社 2011 年版，第 75 页。
④ 《马克思恩格斯选集》第 1 卷，人民出版社 2012 年版，第 669 页。

像幽灵一样游荡在世界的上空，或者像梦魇一样纠缠着活人的头脑。但终有一日，人类新文明将转化为世界共识，自觉参与世界秩序的理性塑造。

结　语

建构人类新文明，是全世界的共同事业。黑格尔认为，“世界精神的完成和实现，并不是一个民族自己就能完成的，而是要由许多个民族共同实现的”①。中国作为负责任大国，既要有担当精神，也要有边界意识，既不能置身事外，也不能包打天下。人类文明重构的中国方案，一定意义上打上了中国烙印，但本质上不是中华文明的世界化。中国主张、中国方案的主体是中国，但其核心理念和主要内容迎合了全人类共同价值，契合大多数国家的共同利益，体现世界的价值共识，是全人类的最大公约数。中国主张、中国方案走向世界，绝不意味着中华文明殖民世界，绝不意味着走向“东方中心主义”。国际权力日益多极化的世界，不可能接受单一文明膨胀为人类文明的结局。亨廷顿曾断言，“东亚日益增长的自信导致了亚洲普世主义的出现”②。我们对此应当保持警惕，东亚经济圈的崛起确实在一定程度上支撑了东亚自信，但这应当是一种理性的自信、清醒的自信，不自我矮化、自我贬低，也不以矮化、贬低西方为前提，各美其美兼容美人之美，最终通往美美与共的理想境界。正如“地球祖国”出现在地平线上，不是为了取代各自的祖国；人类新文明出现在地平线上，也不是为了取代各民族文化。在一个多文明的世界里，建设性的道路是弃绝各种改头换面的“普世主义”，接受多样性，寻求共同性，建构新文明。

中国主张、中国方案能否上升为人类共识，能否成长为人类新文明，关键取决于中国能否真正走近世界舞台中央，国际力量对比能否发生有利于新兴市场国家和发展中国家的结构性变化。世界历史从来都是由世界历

① 《黑格尔历史哲学》，潘高峰译，九州出版社2011年版，第64页。

② ［美］塞缪尔·亨廷顿：《文明的冲突与世界秩序的重建》，周琪等译，新华出版社2002年版，第110页。

史民族书写的，世界难题从来都是由承载世界历史使命的伟大民族主导完成的，居于地球边缘地带的国家很难在世界历史的理性塑造中担纲重要角色，也不可能为人类新文明的重构发挥决定性作用。21世纪，中国进入新时代，中华民族在时隔数百年之后再度跻身世界历史民族之列，必定在“世界戏剧的舞台”扮演重要角色，担负起引领世界精神成长和人类文明进步的历史使命。

世界历史的演变是一个自然历史过程，人类文明的进化也是一个自然历史过程。罗马不是一天建成的，“构建人类命运共同体是一个美好的目标，也是一个需要一代又一代人接力跑才能实现的目标”①。中国方案的世界化所带来的变化将是深刻的、持久的甚至是颠覆性的，它意味着国际交往理性和国际文明规则正在重塑，意味着一种新的文明类型和世界精神正在崛起，意味着一个时代的结束、一个时代的开启。中国是一个拥有超大规模经济体量、超大规模人口数量、超长历史纵深、超大国土面积和深厚文化传统的国家，它不是作为另一个大国参与新文明类型的建构之中，而是作为人类历史上最伟大的参与者介入其中。正是在这个意义上，中国的奋斗，便是人类的奋斗；中国的希望，便是世界的未来。

---

① 《习近平谈治国理政》第2卷，外文出版社2017年版，第548页。

图书在版编目（CIP）数据

走向世界的21世纪马克思主义/ 陈曙光著. -- 北京：中国人民大学出版社，2025.7. -- ISBN 978-7-300-33920-7

Ⅰ. A81

中国国家版本馆 CIP 数据核字第 2025SU7866 号

党的创新理论体系化学理化研究文库

走向世界的21世纪马克思主义

陈曙光　著

Zouxiang Shijie de 21shiji Makesi Zhuyi

出版发行	中国人民大学出版社		
社　　址	北京中关村大街31号	**邮政编码**	100080
电　　话	010－62511242（总编室）		010－62511770（质管部）
	010－82501766（自营网店）		010－62514148（明德书店）
	010－62511173（销售部）		010－62515275（盗版举报）
网　　址	http://www.crup.com.cn		
经　　销	新华书店		
印　　刷	北京联兴盛业印刷股份有限公司		
开　　本	720 mm×1000 mm　1/16	**版　　次**	2025年7月第1版
印　　张	13.5 插页3	**印　　次**	2025年10月第2次印刷
字　　数	196 000	**定　　价**	118.00元